Die deutsche Außenpolitik in der Geschichte

板橋拓己／妹尾哲志
［編著］
飯田洋介／北村 厚／河合信晴／葛谷 彩

歴史のなかのドイツ外交

吉田書店

歴史のなかのドイツ外交

目　次

各章での史資料からの引用においては、中略箇所は「〔…〕」で表記した。また、〔　〕は引用者による補注である。

はじめに

板橋 拓己・妹尾 哲志

昨今、国際政治のアクターとしてドイツの動向が再び注目を集めるようになった。ヨーロッパ連合（EU）が通貨危機や難民危機、そしてイギリスの離脱問題など相次ぐ危機に見舞われる一方で、アメリカはトランプ政権のもと「リベラルな国際秩序」の維持に関心を示さなくなった。こうした国際環境のなかドイツは、一方では「リベラルな国際秩序」の守護者としての役割を期待され、他方ではヨーロッパのなかの突出したパワーとして警戒されるようにもなっている[1]。

そして、こういったドイツへの関心の高まりとともに、ドイツ外交をめぐる歴史的記憶が甦ってきてもいる。例えば、メルケルがドイツ帝国宰相ビスマルクの再来とメディアで称されることもあれば、債務危機下のギリシャや中東欧ではドイツの覇権主義の記憶が呼び起こされてもいる（板橋 二〇一七：三五頁）。

ただ、こういった政治的な言説は、往々にしてステレオタイプ的なものにとどまり、現実のドイツ外交の歴史を踏まえているとは言い難い。いま求められているのは、実証的な歴史研究によって、改めて歴史のなかのドイツ外交の実像を明らかにすることであろう。そして、そうすることによってのみ、現在と過去との対比も精確に行うことが可能になるだろう。

本書は、第二帝政期から現代にまで至るドイツ外交の転換点に焦点を当て、あくまで史料に基づきつつ、新しいドイツ外交史像を描き出そうとする試みである。

現在、日本のドイツ外交史研究は（例えばイギリス外交史やフランス外交史と比べれば）決して盛んとは言えない状況にある。本書は、そうした現状を憂い、打破しようと定期的に相互対話を行ってきた六人の最初の共同研究の成果である。

外交の天才ビスマルクが表舞台から去ったのち、巨人の影のもとで後継者たちはいかにしてドイツの進路を定めたのか。ヴァイマル共和国の外交を担い、西欧諸国との「協調」を達成したシュトレーゼマンは、東方諸国に対してはいかなる政策を追求したのだろうか。ホロコーストを経験したのち、戦後のドイツ連邦共和国（西ドイツ）はいかにしてユダヤ人およびイスラエルと和解を試みたのか。「東方政策」を推進した西ドイツのブラント政権は、ポーランドといかにして関係を改善したのだろうか。ソ連の圧倒的な影響下にあると言われてきたドイツ民主共和国（東ドイツ）に、独自の外交はあったのだろうか。名実ともにEUの中心となった現在のドイツは、再びヨーロッパの「覇権国」になろうとしているのだろうか――本書は、これらの問いに答えるものである。

本書の各章は、それぞれ独立した論文であるが、しかしまた一貫したモチーフもある。各章はそれぞれ近現代のドイツ外交史における「転換点」を扱っており、そしていずれも次のふたつの点に留意しながら議論を展開している。

ひとつは、長期的なドイツ外交の歴史のなかに各事例を位置づけることである。当たり前のことではあるが、いかなる外交政策も、それ以前の歴史的重荷を背負いつつ行われるものである。そこで本書の各章は、それぞれドイツ外交の「転換点」を扱いつつ、それが長いドイツ外交史の流れのなかでいかに位置づけることができるかを論じている。具体的には、各事例の実証的な解明にとどまらず、当該事例が、その前後の時代の外交と「連続」しているのか「断絶」しているのか、あるいはそれ以前の外交を「継承」しているのか「変容」させているのか、はたまたドイツ外交の「伝統」と呼べるものが仮にあるとすれば、その事例はどのような「伝統」に属するのか（あるいはそうした「伝統」は神話でしかないのか）、こういった点も検討するようにした。(2)

もうひとつは、「東と西の狭間」で展開されるドイツ外交という視点である。(3)ドイツは地理的にヨーロッパの「中心部（Mittellage）」にあり、その外交政策も否応なくそうした地理的位置に規定されてきた。安易な地理決定論に陥ることは避けねばならないが、東西間でいかにバランスをとるかがドイツ外交の重要なポイントであることもまた事実である（また、当事者たちもそう認識していた）。そこで本書では、それぞれの事例につき、「東」と「西」がもった意味、ないし重みを検討している。

本書を読めば、第二帝政期から現代にまで至る巨大なドイツ外交史のうねりを理解することができるだろう。(4)

以下では、各章のポイントを述べるかたちで、われわれの問題意識を示そう。

第1章「ビスマルク外交から「新航路」政策へ」（飯田洋介）は、ドイツ帝国の創建者であり、二〇年近くにわたってヨーロッパ外交の中心的存在であったビスマルクが首相を辞任した後のドイツ外交、すなわち「新航路」政策を扱う。よく知られているように、ビスマルク後のドイツ外交の担い手たちは、ロシアとの再保障条約を更新せずに葬り去り、露仏同盟を招いた。しかしその一方で彼らは、ビスマルクをもってしても成し遂げられなかった独英間の植民地問題と領土問題を解決し、一八九〇年七月に（秘密条約ではなく公開された形で）独英協定を結ぶことに成功した。それが、ヘルゴラント・ザンジバル協定である。

ヘルゴラント・ザンジバル協定は、ヘルゴラント島の領有権とザンジバル島の宗主権を独英間で交換したというだけにとどまらず、アフリカ大陸における独英両国の植民地境界線をめぐる問題を一括して解決したものであった。そこで飯田は、このヘルゴラント・ザンジバル協定について、最新の研究と未公刊史料を踏まえながら、それがどのくらいビスマルク外交を「継承」したものであり、またそこから「逸脱」したものであったのかを検討している。その際、飯田は、ビスマルクとその後継者たち、すなわち皇帝ヴィルヘルム二世、帝国宰相カプリーヴィ、外務長官マーシャル、外務省政務局参事官ホルシュタインに焦点を当て、ビスマルク外交から「新航路」外交への「継承」と「変容」を考察している。

ビスマルクにとってヘルゴラント島とザンジバル島は獲得すべき目的ではなく手段に過ぎず、彼はイギリスとの「同盟なき友好関係」を保とうとした。それに対して「新航路」外交の担い手たちの思惑は様々であったが、とりわけビスマルク辞任後に存在感を高めたホルシュタインは、ロシアとの再保障条約を葬り去ると同時に、イギリスとの距離を縮め、最終的には三国同盟にイギリスを組み込むことで、ドイツ外交の重心を「東」から「西」に移そうとした。ホルシュタインは、ビスマルクが築いた同盟網の性格や意図を理解せぬままその維持・発展を目指し、また自らの反露的姿勢から、（基本的にイギリスを信頼していなかったビスマルクとは異なり）イギリスとの同盟に活路を見出したのである。そして飯田は、再保障条約の不更新だけでなく、ヘルゴラント・ザンジバル協定という短期的な成功こそが、その後のドイツ外交の迷走・苦境を生んでいくことを指摘している。

続く**第2章（北村厚）**は「**シュトレーゼマン外交の東方政策**」を扱う。周知のように、グスタフ・シュトレーゼマンはヴァイマル共和国時代のドイツ外交の象徴であり、戦間期ヨーロッパの「相対的安定期」の支柱でもあった。そのシュトレーゼマン外交の特徴は、「国際協調路線」である。第一次世界大戦の敗戦によりドイツの軍事力が失われたこともあり、シュトレーゼマンは、平和や人権など国際的に有効な普遍的価値を前面に掲げながら、同時に自国の価値を追求した。そしてシュトレーゼマンは、西方に関しては、ロカルノ条約締結をはじめ華々しい成果を挙げた。

しかし、彼の東方政策については評価が分かれる。そもそもシュトレーゼマンの東方政策の最終的な目標は、東部国境の修正、すなわちヴェルサイユ体制の修正であった。このことについて、大方の研究に異論はない。問題はその中身である。とりわけ、ドイツの東側に成立した新国家のなかに取り残されたドイツ人マイノリティの保護を目指した政策は議論の的になった。なぜなら、マイノリティ保護の問題は、一九三〇年代後半にナチ・ドイツがチェコスロヴァキアやポーランドへの侵略の口実としたため、ヴァイマル期からナチ期への連続性の議論と結びつけられたからである。

こうした研究動向を念頭に、北村は、これまでの先行研究ではほとんど触れられてこなかったドイツ・ポーランド清算協定の交渉過程を実証的に分析する（ここで「清算」とは、ポーランドで行われてきたドイツ人マイノリティの土地を接収して清算することを意味しており、ドイツ側は一貫してその中止を求めてきた）。

そこで明らかとなるのは、経済と国際協調を手段としたシュトレーゼマン外交の手法が、東方においては「大国の論理」を動員（とくにフランスの圧力の利用）したものだったことである。ここに、シュトレーゼマン外交の東方政策が、その協調的な西方政策と密接に結びついていたことが見て取れる。また北村は、ドイツ・ポーランド清算協定は、ドイツにとって「一定の成功」であったものの、国境問題というナチ時代につながる重い課題を残したことを指摘している。

第3章「「西側結合」と「宰相民主主義」」（板橋拓己）では、戦後のドイツ連邦共和国（西ドイツ）のアデナウアー政権による対ユダヤ人・イスラエルへの補償政策を検討する。一九四八年に独立を宣言した「ユダヤ人国家」イスラエルの存在は、ドイツ人にとってナチの罪や過去を否応にも突きつけるものであり、できれば目を背けておきたいものだった。他方で、四九年に成立した西ドイツが国際社会に復帰するためには、自己の「過去」を清算していく必要があった。

こうした状況下で、西ドイツ初代首相アデナウアーは、首相就任直後から対イスラエル政策に着手し、一九五二年九月一〇日に調印された「ルクセンブルク補償協定」によって、イスラエルおよびユダヤ人団体への補償を取り決めた。アデナウアーの対イスラエル政策は、国内外の激しい議論を喚起したが、その後のドイツ＝イスラエル関係の礎を築くとともに、建国後の財政的窮乏に悩んでいたイスラエル国家の基盤確立にも貢献した。

板橋が強調するのは、アデナウアー政治の特徴である「西側結合（Westbindung）」と「宰相民主主義（Kanzlerdemokratie）」が、対イスラエル外交にも反映されていたことである。アデナウアーは、対外的には西側諸国、とりわけアメリカの意向に最も配慮しつつ、対内的には閣僚・与党から世論にまでいたる反対を（野党である社会民主党（ＳＰＤ）の圧力・助力も得ながら）押し切ってルクセンブルク協定を成立させたからである。ルクセンブルク補償協定の成立過程は、複雑な国際・国内政治が絡んだ権力政治と道義的責任のせめぎ合いのなかで、アデナウアーが自身の「西側結合」路線と「宰相民主主義」を貫徹させた事例と位置づけることができるのである。

第4章「ブラントの「東方政策」と対ポーランド関係」（妹尾哲志）では、一九七〇年一二月に西ドイツとポーランドとの間で結ばれたワルシャワ条約の成立過程に着目する。ブラントの「東方政策」、とりわけ対ポーランド関係といえば、ワルシャワ条約調印の際にブラントがゲットー記念碑の前で跪いた光景が、（西）ドイツの過去に対する取り組みを象徴したものとして有名だろう。しかし、このブラントの「跪き」にばかり注目が集まる一方で、実際の条約交渉過程に関する実証的な研究は稀であった。そこで妹尾は、従来詳細に語られることの少なかったワルシャワ条約の交渉過程を未公刊史料も用いながら検討し、西ドイツ＝ポーランド関係について、「過去の克服」とは異なった角度から把握することを試みている。

西ドイツとポーランドの関係改善において最も重要だった争点は、ポーランドの西部国境としてのオーデル＝ナイセ線の承認問題であった。加えて、第二次世界大戦後もポーランドに残されていた「残留ドイツ人」の待遇という人道的な問題も存在していた。そしてこれらに経済協力問題も絡み合っていた。また、これらの問題は独ポの二国間関係にとどまらず、米英仏の西側戦勝三カ国、そしてソ連との関係にも波及するものであった。さらに、ブラント政権は、国内の反対派、とりわけCDU／CSUの批判にも対処する必要があった。

こうしてワルシャワ条約の交渉は複雑で困難なものとなったが、ブラント政権はそこで一定の成果を挙げることに成功した。国境問題に関しては、（ソ連とのモスクワ条約とは異なり）武力不行使よりも先に国境不可侵条項を位置づけてポーランドに配慮する一方で、国境の「最終画定」を回避しつつ、将来のドイツ統一の可能性の確保に成功した。また、残留ドイツ人問題については、最終的に条約とは別にポーランドから西ドイツに「情報」を通達することで妥結に至った。それまでポーランド政府は、自国にドイツ人マイノリティが存在すること自体を否定していたが、ここで残留ドイツ人の存在を公式に初めて認め、彼らの出国希望の許可に言及したのである。

ワルシャワ条約は、冷戦期の東西間の緊張緩和に寄与するだけでなく、歴史的に因縁の深い独ポ関係にとって重要な画期となった。また注目すべきは、ブラント政権が、他の東方政策と同様、西側三カ国と緊密に連絡を取りながら、その対ポーランド政策を進めたことである。さらに言えば、対ポーランド交渉に際して決定的な意味を持ったのは、並行して進められた対ソ交渉の結果であった。ここから、東と西の狭間のドイツ外交という特徴を浮き彫りにすることができる。

第3章と第4章を併せて読めば、戦後西ドイツ外交に一貫して流れる「西側」との結びつきの重視が見て取れよう。また、第2章と第4章は、いずれもポーランドとの関係を扱っており、どちらもドイツ人マイノリティ問題と国境問題が重要な争点であったことがわかる。二つの章を併せて読むことで、ドイツとポーランドの間の困難な歴史が理解できるだろう。

さて、言うまでもないが、「ドイツ外交」といったとき、もちろん冷戦期のドイツ民主共和国（東ドイツ）の外交も視野に収める必要がある。しかし、そもそも日本において東ドイツ外交に関する研究は稀である。そうしたなか、**第5章「東ドイツ外交の成果と限界」（河合信晴）**は、東ドイツ外交について、両独基本条約交渉（一九六九〜七二年）を事例に論じたものである。

河合が対象とするのは、第4章が対象とした西ドイツのブラント外交と同時代の東ドイツ外交である。そして、一九七二年に締結された両独基本条約は、ブラントの東方政策の成果のひとつとして語られがちだが、河合が示すように、東ドイツ外交にとっても一定の成果を挙げたと言えるものであった。

両独基本条約では、東西ドイツ間の外交関係は正式な国家関係ではない特殊な関係として位置づけられ、それぞれベルリンとボンに（大使館ではなく）「常駐代表部」が設置されることになる。また、東ドイツは東西ドイツの国籍の分離を求めたものの、西ドイツは書簡の形式で従来通り「ドイツ全体」の国籍が存在することを主張し、東ドイツは書簡を受け取ることによって西ドイツの立場を黙認した。

確かに、その後の体制崩壊に鑑みれば、両独基本条約は、東ドイツが脆弱性を抱える原因を生み出したと言える。とはいえ、当時の東ドイツ指導部は、この条約によって、西ドイツと国家としての相違を明確にし、国内支配の安定の確保を目指していた。また、従来の研究の多くが軽視してきたことだが、本条約は東ドイツにとって、西側各国から国家承認を得るきっかけとなった。

さらに河合は、東ドイツのＳＥＤ指導部内の対立、すなわちウルブリヒトとホーネッカーの対立を明らかにしつつ、ソ連の影響力も検討している。東ドイツ外交は、周知のようにソ連の絶大な影響下にあったわけだが、それでもある程度の自立性は有していたのである。

河合は両独基本条約の交渉過程を追跡するなかで、東西ドイツ双方の成果と限界を冷静に分析し、西ドイツだけではなく東ドイツ外交も、ヨーロッパの中心部で東と西の狭間の外交を展開していたことを明らかにしている。また、両独基本条約の交渉では、「国民（ネイション）」の範囲が絶えず問題化された。この点も、長くドイツ外交が抱えてきた問題である。その意味で、東ドイツ外交も、ドイツ外交史の「伝統」に沿うものだったのである。

最終章である**第6章「「回帰」する歴史?」（葛谷彩）**は、それまでの章とはアプローチを変え、現代ドイツの外交政策をめぐる論争を検討している。

二〇〇九年のギリシャ債務危機に端を発するユーロ危機以降、EUにおけるドイツの存在感が増し、それは一方ではドイツのリーダーシップに期待する声を生み、他方ではドイツ脅威論やドイツのパワーに対する反発を生んでいる。そうしたなか注目を浴びているのが、現在のドイツを「覇権国」と見なす議論である。

これまで統一後のドイツの外交政策は、西ドイツ時代の外交政策の基本路線（西側統合路線、多国間主義、「シビリアン・パワー」志向）からの「変化」と「継続」の観点から論じられることが多かった。これに対して葛谷は、ドイツ＝「覇権国」論争に着目することで、歴史の「回帰」という第三の視点を打ち出している。具体的には、四人の識者（クリストフ・シェーンベルガー、ドミニク・ゲッペルト、ハンス・クンドナニ、ヘルフリート・ミュンクラー）によるドイツ＝「覇権国」論を詳細に検討しながら、これらの議論がいずれも戦前ドイツの知的伝統（例えばハインリヒ・トリーペルやルートヴィヒ・デヒーオ）に依拠している点を指摘するのである。

そして葛谷は、こうした言説状況を、国際秩序の構造変動とＥＵの危機を前にした、ドイツ・アイデンティティの揺らぎを示すものだと喝破する。現代ドイツにおける外交論は、それまで戦後ドイツが依拠してきた「西側」の二つの柱、すなわちアメリカとヨーロッパの双方が揺らぐなか、自らのアイデンティティを求めて「伝統」や「歴史」に回帰する傾向が見られるというのである。

最終章で葛谷が明らかにしたように、現在のドイツ外交は、自己の進路を模索している。そしてその動向は、ドイツ一国にとどまらず、国際政治上に大きなインパクトをもつ。そうした現状に鑑みても、改めて歴史のなかのドイツ外交を検討することは、過去をよりよく理解することにとどまらず、将来への展望を開くことにもなろう。

さらに付け加えるなら、歴史のなかのドイツ外交を検討することは、日本の政治外交の歴史と現在を見つめ直すことにもつながるだろう。しばしば指摘されるように、近代国家成立のタイミングや第二次世界大戦の敗戦の経験など、日本とドイツの近現代史には共通点が多い。それゆえ、近現代ドイツの政治外交史は、日本のそれと頻繁に比較されてきた。

とはいえ、そうした関心の高さにもかかわらず、巷間の日独比較論に登場するドイツ史像は、どこまでステレオタイプを抜け出ているだろうか。本書は、さしあたり安易な日独比較は慎み、歴史のなかのドイツ外交の岐路に実証的に迫ることをめざした。こうしたリアルなドイツ外交史研究の蓄積を踏まえてこそ、日独比較も意味があるだろう。

註

（1）これに伴い、「新しいドイツ問題」への言及が増えている。例えばAsh(2013)や、最近ではKagan(2019)を参照。この点については、本書第6章も参照

（2）こうした発想は、「諸伝統の相克」という視点から近現代ドイツ外交史を把握しようとしたヴァルデマール・ベッソンの古典的研究から得るところが大きかった。例えばBesson(1971)を参照。

（3）この点については、妹尾（二〇一一：一一～一二頁）を参照

（4）本書では、各執筆者の専門の関係から、ナチ期の外交について直接扱うことはできなかったが、それぞれの章でナチ期に関して関連する限り言及するように努めた。

引用文献

Ash, Timothy Garton (2013), "The New German Question," *The New York Review of Books*, August 15, 2013.

Besson, Waldemar (1971), "The Conflict of Traditions: The Historical Basis of West German Policy," in: Karl Kaiser and Roger Morgan (eds.), *Britain and West Germany: Changing Societies and the Future of Foreign Policy*, London: Oxford University Press, pp. 61-80.

Kagan, Robert (2019), "The New German Question: What Happens When Europe Comes Apart?" *Foreign Affairs*, Vol. 98, No. 3, May / June 2019.

板橋拓己（二〇一七）「新しい「ドイツ問題」――ドイツとヨーロッパ統合の関係を歴史的に振り返る」『学際』第三号、二八～三九頁。

板橋拓己（二〇一八）「「西側結合」の揺らぎ――現代ドイツ外交の苦悩」『アステイオン』第八八号、九七～一一一頁。

妹尾哲志（二〇一一）『戦後西ドイツ外交の分水嶺――東方政策と分断克服の戦略、一九六三～一九七五年』晃洋書房。

第1章　ビスマルク外交から「新航路」政策へ
――ヘルゴラント・ザンジバル協定にみるドイツ外交の継承と変容――

飯田　洋介

はじめに

一八九〇年はドイツ外交にとって転換点となる年であった。

それまでドイツ外交の舵を取ってきたのは、ビスマルク（Otto Fürst von Bismarck, 1815–98）という一九世紀ヨーロッパを代表する政治家であった。彼は、ナポレオン戦争後に成立した国際秩序であるウィーン体制が一八四八年革命やクリミア戦争（一八五三／五四～五六年）によって事実上崩壊した間隙をついて、ヨーロッパ大陸の中央部に位置するプロイセンの大国としての利益を追求していった結果、三度の戦争で大国オーストリアとフランスを破り、それまで分断状態にあったドイツを統一して一八七一年にドイツ帝国を創建したのである。それ以降、彼は二〇年近くにわたって帝国宰相として得意の外交を一手に引き受け、誕生したばかりのドイツの安全保障を確保しようと奮闘してきた。

そして紆余曲折の末に彼は、東の大国ロシアとは再保障条約を結び、西の大国イギリスに対しては三国同盟の盟友であるイタリアならびにオーストリア＝ハンガリーと地中海協定を結ばせるなど、ドイツを中心とする複雑な同盟網を構築し、独仏戦争（一八七〇～七一年）を経て宿敵と化したフランスを外交的に孤立させることに成功したのである。まさにドイツは、彼の下で地政学的のみならず、国際政治の面でもヨーロッパの中心に位置する存在となったといえよう。その要であったビスマルクが皇帝ヴィルヘルム二世（Wilhelm II, 1859–1941）との衝突の末、辞任に追い込まれてしまった。一八九〇年三月一八日のことである。

その後、ドイツが「世界政策《ヴェルトポリティーク》」と呼ばれる積極的な帝国主義政策を採用するまでにはまだ数年の猶予があり、その間の一連の政策は「新航路」と呼ばれている。それは、国内に「帝国の敵」を創出することで社会をまとめようとしたビスマルクによる「負の統合」から、社会主義者鎮圧法の廃止や労働者保護などによる社会の融和的な統合への政策転換を意味するのだが、外交面では本来であればヴィルヘルム二世の表現を借りれば「進路そのまま、全速前進！」(1)となるはずであった。だが実際には、ビスマルク辞任後のドイツ外交も「新航路」の名の通り、大きな変容を伴うことになった。

ヴィルヘルム二世が積極的に政治に関与する「新航路」においてドイツ外交を担ったのは、ビスマルクの後任として帝国宰相に就任したカプリーヴィ（Georg Leo von Caprivi, 1831–99）である。だが彼は軍人であり、外交に精通していたわけではない。また、新たに外務長官に抜擢されたマーシャル・フォン・ビーバーシュタイン（Adolf Freiherr Marschall von Bieberstein, 1842–1912）もバーデン議会とドイツ帝国議会を渡り歩いてきた政治家であって、同様に外交を得意としていたわけではなかった。

したがって、彼らは自ずとビスマルクの下で長く外交に携わってきた外務官僚たち、なかでも政務局（第ＩＡ局）最古参の参事官ホルシュタイン（Friedrich von Holstein, 1837–1909）に依拠するようになり、その結果ドイツ外交における彼の影響力が著しく増大することになっていく。そのような彼らが最初に下した結論が、まもなく期限切れを迎えるロシアとの再保障条約を更新せず葬り去ったことである。

それがどのような結果をもたらしたのか、それについてはわが国でもよく知られている。ビスマルクが最も恐れていた事態、すなわちロシアがドイツの宿敵フランスと同盟を結び、ドイツが東西から挟撃される格好となってしまったのである。ここに彼が構築した同盟網の一角が崩れ、三国同盟と露仏同盟が対峙する二極構造が生み出された。

だが、その一方で彼らは、あのビスマルクをもってしても成し遂げられなかった独英間の植民地問題と領土問題を一気に解決し、再保障条約が消滅してからわずか半月後の一八九〇年七月一日に、秘密条約ではなく公開された形で独英協定を結ぶことに成功したのであった。それが、本章が考察の対象とするヘルゴラント・ザンジバル協定である。

ヘルゴラント（英語名ヘリゴランド）とはドイツの北西部、エルベ川河口の沖合に位置する北海の島である。面積は約一平方キロと小さく、その東側に位置するデューネ島とともに現在はドイツのシュレースヴィヒ＝ホルシュタイン州の一端を成している。一六世紀にはデンマーク王家（オレンボー家）の分家であるシュレースヴィヒ＝ホルシュタイン＝ゴトープ家がこの島を治めていたが、大北方戦争（一七〇〇〜二一年）を経てヘルゴラントを含むシュレースヴィヒがデンマーク王冠の下に組み込まれた。その後、イギリスがナポレオン戦争時にこの島を占領し、一八一四年のキール条約によって英領とされたが、この島をめぐってはの歴史的経緯からドイツでは固有の領土と見なされており、ビスマルク時代に幾度か交渉が行われたものの解決には至らなかった。

他方、ザンジバルとはアフリカ東海岸にあって、現在はタンザニア連合共和国に属する島である。一九世紀半ば以降、独英両国がこの島の宗主権やその対岸地域をめぐって激しく縄張り争いをしていた。現地の混乱もあって一八八〇年代後半に幾度か独英間で交渉が行われたものの、こちらも解決には至らなかった。

ヘルゴラント・ザンジバル協定は、その名称からヘルゴラント島の領有権とザンジバル島の宗主権を独英間で交換したように想起されがちだが、実際にはそれだけではない。アフリカ大陸における独英両国の（特に内陸部における）植民地境界線をめぐる問題は、先述したザンジバル島の対岸地域だけではなく、アフリカ南西部（独領南西アフリカ、現在のナミビア）や西部（トーゴとカメルーン）でも生じており、この協定はこれらの問題も一括して解決するものであった。植民地問題をめぐる英仏間の合意が一九〇四年、英露間のそれが一九〇七年に実現したことを考えると、ドイツとの合意はそれらよりもさらに一〇年以上前に達成されていたことになり、このときの独英関係が如何に良好なものであったかが窺えよう。

この協定をめぐる先行研究を概観すると、協定そのものを個別に論じたものは少ない。これらは特に英米圏で見受けられるのだが、それらに共通して言えることはいずれも植民地問題の文脈で論じており、関心の矛先はヘルゴラントにではなく東アフリカに向けられている点にあるといえよう。例えば、当時のイギリス首相ソールズベリ（Robert Gascoyne-Cecil, 3rd Marquess of Salisbury, 1830-1903）

の政策決定過程をめぐって展開された論争を見ても、焦点はナイル川上流の植民地の画定に当てられている（Gillard 1960; Sanderson 1963; Gillard 1965）。Ｊ・Ｒ・デュークスの博士論文も同様に、東アフリカをめぐる独英関係に注目して論を進めている。ただし、彼の研究の特徴は植民地政策に関心のないカプリーヴィに注目することで、この協定を当時のヨーロッパ外交と関連させて位置づけようとした点にある（Dukes 1970）。

しかしながら、今日ではこうした植民地主義の文脈ではなく、ビスマルク退陣後のドイツ外交の行方をめぐる文脈のなかでこの協定を論じるのが主流となっている。すなわち、同時期に決断された再保障条約不更新やその翌年の三国同盟更新と併せてこの協定を評価するというのである。その内容をまとめるとだいたい次のようになるであろう。「新航路」政策を担うドイツの首脳陣（特にホルシュタイン）は再保障条約の不更新によって「東」との関係を断つ代わりに、イギリスと同盟を結ぶか、イギリスを三国同盟に組み込むことで「西」との関係強化を企図していた。だが、他の列強との同盟を回避する傾向にあったイギリスがそれに応じることなどありえないことは彼らでも知っていた。そこで、イギリスとの同盟関係を築く布石として、まずは副次的な植民地問題で合意に達しておこうとした。それがヘルゴラント・ザンジバル協定であったというのである（Bayer 1955; Kennedy 1980; Lahme 1990; Canis 1999）。

ちなみに、一時期わが国でもビスマルク退陣に伴うドイツ外交の転換について議論されたことがある。江口朴郎や中山治一の研究に見られるこれらの特徴は、ビスマルクの退陣がすぐさまドイツの帝国主義的な「世界政策」につながったわけではなく、ビスマルク時代と「新航路」の連続性に注目した点にある（江口 一九五〇、中山 一九五一）。確かに、帝政期のドイツ外交をビスマルク外交と「世界政策」の二分法で見てしまえば、ビスマルク外交と帝国主義的色彩の薄い「新航路」の外交政策の距離はさほど離れてはいない。しかしながら、大半の研究が示すように「新航路」は明らかにビスマルク外交からの逸脱・転換を意味しており、右記のような二分法で帝政期ドイツ外交を論じることそれ自体に無理があるといえよう。この点を意識して「新航路」外交を論じたのが岡部健彦であった（岡部 一九六〇、岡部 一九七二）。彼は刊行史料に基づいて再保障条約不更新、ヘルゴラント・ザンジバル協定、そして三国同盟更新の成立過程を検討し、「新航路」を担う首脳陣がビスマルク外交の延長に立ちながらも、彼らの認識の違いのゆえにビスマルク外交から逸脱していく様子を論じている。

右記のような先行研究の成果に筆者も異存はない。ヘルゴラント・ザンジバル協定をめぐる独英交渉を改めて詳細に見ていくと、ビスマルク外交との連続性を思わせるような箇所が確かに見受けられる。そもそもこの協定はビスマルク時代に解決できなかった問題に決着をつけたものであり、再保障条約不更新のように政権交代とともに従来の政策方針を放棄するという類のものではなかったため、この協定をめぐる独英交渉それ自体をビスマルク外交の延長線上に位置づけたほうがむしろ自然なのかもしれない。だが、それがもたらしたものはビスマルク外交からの逸脱であることは先述の通りである。では、ヘルゴラント・ザンジバル協定をめぐる交渉において一体どの部分がビスマルク外交を「継承」し、それがこの協定を成立させる過程でどのように「変容」した結果、ビスマルク外交から逸脱してしまったのであろうか。最新の研究成果と独英双方の未公刊史料を踏まえながら[2]、この点を明らかにするのが本章の課題となる。

具体的には、ヘルゴラント・ザンジバル協定が成立するに至るまでの過程をビスマルク時代に遡りながら確認していくことになるのだが、その際に本章では①ヘルゴラント、②ザンジバルあるいは植民地問題、③独英関係という三つの視角を設け、ビスマルクならびに「新航路」の首脳陣がこれらをどのように認識していたのか、詳細に見ていきたい。後者に関しては、当事者たちが協定成立を切望する点では共通するものの、その意図や動機に関しては必ずしも同一ではないため、個別に分析する必要がある。そこで本章ではこの協定交渉に直接影響を与えた四人の人物、すなわち皇帝ヴィルヘルム二世、帝国宰相カプリーヴィ、外務長官マーシャル、外務省政務局参事官ホルシュタインに焦点を当てたい。ビスマルクと彼ら四人との間にヘルゴラント・ザンジバル問題をめぐってどのような認識の違いがあったのか、そしてそれがドイツ外交に一体どのような影響を与えることになったのか、ビスマルク外交から「新航路」外交への「継承」と「変容」に留意しながら考察していく。

1　ビスマルク外交におけるヘルゴラント

(1)　一八八四年五月の交渉

それは一通の訓令文から始まった。

一八八四年五月五日、帝国宰相ビスマルクはロンドン駐在独大使ミュンスター（Georg Graf zu Münster-Ledenburg, 1820–1902）に対して突如「わが国と長く友好関係を維持したいというイギリスの意志を測るさらなる試金石はヘルゴラント島に結びついています」と述べたのである。彼によれば、この島はイギリスにとって平時には何の役にも立たず、戦時でさえ何かの役に立つかどうかも大いに怪しいと評価したうえで、「この島を避難港にするといった条件でドイツに割譲する条約のような取決めを結べば、独仏戦争以来イギリスに対して今ではもはや以前ほど好意的ではないドイツの世論に有益な印象を与え、グランヴィル卿が当然のことながら感謝の念を表明するような、イギリスの政策に対する友好的な支援が今後容易となるでしょう」という。彼はこのようにヘルゴラント島を引き合いに出しながら、ドイツの外交的支援がイギリスにとって如何に重要となってくるか、次のように力説するのである。「わが国との友好関係はイギリスの政策にとって大いに有益なものとなりえます。ドイツ帝国という大国が好意的な立場をとって進んでイギリスの側に立つのか、それとも冷淡で控えめな立場をとるのか、それはイギリスの政策にとっては無関心ではいられないことです。〔…〕イギリスと衝突するつもりは決してないので、イギリスそのものに対する態度というわけではないのですが、わが国がイギリスの敵もしくはライバルに対してどのような態度をとるかという問題のほうが、ヘルゴラント島の領有や遠方の海域での独英双方の会社による貿易対立よりもはるかに重大なことだと思います。イギリスはわずかな、しかもイギリスにとってほとんど価値のない犠牲でもって、その政治的利害においてわが国の有効な支援を引き続き受けることができるのです」。そしてビスマルクはこの件を要求というよりはむしろ「申し出」（Anerbieten）という形で英外相グランヴィル（Granville George Leveson-Gower, 2nd Earl Granville, 1815–91）に内密に打診できるか報告するようミュンスターに指示した。その際、もしこの「申し出」をすることでその後の大使としての職務に支障をきたす恐れが生じるようであれば、ロンドンに特使として向かわせている自分の息子ヘルベルト

（Herbert Graf von Bismarck, 1849-1904）にやらせると伝えたのであった。[3]

この文面を見る限り、この訓令がヘルゴラント島獲得に向けて発せられたと見えてしまうだろう。少なくともミュンスターはそのように受け取った。ドイツの植民地政策を「非実用的で未熟なもの」として否定的に評価していた親英派の彼は、北海とバルト海を結ぶ運河建設を見据えて、ヘルゴラントに関するビスマルクの見解に全面的に賛同し、ヘルベルトの到着を待たずにイギリス政府に働きかけると五月八日に回答した。[4]

だが、実はこの訓令はヘルゴラント島獲得に向けて発せられたものではなかった。一八八三年後半以降、ビスマルクは南西アフリカのアングラ・ペケーナ（現在のナミビアの港湾都市リューデリッツ）とフィジー諸島をめぐる二つの問題でイギリス政府を何度も激しく追及していた。前者をめぐっては、ブレーメン商人リューデリッツ（Adolf Lüderitz, 1834-86）が商業目的で入植すべく現地で土地を購入したのだが、英側はそこが自国の管轄下にないことを認めているにもかかわらず、そこにドイツが進出するのを容認しようとしなかった。そして後者をめぐっては、イギリスのフィジー併合に伴い、それ以前にドイツ人が獲得・所有していた土地が当局によって没収されたことに対して、独側はその補償のために独英合同委員会の設置を要求するものの、それを英側は一顧だにしなかった。エジプト問題をはじめ、それまで親英的な態度をとってきたビスマルクにとって、こうしたイギリスの反独的姿勢は看過できるものではなかった。そこで彼は、イギリスにとってドイツの外交的支持が如何に重要なものであるかを思い知らせるために、さらにはドイツ皇太子フリードリヒ・ヴィルヘルム（Friedrich Wilhelm, 1831-88／のちの皇帝フリードリヒ三世 Friedrich III.）をはじめとする国内の親英派を牽制するために、アングラ・ペケーナ保護領化宣言（一八八四年四月二四日）に端を発する植民地政策に着手するなど、一連の反英政策を展開するのである。ちなみに、こうした反英政策の裏には、当時ロシアと対立していたブルガリア侯アレクサンダル（Alexander von Battenberg, 1857–93）とフリードリヒ・ヴィルヘルムの次女でイギリスのヴィクトリア女王（Queen Victoria, 1819–1901）の孫にあたるヴィクトリア（Viktoria, 1866–1929）の結婚問題のゆえにドイツの親露姿勢についてロシアに疑いを抱かせないようにするねらいもあった（Riehl 1993. 飯田 二〇一〇a：第七章）。

したがって、ビスマルクの五月五日付訓令もその文脈で理解しなければならない。先述したように、この訓令で重点が置かれていたのは、ドイツがイギリスに対して「好意的な立場」をとるか、それとも「冷淡で控えめな立場」――すなわち「イギリスの敵もしくはライバルに対して」好意的な態度――をとるか、どちらが望ましいのかとイギリス政府に迫ることで、ドイツの外交的支持の重要性を彼らに悟らせる点にあった。アングラ・ペケーナやフィジーはおろか、ここで何の脈絡もなく突如浮上したヘルゴラントは、彼自身がそう位置づけているように、イギリスの態度を推し量る「試金石」でしかなかったのである（Riehl 1993：459. 岡部 一九七二：六六～六九頁）。だが、ミュンスターはそのようには理解しなかった。ヘルゴラント問題に執着する彼を不安視したビスマルクは五月一一日に訓令を発して、先の訓令の趣旨を確認するとともに、ヘルゴラントの件は「申し出」という形式をとるよう念押ししたのである。[5]

ところが、それからわずか二週間後の五月二五日、ビスマルクはヘルゴラント島に関する協議をさしあたりこれ以上行わないようミュンスターに打電した。[6] その背景にはイギリス政府がアングラ・ペケーナ問題に関して従来の姿勢を崩さず、一向に譲歩する素振りを見せなかったことが挙げられる。ドイツがアングラ・ペケーナにて主権を握ることはなく、同地はイギリスの管轄下にはないが他の列強がそこに進出するのを容認しないと外相グランヴィルや植民地相ダービ（Edward Henry Stanley, 15th Earl of Derby, 1826–93）が上院で答弁する一方、[7] ケープ植民地政府が同地を取得すべく精力的に介入したのである。[8] このような「イギリスの排他性と思い上がり」を前に「これではアフリカ版モンロー・ドクトリンだ！」[9] として怒りを爆発させたビスマルクは、アングラ・ペケーナ保護領化宣言をプレスに公表し、ドイツが別の大国（ここではフランスを想定）との連携をより明確に示唆することでイギリスに圧力をかけた。そして「わが国のアフリカでの要求の権利を、わが国のヘルゴラントに対する権利と同程度へと押し下げてしまう」ことを恐れて、つまりアングラ・ペケーナやフィジーでのドイツの要求が彼らにとってはさほど重要でないヘルゴラント問題にとって代わられてしまうことを恐れて交渉中止を命じたのである。

ちなみに、このとき交渉中止を命じたビスマルクの動機をめぐっては別の見解が存在する。E・アイクによれば、ヘルゴラント交渉が挫折するのではなく「成功する危険があったから」中止を命じたというのである（アイク 一九九九：一七二頁）。当時ドイツでは皇帝ヴィルヘルム一世（Wilhelm I, 1797–1888）の高齢のゆえに、皇太子フリードリヒ・ヴィルヘルムへの帝位交代が取沙汰されており、この交渉が成功すると独英間の友好関係が保証され、親英派の皇太子の基盤が安定し、ビスマルクの政治的影響力が損なわれる恐れがあった。実際、ビスマルクはこの件を皇太子の耳に入れようとはしなかった。五月二四日に植民地問題で皇太子から下問された外務長官ハッツフェルト（Paul Graf von

Hatzfeldt-Wildenburg, 1831–1901）がヘルゴラント問題にも言及すべきかと尋ねると、彼はそれを認めず交渉中止を命じているのである。だが、このとき交渉が成功するかどうかは不透明であり、A・T・G・リールは、当時のイギリスが抱えている状況から交渉は成立せず、ビスマルク自身もそのように見ていたと論じている[10]（Riehl 1993: 460–466）。いずれにせよ、彼にとってこのときヘルゴラントが主眼ではなかったことは明らかである。

ビスマルクにとってヘルゴラントが「本命」ではなかったことが露骨に見て取れる文書がある。交渉中止命令後も依然としてヘルゴラントに固執するミュンスターがこれまでの訓令の趣旨と自分の意図を理解していないと見て取ったビスマルクは、確認の意味を込めて六月一日付で再度訓令を発した。このなかで彼は、エジプト問題ではドイツが親英的な態度をとってきたにもかかわらず、イギリスがアングラ・ペケーナやフィジーをめぐる問題で反独的・忘恩的な態度をとっていることが問題であるとしたうえで、自分のねらいが（フランスのような別の大国との連携を示唆することで）ドイツの外交的支持の重要性をイギリスに知らしめることにあって、ヘルゴラントは「あくまでも二次的なものであり、ドイツ世論に親英政策を採ることを納得してもらうための手段でしかない」と諭したのである[11]。

こうして、一八八四年に植民地問題をめぐる独英間の駆引きのなかでヘルゴラント問題は突如姿を現し、交渉が本格化する前に立ち消えとなった。

(2) 再燃――一八八九年

ヘルゴラント問題が再び独英間で取沙汰されたのは一八八九年三月のことであった。

このとき、ハッツフェルトの後任で外務長官となり父ビスマルクを外政面で補佐していたヘルベルトは、当時独英間で懸案となっていたサモア[12]ならびにザンジバルをめぐる諸問題に加え、ビスマルクがこの年の一月に提案した独英同盟についてイギリス首相ソールズベリと協議すべくロンドンを訪問していた。三月二六日、彼は自由統一党にあってソールズベリ政権を閣外から支えていた有力政治家ジョゼフ・チェンバレン（Joseph Chamberlain, 1836–1914）と会見した折、次のような話になった。チェンバレンによれば「ナマ人やダマラ人の住む地はどこもドイツにとって無価値である」ため、アングラ・ペケーナや両地域を含む独領南西アフリカを放棄するのが最善ではないか、「それに対する代償はしなければなりませんが、ヘルゴラントを差し出すと言ったら貴殿はどう思われますか」というのである。この提案にヘルベルトは心を動かされ、ハーティントン（Spencer Cavendish, Marquess of Hartington, 1833–1908／のちの第八代デヴォンシャー公爵 8th Duke of Devonshire）に話を持っていけばきっとソールズベリにうまく橋渡しをしてくれ、事が順調に運べば同年八月に予定されているヴィルヘルム二世の訪英時に合意が成立し、「陛下はこの件で大いに喜ばれることでしょう」との見通しをビスマルクに私信の形で伝えた[13]。

これに対するビスマルクの姿勢は極めて消極的なものであった。ヘルベルトの私信を読んだ彼は、ハーティントンに打診するのは是認しつつも、ヘルゴラントの件でドイツがイニシアティヴをとるのは良くないと急ぎ打電した[14]。ヘルベルトの帰国後に交渉にあたったロンドン駐在独大使（前外務長官）ハッツフェルトが四月一三日、この件でソールズベリに検討と協議のための十分な時間を与えたほうが得策であり、「あたかもわが国がこの島の領有に過度の価値を置いているような印象を与えない」

ようにすべきだとしつつも、ベルリンから特段の指示がなければ然るべき機会にこの件を再び打診するつもりであると進言すると、ビスマルクはそこに一言「待て」と書き記している[15]。また、ヘルベルトが六月二一日に外務次官ベルヒェム（Maximilian Graf von Berchem, 1841-1910）に対して、独領南西アフリカとヘルゴラントの領土交換をソールズベリに執拗に迫ると逆効果になると伝えたところ、ビスマルクはその見方を是認して「こういう事情では何らかのイニシアティヴをわが国の側でとるのが得策であるとは思わない。そうしてしまうとこの件は危険にさらされ、女王との現在の良好な関係もそうだが、他の印象を弱めてしまうことになってしまうし、わが国が物欲しげと見られてしまうであろう」とコメントした。さらに、皇帝の訪英時に独英間の良好なムードが盛り上がったときにヘルゴラント問題を持ち出すのが適切という見方に対しては「イギリスがイニシアティヴをとるのを、そしてそのためにはイギリスがわが国を必要とする瞬間を待たねばならない」と述べたのである[16]。また、ヴィルヘルム二世がヘルゴラント島の獲得に熱意を示し、訪英の際に協定を調印することに前向きであることを耳にすると[17]、ビスマルクは急ぎ外務省に打電し、ソールズベリをはじめ英側の関係者が皆この件で沈黙を守っていることに鑑み、今ドイツがイニシアティヴをとるとヘルゴラントに関する取引を困難にするのみならず、予定されている皇帝の訪英にも支障を来す恐れがあるとして、「事が済んでから」イギリスがイニシアティヴをとるのを待たなければならないと伝えたのであった[18]。

以上から明らかなように、ビスマルクのヘルゴラント問題に対する姿勢はあまりにも消極的であり回避的とさえ言えるものであった。果たしてこのとき彼の関心は奈辺にあったのだろうか。一般的には、先述したように一八八七年には地中海協定を通じてイギリスを自身の同盟網に組み込み、一八八八九年初頭には独英同盟を打診するなど、この時期の独英関係は極めて良好であったと評価されがちである。だが、一八八八年には独英関係を揺さぶるかのような事件が立て続けに生じており(19)、再保障条約を結んだものの依然として不安定なロシアとの関係に鑑みて、ここでイギリスとの友好関係を崩壊させるわけにはいかなかった。そこで彼はロシアを刺激しないよう「議会の承認を通じた」同盟というあえて英側が応じづらい提案を行い、そして皇帝ヴィルヘルム二世の訪英が取沙汰されるとそちらに重点を移すことで「同盟なき友好関係」をイギリスとの間に維持しようとしていたのである（飯田 二〇一〇a）。したがって、彼の関心は皇帝の訪英を成功させることにあり、その障害となりそうなことは極力避けようとしていた。そもそも彼はヘルゴラント問題を独英関係の「試金石」程度にしか認識していないのだから、そのような二次的な問題で皇帝の訪英、ひいては独英間の友好関係を台無しにするわけにはいかなかったのである。「事が済んでから」――ヘルゴラント問題に向き合うにしてもせめて皇帝の訪英が済んでからというこの発言こそ、このときの彼の心中を言い当てているのではなかろうか。

だが、この問題がビスマルクの在任中に再び話題になることはなかった。これに代わって独英間で懸案となったのは、東アフリカをめぐる情勢であった。

2　ビスマルク外交における東アフリカ

東アフリカをめぐる独英間の衝突が顕著となったのは一八八〇年代に入ってからである。ここでは先行研究（Wehler 1984; Lahme 1990; Riehl 1993. 富永 二〇〇一、富永 二〇〇八、栗原 二〇一八）に基づいて、このときの東アフリカをめぐる独英関係を概観したい。

一九世紀後半の東アフリカにおいて勢力を伸ばしていたのはザンジバルであった。ここはインドと東アフリカを結ぶ重要な結節点であり、とりわけ東アフリカにおける奴隷貿易の中心地として活況を呈していた。そしてその勢力はザンジバル島や近隣諸島のみならず、アフリカ大陸東岸地域にまで及んでいた。

そのようなザンジバルを、奴隷貿易禁止を掲げるイギリスが放置するはずがなかった。一九世紀前半からの粘り強い働きかけと外交的圧力の結果、ようやく一八七三年になってザンジバル駐在英総領事カーク（Sir John Kirk, 1832–1922）は、ザンジバルのスルタンであるバルガッシュ・ビン・サイード（Barghash bin Said, 1837–88）との間に奴隷貿易の禁止と奴隷市場の閉鎖を取り決めた条約を締結した。それ以来、イギリスはこの地を自らの勢力圏に組み込もうとした。東には最重要植民地インド、北にはスエズ運河とエジプト、南にはケープ植民地があることから、イギリスにとってここは戦略的にも経済的にも重要な場所だったからである。

だが、そこにはすでにハンザ商人の二つの会社（O'Swald & Co. とHansing & Co.）が一八四〇年代から進出しており、五九年にはハンザ諸都市が先代のスルタンであるマジド（Majid bin Said, 1834–70／バルガッシュの兄）との間に通商条約を結んで交易を行っていたのである。そのため独英双方の商人が対立し、先述のようなイギリスの進出を前に現地におけるドイツの経済的利益を守ろうとする動きが八〇年代に見られるようになった。これを受けてビスマルクは八四年一〇月にアフリカ探検家のロールフス（Gerhard Rohlfs, 1831–96）をザンジバル駐在独総領事に任命して現地に赴かせ、ドイツの権益確保に向けて動くことになった。

その一方、アフリカ大陸東部のザンジバル対岸地域に目を向けると、これとは別にドイツ人による新たな動きが見て取れた。ベルギー王レオポルド二世（Leopold II, 1835–1909）が取得したコンゴの境界線画定とその領有をめぐってベルリン・コンゴ会議（一八八四年一一月〜八五年二月）が開かれているまさにそのとき、「ドイツ植民地化協会」（Gesellschaft für Deutsche Kolonisation）のカール・ペータース（Carl Peters, 1856–1918）が一一月から一二月にかけてのわずかな期間に自らのイニシアティヴで現地の首長たちとの間に取決めを結び、自らが獲得した土地に対してドイツ帝国の保護を求めてきたのである。これに対してビスマルクは八五年二月二七日、ペータースが獲得した土地にドイツ帝国の保護状を発行した。[20] これを受けて、ペータースは「ドイツ東アフリカ会社」（Deutsch-Ostafrikanische Gesellschaft）を設立した。

だが、そこはザンジバルのスルタンの勢力圏であり、イギリスも進出を画策していた場所であった。独側の動きに対してスルタンは四月二七日、ドイツ皇帝宛に抗議状を送った。その背後にイギリスの影を見て取ったビスマルクはこれに猛反発した。彼はイギリス政府に対して、独英間の友好関係をヨーロッパだけに制限し、それ以外のところでは対立も辞さない姿勢であることを伝えて牽制するとともに、スルタンに圧力をかけるべく小艦隊を派遣することを決断した。ちなみに、このとき独側はドイツ人男性との妊娠・結婚のゆえにキリスト教に改宗してドイツに移住していたスルタンの親族サルマ（Salama bint Said, Emily Ruete, 1844–1924）を政治利用すべく、彼女をこれに同行させている（富永二〇〇一：六七～六八頁）。

こうした独側の攻勢にイギリスは譲歩を迫られた。アフリカ大陸をめぐってはフランスと、アフガニスタンをめぐってはロシアと対立していたため、エジプト問題もあってこれ以上ドイツと衝突するわけにはいかなかったのである。そのような折、イギリスではビスマルクが嫌悪する自由党のグラッドストン（William Ewart Gladstone, 1809-98）から保守党のソールズベリへの政権交代が起こり、イギリスが陥っている外交的苦境に鑑みドイツとの協調路線が採られるようになった。そこでビスマルクもまたそれまでの一連の反英政策を放棄して親英的姿勢を示すようになった。[21] こうした流れのなかで、東アフリカをめぐる問題は独英両国にフランスを交えて発足した合同委員会（「ザンジバル領土画定委員会」）を通じて解決が図られ、翌八六年一〇月二九日には独英間で次のような合意に達した。[22] これによれば、ザンジバルのスルタンの勢力圏はザンジバルの他にはペンバ島、ラム島、マフィア島とそれらの周囲一二マイル以内の島嶼部に加え、ルブマ川（現在のモザンビークとタンザニアの国境を流れる川）からキピニ（現在のケニア南東部を流れるタナ川の河口に位置）までの幅一〇マイルの沿岸部に限定された。そしてその後背地は独英間で分割され、ドイツの勢力圏はルブマ川（からニアサ湖まで）を南限とし、ヴァンガ（現在のケニア南端に位置）からヴィクトリア湖東岸（南緯一度）に向かって、キリマンジャロ山を含めるように北西に引かれた線（現在のケニアとタンザニアの国境線）が北限とされた。また、当時スルタンと交渉中であった沿岸都市パンガニとダルエスサラームにおける関税徴収権については、スルタンが有償でそれをドイツ東アフリカ会社に認めるとする独側の主張を支持するとしたのであった。同年一二月にスルタンに認めさせたこの独英協定をめぐっては、ザンジバルにお

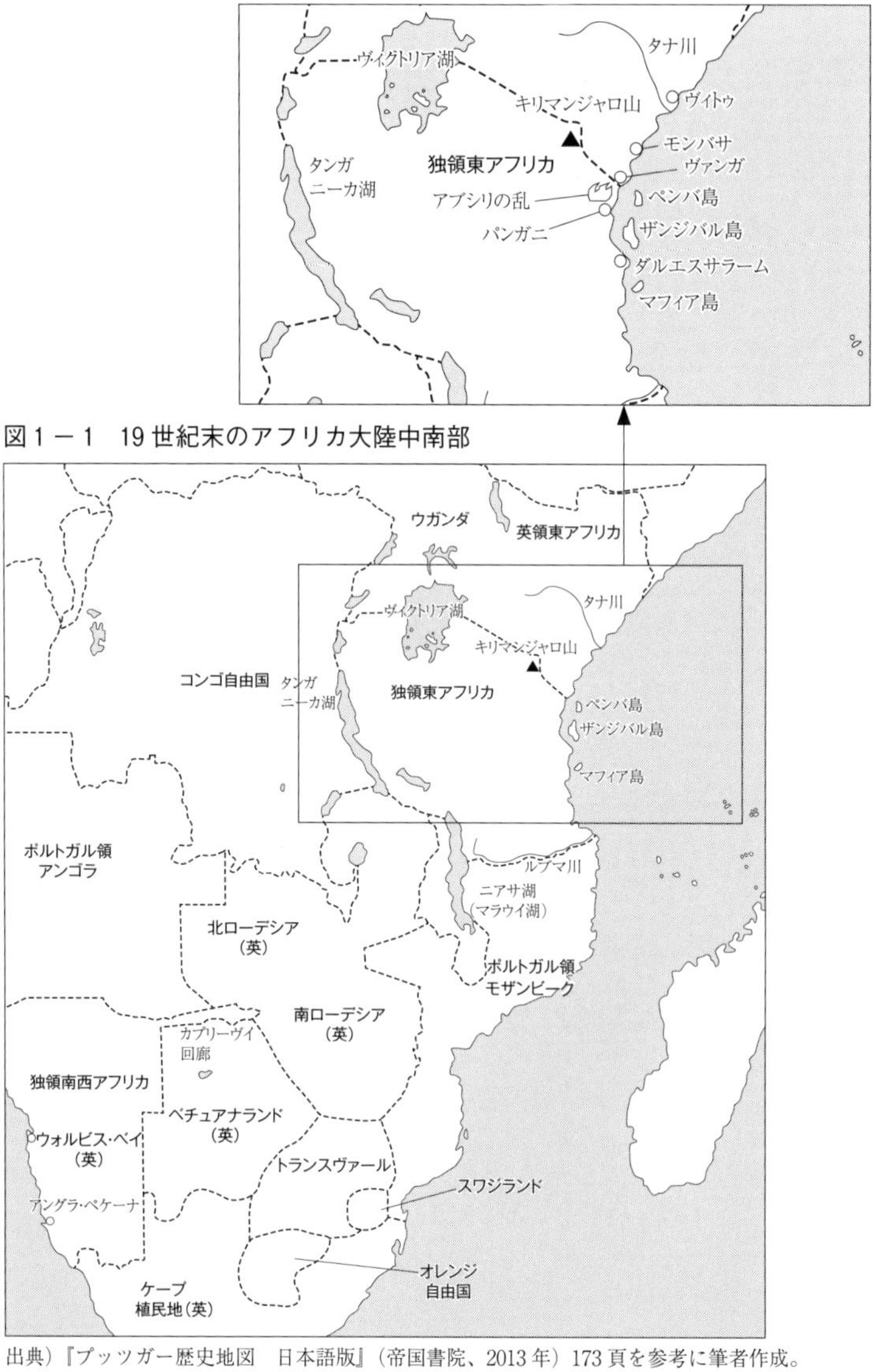

図1－1　19世紀末のアフリカ大陸中南部

出典）『プッツガー歴史地図　日本語版』（帝国書院、2013年）173頁を参考に筆者作成。

ける権益を守ったイギリスもさることながら、ドイツの勢力圏をイギリスに認めさせるだけでなく、スルタンが設ける関税障壁を沿岸部において打破し、ベルリン・コンゴ会議で通商の自由が認められた「コンゴ自由国」へのルートが確保された点を踏まえて「ビスマルクの勝利」と評価されることがある（Wehler 1984: 358; Lahme 1990: 121）。だがそれ以上に、イギリスに独英関係の重要性を認識させてこのように譲歩を引き出した点に、ビスマルクの対英政策の基本的性格を垣間見ることができよう。

ちなみに、このあとドイツ東アフリカ会社は一八八八年四月にスルタンとなったばかりのハリーファ（Khalifah bin Said, 1852–90／バルガッシュの弟）と条約を結び、同社が大陸沿岸部に展開するザンジバル領の管轄権とそこでの関税徴収権（ただしその一部をスルタンに支払うとの条件付）を取得することになった。だが、これが土着の支配者たちの反感と抵抗を招くことになった。その指導者の一人であったアラブ系商人の名前をとって「アブシリの乱」とも呼ばれる現地での反乱に対して、ドイツ政府はヴィスマン（Hermann Wißmann, 1853–1905／一八九〇年以降 von Wißmann）を派遣して鎮圧にあたらせ、さらに艦隊を派遣してイギリスとともに沿岸部を海上封鎖するのだが、鎮圧に一年以上もかかってしまう（鎮圧は一八九〇年）。これを機にドイツ東アフリカ会社が管轄していたこの地は、ヘルゴラント・ザンジバル協定を経て一八九一年に「ドイツ領東アフリカ」としてドイツ帝国の管轄下におかれることになる。

しかしながら、アフリカ東部における独英間の対立はこれで完全に解消されたわけではなかった。一八八六年一〇月末の合意ではドイツの勢力圏の南北境界線は定まったものの、大陸内陸部の西側境界線は未解決であった。そして、それ以上に独英間で深刻になりつつあったのが、イギリスの勢力圏とされた現在のケニア沿岸部にあるヴィトゥをめぐる問題であった。ここはモンバサを中心とするイギリスの勢力圏の北側に位置しており、ドイツ人がすでに入植していた。だが、ここのさらに奥地にはウガンダやナイル川に通じるヴィクトリア湖があり、イギリスにとって戦略的にも経済的にも重要な場所であるため、そこへのドイツの進出は何としてでも阻止しなければならなかったのである。ヴィトゥの後背地の勢力圏画定をめぐって、ビスマルクとソールズベリは八〇年代後半を通じて何度も交渉して平和裏にこの問題を解決しようとしたものの[23]、なかなか合意には至らなかった。八九年一二月にはザンジバルでのイギリスの通商が侵害されたことに加え、ドイツ商人がヴィトゥのスルタンに武器を供与したことにイギリス世論が反発、独英間でいざこざが生じていた[24]。これを受けてソールズベリは、ザンジバルをはじめ東アフリカにおける植民地問題を解決するための交渉を持つことを提案し[25]、ビスマルクもこれに応じた[26]。九〇年一月にはヴィトゥの勢力圏を画定するための独英合同委員会が発足し[27]、ザンジバル近隣のマンダ島やパッタ島（パテ島のことか、いずれもケニアのラム群島の一部）の管轄権をめぐる問題もあわせて協議されることになった[28]。

こうして東アフリカをめぐる独英植民地対立は平和裏に解決するかのように思われたが、ビスマルクの辞任という思わぬ形で交渉は中断するのである。

3　カプリーヴィ政権下での条約交渉

(1)　交渉再開

ビスマルクの辞任とそれに伴う「ビスマルクなきドイツ」を、イギリス首相ソールズベリやベルリン駐在英大使マレット（Sir Edward Malet, 1837-1908）は危惧・警戒していた。彼らにとってビスマルクは「平和を保障する存在」であり、彼の方針が野心的で攻撃的なものではなく自身の作り上げたものを守り抜く保守的な点にあったことから、英側は彼にある種の信頼を寄せることができたのである。だが、その一方で皇帝ヴィルヘルム二世に対しては、その野心的な性格に加え、[29]何かにつけて女王や皇太子をはじめ英王室と衝突しがちであったことから、ビスマルク引退後は反英的な姿勢をとるのではないかと警戒していた。[30]そのため、ソールズベリはビスマルクの辞任の報に接すると遺憾の意を表し、今後の展開を不安視するのであった。[31]

ビスマルク辞任後、ドイツではヴィルヘルム二世の下でいわゆる「新航路」政策がとられることになった。先述したように、帝国宰相（プロイセン首相・外相を兼任）にはプロイセン陸軍将校にしてドイツ帝国海軍本部長（Chef der Kaiserlichen Admiralität）を務めた経験もあるカプリーヴィが、そして外務長官にはビスマルクの長男ヘルベルトに代わってバーデンの政治家マーシャルが任命された。しかしながら、カプリーヴィが「皇帝ヴィルヘルム一世の有名なたとえではないが、自分にはビスマルク侯のように五つのガラス球を同時に操る曲芸師のような芸当はできず、せいぜい二つが限界だ」と率直に認めているように[32]、彼らは外交については門外漢であったため、おのずと外務省政務局のスタッフ、特にホルシュタインに依拠していくようになる。

このとき彼らは、すでに先行研究が示すように、その複雑さのあまり、場合によっては自縄自縛に陥る危険の高いビスマルクの遺産である同盟網を、重心をロシアからイギリスに移すことで維持しようとしていた。すなわち、カプリーヴィやホルシュタインを中心とする外務省政務局が問題視するロシアとの再保障条約を更新せず葬り去るとともに[33]、目下懸案となっている植民地問題を解決することでビスマルク時代末期から良好関係にあったイギリスとの関係を維持強化しようとしたのである。ヴィルヘルム二世は三月二一日、ビスマルク引退後もドイツの外交政策に変更はないとマレットに伝えると[34]、四月四日にはカプリーヴィがソールズベリに宛てて書簡を送り、ビスマルクの外交方針を維持するつもりであること、独英間の友好関係を維持し（植民地問題などの）二次的な問題において生じうる不和を取り除くつもりであることを伝えた[35]。外務次官ベルヒェムも同じ日にマレットと会談し、新政府の対英方針について説明した。ここで彼は、これまで双方にとって有益であった独英関係を維持していきたいと強調したうえで、目下係争中の東アフリカ問題を解決するために交渉再開の用意があることを伝えた。このときマレットは、帝国宰相や外務長官が外交問題に詳しくないので自分に頼らざるをえないだろうとベルヒェムが自信と意欲に満ちていること、ドイツがビスマルク時代以上に地中海協定にコミットする用意があること、そしてイギリスとの間にこれまで以上に緊密な同盟を得ようとしていること、しかしながら皇帝が独自の判断で行動しがちであるため、ベルヒェムの友好的だが楽天的な説明には注意が必要であると報告している[36]。再保障条約不更新をめぐる協議では存在感

図1－2　帝政期のドイツ外務省組織図

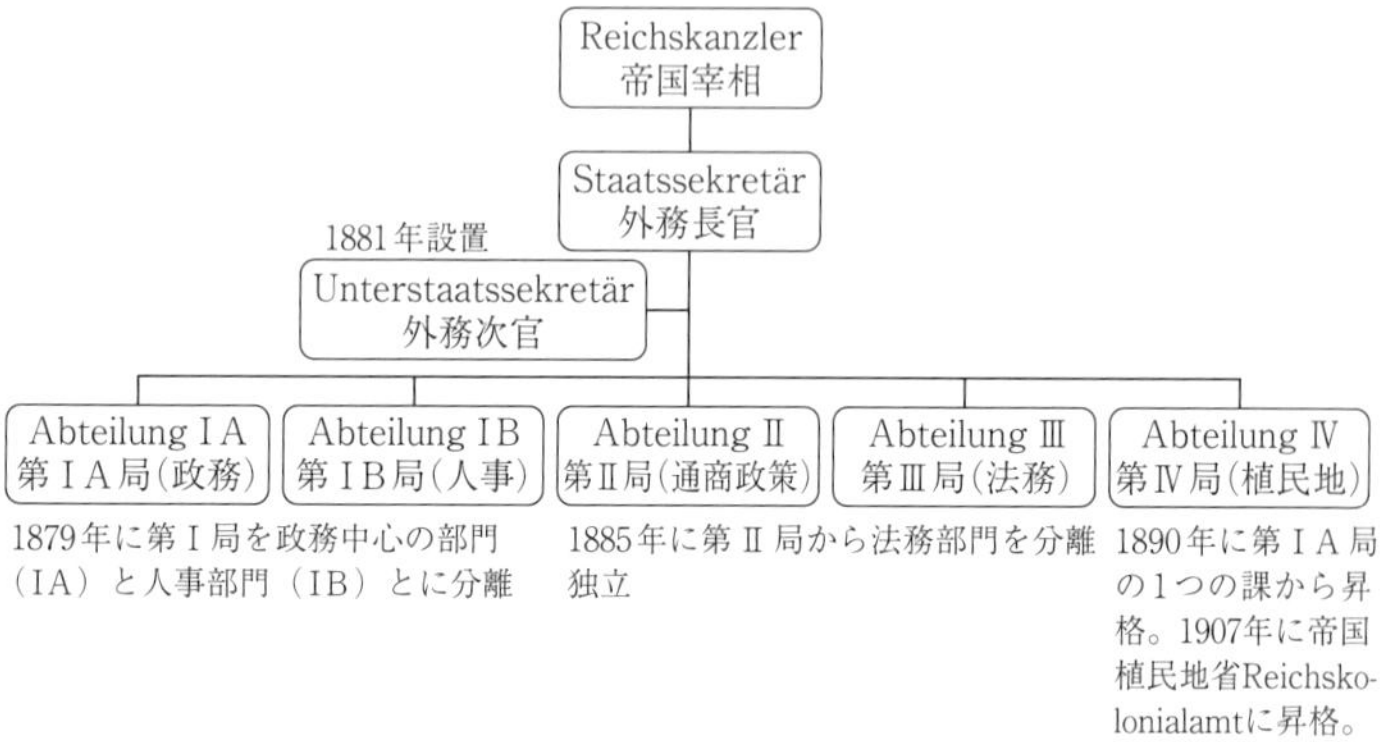

出典）飯田（2010b：121頁）をもとに筆者作成。

を示すことができたベルヒェムであったが、「ここ〔ベルリン〕での仕事はマーシャルと私によってなされている」というホルシュタインの発言からも窺えるように、[37]彼はこの二人に主導権を奪われ（Nichols 1958: 61）、これ以降イギリスとの交渉にあたることはなかった。[38]

以上のような独側の動きを受けて、ソールズベリは植民地問題でドイツ政府と交渉すべく、本件のイギリス外務省担当官アンダーソン（Sir Percy Anderson, 1831–96）をベルリンに派遣した。アンダーソンは出発前に独英連携の強化を望む駐英大使ハッツフェルトとロンドンで会談し、互いに譲歩しながら平和裏に双方の勢力圏を画定させることで意見の一致を見るものの、とりわけ東アフリカ内陸部とヴィトゥをめぐっては交渉が難航しそうな気配であった。[39]なお、アンダーソンに与えられたソールズベリの指示を見ると、独側と協議する案件は東アフリカ問題だけではなく、独領南西アフリカ内に飛び地となって存在する英領ウォルビス・ベイや独領トーゴの西側境界線の問題など、アフリカ大陸において独英両国が抱える植民地問題をここで一気に解決しようとしていたことが見て取れる[40]。

かくして五月に入ってから植民地問題に関する独英間の協議がベルリンで再開された。アンダーソンの交渉相手は、当時ドイツ外務省に新設されたばかりの植民地局（第Ⅳ局）の局長クラウエル（Richard Krauel, 1848–1918）であった。しかしながら、予想された通り東アフリカ内陸部（特にヴィクトリア湖とタンガニーカ湖の間、タンガニーカ湖とニアサ湖の間の地域）とヴィトゥをめぐっては、世論の強い圧力を背景にイギリスは譲歩する姿勢を見せず、早くも交渉は難航した[41]。こうした英側の頑な姿勢にマーシャルは苛立ちを露にするが[42]、このとき再保障条約の不更新を検討している「新航路」の首脳陣や外務省政務局からすれば、ここで何としてもイギリスとの合意を急がねばならなかった。そのため、彼らは五月初めには早くも相応の代償を得られれば懸案となっているヴィトゥを放棄することも厭わない姿勢を示した[43]。そして五月一二日には帝国議会において、マーシャルが独英関係の重要性を強調して「わが国は依然として植民地政策、とりわけ東アフリカにおいてはイギリスと手に手を取ってやっていくと心に決めておりますし、この友好的な心情はイギリス政府の側から最も誠実な形で応えてもらっていると満足の念をもって確認してよいかと存じます」と述べ[44]、カプリーヴィもそれに呼応して植民地問題においてイギリスと妥協する用意があることを示唆することで、交渉を加速させようと努めたのであった[45]。ハッツフェルトによれば、イギリスの政界やジャーナルはこのときの二人の発言を非常に好意的に受け止めているとのことであった[46]。

なる。

(2) ヘルゴラント代償案の浮上

ベルリンでの交渉難航を受けてロンドンでは五月一三日、ソールズベリと駐英大使ハッツフェルトが状況を打開すべく会談を持った。植民地問題をめぐる独英交渉は、このとき転換点を迎えることになる。

両者は一体どのようなことを協議したのであろうか。ここではその内容を報告したハッツフェルトの五月一四日付外務長官マーシャル宛私信に基づいて見ていきたい[47]。協議の冒頭で双方のおかれている立場が確認されると、ソールズベリは懸案となっているニアサ湖北西部の勢力圏画定をめぐっては、イギリスが現地に先に入植していたこともあって妥協することができないと主張した。それに対してハッツフェルトは、独英双方が植民地問題で妥協することが必要であり、さらなる摩擦を避けたいとする考えを強調した。これはドイツ外務省の意思を反映するだけでなく、ビスマルク時代末期から対英接近の交渉役として活動する親英派ハッツフェルトならではの発言と評価してよいだろう。これを受けてソールズベリは東アフリカにおけるドイツとの協調を視野に入れ、自身の要望を伝えた。その内容をまとめると、①懸案となっているニアサ湖北西部に関しては、他の点でドイツと合意に達することができれば、その一部（具体的にどこかは未定）をドイツに譲渡してもよい、②ヴィクトリア湖南西部の係争地に関しては、タンガニーカ湖の北端から丘陵地帯に沿ってヴィクトリア湖まで引かれた線を境界線とするのであれば、そこ（現在のルワンダとブルンジあたり）を独領としてもよい、③こうした英側の譲歩に対してドイツはヴィトゥ、マンダ島、パッタ島ならびにそれに隣接する保護領をイギリスに有利な形で放棄する、④ザンジバル島をイギリスの保護領とする、⑤イギリス政府は議会の承認を得てヘルゴラント島をドイツに割譲する、⑥これらの点について合意が得られれば、スルタンからドイツに管理が委託されたザンジバル対岸地域を最終的に独領とすることに合意する、というものであった。ここにソールズベリの側から東アフリカでの植民地問題を解決するためにヘルゴラント島を代償とする案が出されたのである。[48] ハッツフェルトはすぐさま、イギリス政府に対する世論の風当たりが強いため、この案に基づいて可及的速やかに合意すべきだとベルリンに打電した。[49]

これに対して独側はどのように反応したのだろうか。外務長官マーシャルは当初、この案にそれほど魅力を感じていなかったようである。五月一七日の時点では、彼の関心は東アフリカにおけるドイツの勢力圏画定のほうに向けられており、英側の要求をそのまま呑むことができないとする一方、ヘルゴラント代償案そのものについては何も言及していない。[50] 彼がヘルゴラント島にそれほど強い関心を持っていなかったことが窺えよう。ところが五月二三日になると彼は、イギリスがヘルゴラント島を割譲し、ザンジバル島の対岸地域が独領となるのであれば、それ以外の点についてイギリスに譲歩する用意がある旨ハッツフェルトに急ぎ打電し、交渉を遷延させないよう指示したのである。[51] 五月二五日には「ヘルゴラント島の領有はわが国にとってキール運河のゆえに軍事的に極めて大きな価値を有し、スルタンによって権益を認められた〔ザンジバル島の〕対岸地域の獲得はわが方の東アフリカ情勢を決定づける上で欠かせない」としてその重要性を強調し、[52] 五月二九日に至っては「ヘルゴラント島の領有は〔…〕わが国にとって最大限の意義があり、目下の交渉において最重要事項である」と位置づけたうえで、「〔ハッツフェルト宛五月二五日付〕第七〇号電報のなかで言及された、ヘルゴラントがなければキール運河はわが国の艦隊にとって何の重要性もないという帝国宰相閣下の見解を陛下はすでに共有されていらっしゃる」ため、「わが国はそれゆえに第七〇号電報において言及されたものか、あるいはそれに類する植民地に関する著しい譲歩をしたとしても、ヘルゴラント獲得のほうが有益であると見なしています」とハッツフェルトに打電するのであった[53]。そして、五月三一日には「ヴィトゥなどの放棄と並んで南方の係争地を完全に放棄するのは、ヘルゴラント島の割譲と〔ザンジバル島の〕対岸地域の獲得が第七〇号電報に基づいて合意に達するという前提に立った場合にのみ可能である」という独側の方針を繰り返し示したのである[54]。交渉の比重が植民地問題からヘルゴラント問題に完全に移ってしまったことが明瞭に見て取れよう。

このようなマーシャルの発言の変化の背景には、皇帝ヴィルヘルム二世の意向が強く働いていたと見てよいだろう。すでに見てきたように、彼は一八八九年夏の時点でヘルゴラント島に強い執着を示していた。そして、このときも彼の関心は植民地の拡大というよりはむしろ海軍増強のほうに向けられており（Röhl 2001: 404 f.）、当時建設中であったキール運河の北海側出口に位置するこの島を「天然の要塞」として高く評価し、「ヘルゴラント島の戦略的価値をイギリス人は全くわかっていない」という彼らしい論評を加えている[55]。

これは帝国宰相カプリーヴィの考えとも共通する。彼はかつてドイツ帝国海軍本部長であったときに同様の理由で、あるいはフランスの海上封鎖を阻止するために（Kennedy 1980: 205 f.）、ヘルゴラント島の獲得を主張していた[56]。そしてその主張は、彼が帝国宰相に就任した後も変わることはなかったのである。すでに見てきたように、彼は独英関係重視の姿勢を帝国宰相に就任して以来幾度か示してきたが、このときに限って言えば彼の眼差しは軍事的理由から明らかにヘルゴラント島のほうに向けられていたといってよい。

同様のことはホルシュタインにも当てはまるかもしれない。彼はヘルゴラント代償案を知るや否やすぐにハッツフェルトに賛辞を送り[57]、五月二九日には皇帝の意志を慮ってヘルゴラント島獲得こそが第一であるとの考えを示している[58]。植民地問題をイギリスとの駆引き材料にし、目的達成のための手段としてしか認識していないその姿は、まさにビスマルクのそれに匹敵するものであり、彼の外交手法をホルシュタインはしっかり継承していたと評価してよいだろう。ただし、ホルシュタインの目指すところは単にヘルゴラント島の獲得に留まるものではなかった。すでに先行研究が示すように、彼はビスマルクの遺した同盟網を維持するためにもドイツの外交路線を転換するうえで何よりもイギリスとの合意を優先しており、その先にはイギリスとの間に同盟関係を築くこと（Lahme 1990: 138）、すなわち三国同盟にイギリスを組み入れることを見据えていたのである（Bayer 1955: 12, Kennedy 1980: 206, Canis 1999: 56 f.）。勢力均衡の考えに基づいて最重要視するロシアとの関係に鑑み、そのカウンターバランスとしてイギリスとは「同盟なき友好関係」を維持し続けたビスマルクとは異なり、親英反露路線に基づいた同盟政策を重視するホルシュタインは（少なくとも当時は）イギリスとの同盟にこだわっており、同盟の保障対象にインドを加えればそれが可能であると真剣に――そして安易に――考えていたのである[59]（Canis 1999: 65）。ホルシュタインはビスマルクから外交手法は継承したとしても、外交方針や対英認識を継承してはおらず、ここにビスマルク時代との明確な断絶を見て取れるのではなかろうか。

(3) 合意への道

ヘルゴラント代償案が浮上したことで独側は明らかに色めき立ち、交渉が一気に加速するかと思われた。だが、実際はそううまくはいかなかった。独英間で最後まで難航していたのがタンガニーカ湖北端とヴィクトリア湖の間（独領東アフリカの北西部境界線）、そしてタンガニーカ湖南端とニアサ湖の間（独領東アフリカの南西部境界線、いわゆるスティーヴンソン・ロード）の境界線画定問題であった。ソールズベリは植民地問題の関係者や世論といった国内の圧力を受けて、事態が収まるまで交渉を延期したい気持ちに駆られ、五月下旬から幾度かそれをハッツフェルトに漏らしている(60)。

これに対して独側はヘルゴラント島を獲得すべく、交渉成立に向けて躍起になっていく。五月三〇日にハッツフェルトが本国に対して「この島を獲得するには、英側の植民地に関するあらゆる要求を無条件で承認しなければならないでしょう」と進言すると(61)、その翌日にマーシャルは、懸案となっているスティーヴンソン・ロードをめぐってはヘルゴラント島の割譲とザンジバル対岸地域が獲得できるのであればヴィトゥとあわせて放棄することが可能であるとハッツフェルトに打電(62)、その一方で駐独大使マレットに対しては、時間が経てば経つほど世論が騒ぎ立てるので、現時点のほうが独側は譲歩しやすいとして交渉中断に反対であると強く訴えたのである(63)。ヴィルヘルム二世も交渉延期には反対しており、「〔植民地問題とヘルゴラント問題を〕セットで合意するか、あるいは全くなしにするかのいずれかだ！」と語調を強めて交渉をまとめるよう強く迫った(64)。こうして皇帝の意向も受けてマーシャルは六月四日にハッツフェルトに打電し、独英協調の方針の下でヴィクトリア湖からコンゴ自由国を結ぶ南緯一度の境界線が認められればスティーヴンソン・ロードを放棄する用意があること、ザンジバルを含めた懸案の東アフリカ問題はヘルゴラント問題と不可分のものであることを伝えたのであった[65]。

まさにこのときのドイツ政府首脳の姿勢は、マレットが報告するように、合意に達するためならば「大幅な譲歩」も辞さないものであった[66]。しかもこのとき独側は、イギリス政府の要請に応じてエジプトの負債問題に対して協力する姿勢を示したのである[67]。ソールズベリはこうした独側のスタンスに付け入るかのように、ヘルゴラント島割譲に際して島民への一般兵役義務の導入を一定期間延期することを要求し[68]、独側はこれも受け入れた。

先述したように、このときの独英交渉に対するイギリス世論の反応は、ヴィルヘルム二世が苛立ちを隠せないほど極めて厳しいものであった。そしてこれに批判的であったのは世論や植民地問題の関係者だけではなかった。ヴィクトリア女王もまたヘルゴラント島の割譲に不満を漏らしたのである[69]。かかる状況のゆえにソールズベリが国内で苦境に立たされていたと見るべきかをめぐっては先行研究のなかで意見が分かれるのだが[70]、ヘルゴラント代償案が提示されたあとに譲歩を繰り返す独側の対応を見ていると、国内で自らが置かれている苦境を巧みに利用して独側から何度も譲歩を引き出してイギリスの権益を追求する老獪な彼の姿が浮かんでこよう。まさに、ビスマルクの外交攻勢を巧みに躱《かわ》し続けた「真剣でシニカルな現実主義者」ソールズベリの面目躍如たるものがあると評価してよいのではなかろうか（神川 二〇一一：三七八頁）。

こうしたやり取りを繰り返した結果、独露再保障条約が期限切れを迎える前日の六月一七日に八項目にわたる独英間の合意事項が公表された。ドイツの官報で公表された内容は次の通りである[71]。

①　東アフリカにおけるドイツの勢力圏について、
(a)南はニアサ湖西岸のロクラ（Rokura）河口からタンガニーカ湖南部に注ぐキランボ（Kilambo）河口まで、
(b)北はヴィクトリア湖西岸から南緯一度に沿ってムフンビロ山（Mfumbiro）の南側を迂回してコンゴ国までとする。

ニアサ湖とコンゴ国の間、ニアサ湖とタンガニーカ湖の間、タンガニーカ湖上ならびに同湖と〔ヴィクトリア湖西部の〕独英双方の勢力圏の境界線の間では、両国の国民や商品の移動は自由であり、税金は免除される。

独英双方の勢力圏では両国の伝道団体に礼拝と宣教の自由が認められる。また、両国民には双方の勢力圏において、自国の勢力圏におけるのと同等の定住と通商を行う権利が認められる。

イギリスは持ちうるすべての影響力を行使して、ドイツ東アフリカ会社が契約した〔ザンジバル島の〕対岸地域をドイツに割譲させるべく、ザンジバルのスルタンに働きかけるものとする。この場合、スルタンが失う関税収入に関してはドイツ側によって相応の補償がスルタンに対して認められることになる。

②　南西アフリカにおける独英双方の勢力圏画定については、以前取り決めた点から南緯二二度線に沿って東経二一度まで東進し、そこから東経二一度線に沿って分岐点となる南緯一八度まで北上、そこから東へはチョベ川に沿ってザンベジ川に注ぐところまでとする。(72)

③　独領トーゴと英領ゴールドコーストの境界線は独案に応じて、問題となっているクレピ地方の

北部をクパンドゥ（Kpandu）とともにドイツ領に、南部をペキ（Peki）とともにイギリス領になるように分割する線とする。(73)
④ ドイツは、イギリスの勢力圏の北側に位置するヴィトゥとソマリランドに関する保護権をイギリスに譲渡する。(74)
⑤ ドイツは、ドイツ東アフリカ会社が契約した沿岸地を除くザンジバルのスルタン領をイギリスが〔ドイツに代わって〕保護領とすることを承認する。
⑥ イギリスは議会の承認を条件にドイツ皇帝にヘルゴラント島を譲渡する。ヘルゴラント島での一般兵役義務とドイツの関税立法の導入は一定期間猶予され、現地の住民にはある特定の期間、イギリス国籍を選択する権利が与えられる。(75)
⑦ それ以外の植民地に関する問題――蒸気船「ネーラ」（Neera）号拿捕への苦情、〔独領南西アフリカに飛び地で存在する英領〕ウォルビス・ベイの境界線画定、英ニジェール会社に対する苦情など――は、原則的には深刻な意見の相違がないことを確認した後、継続協議とされる。(76)
⑧ 近日中に議定書交換の形で行われることになる今回の取り決めが正式に締結されるまでは、それに抵触するようなアフリカでの事業は独英両政府のいずれによっても裁可されることはない。

(4) 反応

このときの合意に独側が狂喜したことは、ヘルゴラント代償案に対する彼らの反応から見ても想像するに難くない。かつてヘルゴラント問題についてわずかだが交渉したことのあるミュンスター（一八八五年一〇月からパリ駐在大使）は六月一九日、以前からヘルゴラント島の重要性を認識していたものの当時は誰もビスマルクを動かすことができなかったとして、この島の獲得を非常に喜んだ[77]。ヴィルヘルム二世は喜びをマレットに直接伝え[78]、カプリーヴィも条約締結時には事がまとまったことを素直に喜び、「これが両国の友好関係を確固とする鎹となると信じているし、またそれを望んでいる」と述べている[79]。ドイツのプレスも（合意成立以前には批判的な論調も一部で見受けられたが）合意が発表された翌日から六月二〇日までの時点では、政府系の『北ドイツ一般新聞 *Norddeutsche Allgemeine Zeitung*』はもとより、保守党系の『新プロイセン新聞 *Neue Preußische Zeitung*』や自由主義系の各紙、さらには中央党系の『ゲルマニア *Germania*』などもこのときの独英合意に好意的であり[80]、イギリスのプレスもほぼ同様の反応を示した[81]（Dukes 1970: 201-208; Canis 1999: 60）。

だが、それは束の間の話であった。ヘルゴラント島を獲得するために譲歩を重ねた結果、東アフリカのみならずアフリカ大陸各地におけるドイツの植民地・勢力圏の潜在的な広がりが消滅し、また実際にその幾つかを少なからずイギリスに対して手放すことになった今回の結果に、ペータースをはじめ現地で植民活動を行ってきた関係者や植民地拡大論者、さらには経済状況から植民地の獲得を要求していた経済界も強い不満を抱き、ドイツの威信低下につながるとして政府を激しく批判した。そしてドイツの世論も一変した。『ミュンヘン一般新聞 *Münchner Allgemeine Zeitung*』や晩年のビスマルクの御用新聞のような観のある『ハンブルク報知 *Hamburger Nachrichten*』、そして国民自由党系の『ケルン新聞 *Kölnische Zeitung*』は以前から今回のドイツ政府の対英姿勢に批判的であったが、ここへきて批判の度合いを一層強め、他紙もそれに続いたのである（Dukes 1970: 208-226; Lahme 1990:

151-156; Canis 1999: 60 f.)。その結果、事態はホルシュタインが「悲惨なものだ」と嘆息するほど酷く、果たして条約締結に漕ぎ着けられるか、不安が政府首脳を襲った[82]。

ちなみに、ヘルゴラント・ザンジバル協定をめぐるドイツ世論の批判的な風潮はすぐには収束しなかった。そのため、一八九一年二月五日にカプリーヴィは帝国議会において「イギリスはわが国にとってザンジバルや東アフリカよりも重要である」というビスマルクのコメントを引き合いに出して、このときのヘルゴラントの獲得と独英協調の意義を強調する演説を行うのだが[83]、これに対してはビスマルク自身が晩年に回想録『思うこと、思い出すこと』のなかで次のように反論している。少し長くなるが引用したい。

この〔ヘルゴラント・ザンジバルに関する〕取引に対する〔カプリーヴィ〕政府の弁明ではむしろ目測できない領域において、すなわちわが国とイギリスの関係を育成しようという点において測り知れない代償があるという。それに際して、私もまた宰相在任中にこの〔イギリスとの〕関係を重視していたという事実を〔カプリーヴィ政権は〕引き合いに出している。これは確かにその通りなのだが、私はそうした〔イギリスとの〕関係が永遠に確保できるだろうとは全く信じておらず、また、イギリスの内閣が存続している間しか得られる見込みがない好意を得るためにドイツの所有物を犠牲に供することなど一度も企図したことはなかった。〔…〕永続的な犠牲を供することでイギリスの内閣の好意や存続を手に入れようとするには、イギリスの内閣はあまりに短命であり、ドイツとの関係を頼りにすることもまた極めてわずかしかないのである。イギリスの内閣にとっては通常はフランスやロシアとの関係が重要であり、イタリアやトルコとの関係でささえそうなのである。

交易都市ザンジバルにおいて〔イギリスとの〕同権を放棄したことは永続的な犠牲であり、ヘルゴラントはこれに匹敵するものではない。

このようにビスマルクはかつての自分の発言を弁明したうえで、ヘルゴラント島をめぐるイギリスとの合意が――先行研究の表現を借りれば「ピュロスの勝利」と呼べるような（Lahme 1990: 151）――割に合わないものであったと論評し、「わが国が〔東〕アフリカでの土地占有を主張するか、それともイギリスとの関係が崩壊するかのいずれかを選ばなければならないというような事態はなかった。そして、わが国がイギリスと平和を維持する必要というのではなく、ヘルゴラントを所有するとともに、イギリスに気に入れられたいという欲求がこの条約の締結を説明しているのである」として、ドイツの犠牲を厭わずにヘルゴラントとイギリスの好感を得ようとしたカプリーヴィ政権を痛烈に批判するのである。[84]

このような国内からの思わぬ反発を受けて、ドイツ政府は条約締結を急ぐとともに、世論に働きかけてそれを後押しすべくプレスキャンペーンを展開せざるをえなかった[85]（Lahme 1990: 156; Canis 1999: 67）。そして一八九〇年七月一日、先述した合意事項に基づいて全部で一二条からなる条約（通称「ヘルゴラント・ザンジバル協定」）がベルリンにて帝国宰相カプリーヴィと独側委員クラウエル、駐独大使マレットと英側委員アンダーソンの間で締結された。[86] ここにビスマルクでも成しえなかった独英間の植民地問題の包括的解決とヘルゴラント島の獲得が彼の後継者たちによって実現されたのである。

おわりに——ドイツ外交におけるヘルゴラント・ザンジバル協定の位置づけ

以上、ヘルゴラント・ザンジバル協定の成立過程をビスマルク時代にまで遡って見てきた。ビスマルク時代にヘルゴラント問題が独英交渉の俎上に載せられたのは一八八四年と八九年の二回であり、一度目はビスマルクの側から、そして二度目はイギリスのチェンバレンの側から提起されたが、いずれも植民地問題と連動してのことであった。ヴィルヘルム二世をはじめ、この問題に熱をあげる者が見受けられたが、ビスマルクはそれに惑わされず、当時のヨーロッパ国際関係においてドイツのおかれている状況とそのなかでの独英関係の役割を見据え、ヘルゴラント島を獲得すべく積極的に動いた形跡は見られなかった。アフリカ大陸における植民地問題においても彼の姿勢は同様であった。八四年のときは南西アフリカをめぐってグラッドストン政権と激しく衝突しながら、そして八五年以降はソールズベリ政権との間で平和裏にドイツの勢力圏を南西アフリカと東アフリカで築いていくのだが、ヨーロッパ情勢を前にいずれも二次的な問題として対応するものの、独英双方の勢力圏の境界線画定をめぐっては解決に至らず、痼《しこり》を残すことになった。

独英間で東アフリカをめぐって対立が再燃したのは一八八九年末であり、この問題を解決すべくソールズベリ政権と交渉にあたったのは、ヴィルヘルム二世と衝突して辞任に追い込まれたビスマルクの後継者たち、すなわち帝国宰相カプリーヴィや外務長官マーシャル、そして外務省の高官たちであった。九〇年五月に交渉が再開されたもののすぐに暗礁に乗り上げたのだが、ソールズベリの側からヘルゴラント代償案が提示されると交渉は急展開し、独側が躍起になってこの島を獲得すべく植民地問題で譲歩を重ねた結果、独英両国はわずか一カ月ほどで合意に達し、七月一日に条約が締結されたのであった。

では、このヘルゴラント・ザンジバル協定は帝政期ドイツ外交のなかで一体どのように位置づけられるのであろうか。ここで、冒頭で示した三つの視角、すなわち①ヘルゴラント島、②ザンジバルあるいは植民地問題、③独英関係をビスマルクとその後継者たちがどのように認識していたのか、これまでの議論を振り返りながらこれらの点について考察したい。

まずはビスマルクから見ていこう。彼にとっては時期やイギリスの政権の違いを問わず、①と②は獲得すべき目標ではなく、むしろ目的達成のための手段でしかなかったと評価することができる。では、①と②を利用した彼の目的とは——これは自ずと③に対する回答にもなるのだが——一体何だったのか。これは時期によって多少異なってくる。一八八四年時には、アングラ・ペケーナやフィジーをめぐる問題で反独姿勢をとるグラッドストン政権がドイツとの外交関係をどのように捉えているのか、それを測る「試金石」として①と②を併せて用いた。また八九年時には、再保障条約を結んだにもかかわらず安定しない独露関係に鑑み、さらにはその前年に立て続けに生じた独英関係を揺さぶるかのような事件の影響を払拭すべく、独英同盟の提案や皇帝ヴィルヘルム二世の訪英を通じてイギリスとの友好関係を維持しようとしており、それが阻害されるのを恐れて①と②に対して極力回避的な姿勢をとったのである。これらから見て取れるビスマルクにとって③は、イギリスにドイツの外交的支持の重要性を悟らせながら「同盟なき友好関係」を保とうとするものであった。彼が幾度かそのような素振りを見せつつも決してイギリスとは直接同盟を結ぼうとしなかった要因としては、勢力均衡の観点から最重要相手国ロシアに対する意識もさることながら、以前筆者が論じたように、自国を戦争に巻き込むような同盟を忌避するイギリスの外交姿勢や、政権交代によってイギリスの外交路線が変更する可能性のゆえにそれが不可能であり、そこまで当てにすることができないという彼の対英認識も指摘できよう（飯田 二〇一〇a）。

次に「新航路」の外交政策を担った首脳陣（ここでは皇帝ヴィルヘルム二世、帝国宰相カプリーヴィ、外務長官マーシャル、外務省政務局参事官ホルシュタイン）について見ていこう。晩年のビスマルク外交を引き継いで親英路線をとり続けた彼らはいずれも、少なくともこの時点では植民地問題にさほど強い関心を示してはおらず、②に関していえば興味深いことに、彼らもビスマルクと同様に目的達成のための手段でしかなかったと評価することができる。では、彼らの目的とは一体何だったのか。これについては彼らのなかに温度差を見て取ることができよう。ヴィルヘルム二世とカプリーヴィについては、明らかにこのときの二人の目的は①そのものであったといえる。両者は確かに独英関係を重視する姿勢を内外に示しているが、ヴィルヘルム二世にはこのとき③についてホルシュタインのような明確なヴィジョンを必ずしも持ち合わせていたわけではなく[87]（Röhl 2001: 391 f.）、それは恐らくカプリーヴィも同様であり、③についてはホルシュタインの影響が少なからずあったと考えられる。だが、①に関して二人はビスマルク時代から一貫してキール運河の北海側出口にあたるその地理的位置と軍事的理由のゆえにヘルゴラント島の獲得に熱心であった。②を手段として見ていた点ではビスマルクと共通するかもしれないが、①が手段から目的に転化した結果、ドイツはイギリスに譲歩の連続を余儀なくされ、先行研究が指摘するようにドイツ外交の行動範囲が狭まり、あたかもイギリスのジュニア・パートナーの地位に落ちてしまうのである（Lahme 1990: 126 f.; Canis 1999: 70 f.）。

マーシャルに視点を移すと、ヘルゴラント代償案が提示された直後の反応を見る限り、彼が皇帝や帝国宰相のように①に強く執着していたと見るのは困難である。交渉過程から垣間見えるのは、このときの彼の目的はホルシュタインとともに新政府の親英路線に沿ってイギリスとの交渉をまとめあげようとした点にあり、③についてもカプリーヴィと同様にそれ以上のことは見出せない。

では外務省政務局の最古参であり、ビスマルク辞任後にひときわ大きな存在感を見せるようになったホルシュタインはどうか。確かに彼も皇帝や帝国宰相と同様に、①を主目的とする発言をしたこともあった。だが、ホルシュタインは彼らとは異なってその先を見据えた具体的なヴィジョンを抱いていた。それは先行研究がすでに示すように、ビスマルクが築いた同盟網を維持すべく、自身の反露的姿勢も相俟って再保障条約を更新せずに葬り去ると同時に、①や②での合意を通じてイギリスとの距離をさらに縮め、最終的には三国同盟にイギリスを組み込むことで、ドイツ外交の重心を「東」から「西」に移そうとしていたのである。まさにこれこそが「新航路」を担う新政府が企図する③となった。

このように見ると、ビスマルクの下で長年外交に従事していたホルシュタインこそがビスマルクの外交手法を最も忠実に継承していたのであり、同盟政策を堅持して親英路線を維持しようとしていた点に、晩年のビスマルク外交との連続性を見て取ることができるのかもしれない。だが、彼はビスマルク外交における二つの重要な方針を引き継いではいなかった。一点目はその対英認識である。繰り返しになるが、政権交代に伴う外交路線の変更が容易に生じやすいことと、基本的には自国を戦争に巻き込むような同盟を結びたがらないこともあって、ビスマルクはイギリスに対して全面的な信頼を寄せてはいなかった。しかも彼が最重視していたのが、そのイギリスとグローバルな規模で対立するロシアとの関係であったため、彼は勢力均衡の観点から自らの同盟網にイギリスを組み込んで友好関係を維持しようとしたものの、直接同盟を結ぼうとはしなかった。先述したように、ビスマルクは回想録のなかで「私はそうした〔イギリスとの〕関係が永遠に確保できるだろうとは全く信じておらず、また、イギリスの内閣が存続している間しか得られる見込みがない好意を得るためにドイツの所有物を犠牲に供することなど一度も企図したことはなかった。〔…〕永続的な犠牲を供することでイギリスの内閣の好意や存続を手に入れようとするには、イギリスの内閣はあまりに短命であり、ドイツとの関係を頼りにすることもまた極めてわずかしかないのである」と述べている。彼の回想録は史実の正確さよりも自己正当化を優先する傾向があるため、基本的にはそこにある主張を鵜呑みにすることは到底できず、ここで引用した箇所もカプリーヴィ政権批判のために書いたものであることを踏まえて読む必要がある。しかしながら、この箇所に関しては従来の彼の見解とも符合するため、ビスマルクの率直な対英認識と評価することができよう。

そして二点目は、ビスマルク外交の基本的性格である。ドイツ帝国がヨーロッパ大陸の中央部に位置するその地政学的理由のゆえに、また独仏戦争によってフランスに植え付けた激しい対独復讐心のゆえに、ビスマルクは東西から挟撃あるいは包囲されるような反独連合の悪夢に苛まれていた。ビスマルクは一八六二年にプロイセン首相兼外相に就任して以来、プロイセン外交の伝統を継承してロシアとの関係を最重視し、常に何らかの条約を伴う形で友好関係を維持することに固執していた。だからといって、一八七五年の「眼前の戦争」危機の経験から、フランスを外交的に孤立させるにあたってイギリスを野放しにするわけにもいかなくなった。そこで彼は勢力均衡の観点から、伝統的な外交手法である領土補償を通じて「フランスを除くすべての列強がわが国を必要とし、そして相互の関係を通じてわが国に敵対する連合が可能な限り妨げられる、そのような政治的な全体状況[88]」を作り上げようとしたのである（飯田 二〇一〇a）。最終的には彼はドイツを中心とした複雑な同盟網を構築することになったが、それはロシアと結んだ三帝協定が崩壊した結果「急場しのぎ」で作り上げたものであり、彼が当初から企図して構築したものではない。

ところが、ホルシュタインはそのようには捉えていなかった。彼は「急場しのぎ」の結果でしかなかったビスマルクの同盟政策を出発点とし、それを維持・発展させるべく、また自らの反露的姿勢のゆえにイギリスとの同盟関係に活路を見出し、それが本気で築けると安易に考えたのである。そして、ビスマルクでも達成できなかったイギリスとの包括的な植民地協定とヘルゴラント島の獲得というヘルゴラント・ザンジバル協定の実現によってホルシュタインは、そして「新航路」を担うドイツ政府首脳は自信をつけ、ますます親英路線に傾倒していったのである。再保障条約の不更新もさることながら、まさにこの成功体験こそがその後のドイツ外交を迷走させ、外交的に苦境に立たせてしまう「終わりの始まり」となってしまうのだが、彼らがそのことに気づくのはもう少し先のことである。

註

（1）Wilhelm II. an Emil von Schlitz genannt von Goertz, Tel., 22. März 1890, in: Wedel, *Zwischen Kaiser u. Kanzler*, S. 62 f.（Anm. 6）.

（2）本章で用いる史料だが、独側では帝政期ドイツ外交史料集（*GP*）が不可欠なのだが、これにはヘルゴラント問題に関する外交文書は収録されているものの、ザンジバルをはじめ植民地問題に関する文書は収録されていない。そのため、ドイツ外務省文書館（PA-AA）やベルリンのドイツ連邦文書館（BArch）に所蔵されている未刊行の関連文書を交えて論じていく必要がある。英側ではイギリス国立公文書館（TNA）に所蔵されている外務省文書と当時のベルリン駐在英大使マレットの未公刊の個人文書に依拠して論を進めていく。その他、必要に応じて独英双方の刊行史料も用いていきたい。

（3）Bismarck an Münster, Nr. 193 Vertraulich, 5. Mai 1884, in: PA-AA, R. 19553（*GP*, Bd. 4, S. 50–52）. 傍線部はビスマルク自身が修正を施した箇所である。

（4）Münster an Bismarck, Nr. 59 Ganz vertraulich, 8. Mai 1884, in: PA-AA, R. 19553（*GP*, Bd. 4, S. 53–55）.

（5）Bismarck an Münster, Nr. 206 Vertraulich, 11. Mai 1884, in: PA-AA, R. 19553（*GP*, Bd. 4, S. 55 f.）.

（6）Bismarck an Münster, Tel. Nr. 1, 25. Mai 1884, in: PA-AA, R. 19553（*GP*, Bd. 4, S. 56）.

（7）Replies of Granville（12 May 1884）and Derby（19 May 1884）in the House of Lords, in: *Hansard's Parliamentary Debates, 3rd Series*, vol. 288, fols. 5, 646 f.

（8）Derby to Hercules Robinson（Cape）, Tel., 7 May 1884; Robinson to Derby, Tel., 15 May 1884, in: TNA, FO 64/1102. Cf. Robinson to Derby, Tel., 29 May 1884, in: *PP*, C. 4190, p. 44.

（9）Schlußbemerkung Bismarcks am Bericht Hatzfeldts vom 24. Mai 1884, in: PA-AA, R. 5767（*GP*, Bd. 4, S. 58–

59).

（10）実際にミュンスターも、グランヴィルがこの件を明確に拒絶してはいないが、現下の情勢ではイギリスに有利ではないと述べていることを報告している。Münster an Bismarck, Nr. 69 Ganz vertraulich, 26. Mai 1884, in: PA-AA, R. 19553.

（11）Bismarck an Münster, Nr. 234, 1. Juni 1884, in: PA-AA, R. 19553（*GP*, Bd. 4, S. 59-62）. この訓令を作成するよう外務省に指示した五月二九日付書簡を見ると、事の重要性がどこにあるか理解していないミュンスターへのビスマルクの苛立ちが露骨に見て取れて興味深い。H. v. Bismarck an Auswärtiges Amt（以下、AAと略記）, 29. Mai 1884, in: PA-AA, R. 19553.

（12）サモア問題をめぐっては、ベルリンで独英米間の国際会議を八九年四月に開催することで合意に達した（Kennedy 1974: Chap. 2）。

（13）H. v. Bismarck an Bismarck, Privat, 27. März 1889, in: PA-AA, R. 6115（*GP*, Bd. 4, S. 406-409）.

（14）Bismarck an H. v. Bismarck, Tel. Nr. 3, 29. März 1889, in: *GP*, Bd. 4, S. 410.

（15）Hatzfeldt an Bismarck, Nr. 184 Geheim, 13. April 1889, in: PA-AA, R. 6115（*GP*, Bd. 4, S. 410-413）.

（16）H. v. Bismarck an Berchem, Geheim, 21. Juni 1889（Randbemerkungen Bismarcks）, in: PA-AA, R. 6115（*GP*, Bd. 4, S. 417）.

（17）Berchem an Bismarck, Privat, Geheim, 21. Juni 1889, in: PA-AA, R. 6115（*GP*, Bd. 4, S. 413 f.）.

（18）Bismarck an AA, Tel. Nr. 11 Geheim, 23. Juni 1889, in: PA-AA, R. 6115（*GP*, Bd. 4, S. 417）.

（19）三月にはロシアとの対立から退位に追い込まれた元ブルガリア侯アレクサンダルとヴィクトリアの結婚問題が再燃していた。一〇月には、（フリードリヒ三世の死去に伴って六月に即位した）皇帝ヴィルヘルム二世がウィーンにて独墺二帝会談を行った際、同時期にそこを訪れていたイギリス皇太子アルバート・エドワード（Albert Edward, 1841-1910／のちのエドワード七世 Edward VII）の要望を退けて会談に参加させなかったことから、ヴィルヘルム二世と英王室の確執が大きくなっていた。さらに一二月には、独仏戦争時にダルムシュタットに駐在していたイギリスの外交官モリアー（Sir Robert Morier, 1826–93）が普軍に関する情報をフランスに漏洩した疑惑をめぐって、ビスマルク親子と彼の間でプレスを巻き込んだ激しい舌戦が展開されていた。これらについて筆者は以前論じたことがあるので、そちらを参照（飯田 二〇一〇a：第一一章）。

（20）これについては三月三日の帝国官報で公表された。*Deutscher Reichs-Anzeiger und Königlich Preußischer Staats-Anzeiger*, Nr. 53, 3. März 1885, Abends.

（21）このときのビスマルクの路線変更の背景には、ブルガリア問題をめぐる墺露両国の対立激化やフランスでの反独的気運の高揚などが挙げられる（飯田 二〇一〇a：第九章。飯田 二〇一五：二〇三～二〇四頁）。

（22）Hatzfeldt an Iddesleigh, 29. Oktober 1886, in: PA-AA, R. 2490.

（23）H. v. Bismarck an Bismarck, Privat, 27. März 1889.（註13参照）

（24）Hatzfeldt an Bismarck, Nr. 549, 7. Dezember 1889; H. v. Bismarck an Hatzfeldt, Nr. 1050, 18. Dezember 1889, in: *GP*, Bd. 8, S. 3-6.

（25）Hatzfeldt an Bismarck, Nr. 577, 22. Dezember 1889, in: *GP*, Bd. 8, S. 6-8.

（26）Erlaß an Hatzfeldt, 19. Januar 1890, in: *GP*, Bd. 8, S. 8 f.（Anm.）.

（27）Malet to Salisbury, No. 5 Africa, 25 January 1890, in: TNA, FO 244/469. Verbalnote vom 25. Januar 1890 an den Britschen Botschaft, in: TNA, FO 244/476.

（28）Salisbury to Malet, No. 30A Africa, 4 February 1890; Sanderson to Malet, No. 31a Africa, 5 February 1890, in: TNA, FO 244/470. マレットは、ドイツ政府がここで未解決の問題を一気に解決しようとしていることを私信で報告している。Malet to Salisbury, Private, 15 March 1890, in: TNA, FO 343/11.

（29）Malet to Salisbury, No. 36 Confidential, 8 February 1890, in: TNA, FO 64/1234.

（30）Malet to Salisbury, Private, 4 January 1890, in: TNA, FO 343/11. この書簡のなかでマレットはヴィルヘルム二世の誕生日（一月二七日）のために英王室の幾人かが来独することを喜び、「イギリス嫌い」となるのではと取沙汰されていた皇帝が今や「イギリスかぶれ」（Anglomane）と責められるほど親英的姿勢であることを報告している。だが註19で紹介した事情から、彼に対する英側の不信感は完全に払拭されたわけではなかった。

（31）Salisbury to Malet, Tel., Private, 19 March 1890, in: TNA, FO 343/3.

（32）Schweinitz, *Denkwürdigkeiten*, Bd. 2, S. 404（27. März 1890）. カプリーヴィはマレットに対してもこれに類することを述べている。Malet to Salisbury, No. 116 Confidential, 24 May 1890, in: TNA, FO 64/1235.

（33）外務次官ベルヒェムや外務省政務局は、他の同盟や協定（特に独墺伊三国同盟や独墺羅三国同盟）と両立しないことや、ドイツがロシアに対して不利な状況に追い込まれる危険性などに鑑み、再保障条約を更新すべきでないということで意見が一致していた。帝国宰相カプリーヴィもまた（恐らくは彼らの影響を受けて）同様のスタンスをとってヴィルヘルム二世を説得している。外務長官マーシャルはホルシュタインの意見に全面的に同意している。Aufzeichnung Berchems vom 25. März 1890; Aufzeichnung Caprivis vom 28. März 1890; Aufzeichnung Holsteins vom 20. Mai 1890; Aufzeichnung Marschalls vom 20. Mai 1890; Aufzeichnung Kiderlens vom 20. Mai 1890; Aufzeichnung Raschdaus vom 20. Mai 1890; Aufzeichnung Caprivis vom 22. Mai 1890; Aufzeichnung Caprivis vom 23. Mai 1890, in: *GP*, Bd. 7, S. 4-11, 22-33.

（34）Malet to Salisbury, No. 65, 21 March 1890, in: TNA, FO 64/1234. これによれば、外務長官の人事をめぐって皇帝は当初ヘルベルトの残留を希望していた。

（35）Caprivi an Salisbury, 4. April 1890, in: Hatzfeldt, *Papiere*, Bd. 2, S. 771.

（36）Malet to Salisbury, No. 30 Africa, Very confidential, 4 April 1890, in: TNA, FO 244/469. Malet to Salisbury, Private, 5 April 1890, in: TNA, FO 343/11.

（37）Holstein an Hatzfeldt, 8. Juni 1890, in: Hatzfeldt, *Papiere*, Bd. 2, S. 781 f.

（38）ベルヒェムは外務省内で居場所を失い、配置換えを希望して外務次官を辞したが、復職することはなかった。Hatzfeldt, *Papiere*, Bd. 2, S. 778（Anm. 1）.

（39）Anderson's Memorandum of Conversation with Hatzfeldt, 29 April 1890, in: TNA, FO 881/6146, No. 1, pp. 1 f. Hatzfeldt an Caprivi, Nr. 239, 30. April 1890, in: *GP*, Bd. 8, S. 8-11.

(40) Memorandum of Instructions to Anderson, 30 April 1890; Salisbury to Malet, No. 129 Africa, 30 April 1890, in: TNA, FO 881/6146, No. 2, 3, pp. 2 f.
(41) Malet to Salisbury, No. 14 Africa, Tel., 8 May 1890; Salisbury to Malet, No. 27 Africa, Tel., 9 May 1890; Malet to Salisbury, No. 17 Africa, Tel., 10 May 1890; Anderson to Currie, Private, 10 May 1890, in: TNA, FO 881/6146, No. 10, 12, 13, 14, pp. 6–9.
(42) Malet to Salisbury, Private, 10 May 1890, in: TNA, FO 343/11.
(43) ヴィルヘルム二世は五月二日の時点でそのつもりであったとカプリーヴィが後日（一八九一年二月五日）帝国議会演説のなかで述懐している。Rede Caprivis im Reichstag（58. Sitzung), 5. Februar 1891, in: *SB-RT*, 8. Leg.-Periode, 1. Session, 1890/91, Bd. 2, S. 1329.
(44) Rede Marschalls im Reichstag（4. Sitzung), 12. Mai 1890, in: *SB-RT*, 8. Leg.-Periode, 1. Session, 1890/91, Bd. 1, S. 32. ちなみに、マーシャルを外務長官に任命した理由としてヴィルヘルム二世は彼の法律家としての幅広い知識と弁舌を挙げており、帝国議会では政府の外交政策を擁護してくれるであろうと期待を寄せていた。Malet to Salisbury, No. 78, 29 March 1890, in: TNA, FO 64/1234.
(45) Rede Caprivis im Reichstag（4. Sitzung), 12. Mai 1890, in: *SB-RT*, 8. Leg.-Periode, 1. Session, 1890/91, Bd. 1, S. 42.
(46) Hatzfeldt an Caprivi, Nr. 275, 14. Mai 1890, in: BArch, R 1001/6927.
(47) Hatzfeldt an Marschall, Privat, 14. Mai 1890, in: PA-AA, R. 2490（*GP*, Bd. 8, S. 11–14).
(48) このときのソールズベリの決断とその背景をめぐっては、先行研究のなかで意見が分かれている。ハッツフェルトが報告するように、彼はこの問題をめぐって国内で激しい突き上げを受けて守勢に立たされ、時折弱気な姿勢を示していた。そこで彼はアフリカにおけるイギリスの権益を守るために、方針を変更してヘルゴラント代償案を提示したという見方がある（Sanderson 1963)。これに対して、彼は一貫してアフリカにおけるイギリスの権益を追求しており、ヘルゴラント代償案はこの問題と関連づけただけであって大きな方針の変更は生じておらず、むしろ世論の圧力を逆手にとってドイツから巧みに譲歩を引き出していく彼の戦略的姿勢を強調する見方もある（Gillard 1960; Gillard 1965）。近年の研究ではこの点には立ち入らず、当時のソールズベリの対独協調に焦点を当てて論じる傾向にある（Charmley 1999; Steel 1999）。

（49）Hatzfeldt an AA, Tel. Nr. 77, 16. Mai 1890, in: BArch, R 1001/6927.

（50）Marschall an Hatzfeldt, Tel. Nr. 65, 17. Mai 1890, in: *GP*, Bd. 8, S. 14 f.

（51）Marschall an Hatzfeldt, Tel. Nr. 69, Ganz geheim, 23. Mai 1890, in: PA-AA, R. 2490（*GP*, Bd. 8, S. 16）.

（52）Marschall an Hatzfeldt, Tel. Nr. 70, Ganz geheim, 25. Mai 1890, in: PA-AA, R. 2490（*GP*, Bd. 8, S. 16 f.）.

（53）Marschall an Hatzfeldt, Tel. Nr. 72, Ganz geheim, 29. Mai 1890, in: PA-AA, R. 2490（*GP*, Bd. 8, S. 17–19）. なお、この電報の文面はホルシュタインが作成した。

（54）Marschall an Hatzfeldt, Tel. Nr. 74, Ganz geheim, 31. Mai 1890, in: PA-AA, R. 2490（*GP*, Bd. 8, S. 20–21）.

（55）Wedel, *Zwischen Kaiser u. Kanzler*, S. 116 f.（26. Juni 1890）.

（56）先行研究によればカプリーヴィがそのように主張したのは一八八四年五月であり、ビスマルクが植民地問題をめぐるイギリスとの交渉でヘルゴラント島を最初に引き合いにだしたのと時期が重なる（Oncken 1933: Bd. 1, 259; Riehl 1993: 458）。カプリーヴィをはじめ海軍本部の主張を受けてビスマルクがこのときヘルゴラント島を対英交渉の俎上に載せたとするものもあるが、それを裏づける史料を筆者はまだ見つけられていない。

（57）Holstein an Hatzfeldt, 16. Mai 1890, in: Hatzfeldt, *Papiere*, Bd. 2, S. 775.

（58）Holstein an Hatzfeldt, 29. Mai 1890, in: Hatzfeldt, *Papiere*, Bd. 2, S. 778.

（59）Holstein an Hatzfeldt, 30. April 1890; Holstein an Hatzfeldt, 16. Juli 1890, in: Hatzfeldt, *Papiere*, Bd. 2, S. 774, 792 f.

（60）Hatzfeldt an AA, Tel. Nr. 83, 22. Mai 1890, in: PA-AA, R. 2490（*GP*, Bd. 8, S. 15）. Malet to Salisbury, No. 68 Africa, 31 May 1890, in: TNA, FO 244/469（FO 881/6146, No. 34, pp. 22 f.）. Marschall an Wilhelm II., Tel., 4. Juni 1890, in: PA-AA, R. 2490（*GP*, Bd. 8, S. 21）.

(61) Hatzfeldt an AA, Tel. Nr. 89 Ganz geheim, 30. Mai 1890, in: PA-AA, R. 2490（*GP*, Bd. 8, S. 19 f.）.
(62) Marschall an Hatzfeldt, Tel. Nr. 74 Ganz geheim, 31. Mai 1890.（註54参照）
(63) Malet to Salisbury, No. 68 Africa, 31 May 1890.（註60参照）
(64) Randbemerkung Wilhelms II. am Telegramm Marschalls vom 4. Juni 1890.（註60参照）
(65) Marschall an Hatzfeldt, Tel. Nr. 76 Ganz geheim, 4. Juni 1890, in: PA-AA, R. 2490（*GP*, Bd. 8, S. 21 f.）.
(66) Malet to Salisbury, No. 21 Africa, Confidential, Tel., 5 June 1890, in: TNA, FO 881/6146, No. 37, pp. 24 f.
(67) Malet to Salisbury, No. 122, 30 May 1890; Malet to Salisbury, No. 126 Confidential, 3 June 1890, in: TNA, FO 64/1235. このときエジプトの外債利率が従来の五％から三・五％に引き下げられ、新たに一三〇万ポンドが追加発行された（西谷　一九七一：(二)　九五頁）。
(68) Hatzfeldt an AA, Tel. Nr. 97, Ganz geheim, 5. Juni 1890, in: PA-AA, R. 2190（*GP*, Bd. 8, S. 22 f.）.
(69) このときヴィクトリア女王は「〔これを認めたら〕次にジブラルタルの放棄を提案することになるでしょう」としてヘルゴラント島の割譲に反対しており、ソールズベリは女王の同意を取り付けるべく懸命に説得した。Queen Victoria to Salisbury, Tel., 9 June 1890, in: *LQV 3rd*, vol. 1, p. 612.
(70) 註48参照。
(71) *Deutscher Reichs-Anzeiger und Königlich Preußischer Staats-Anzeiger*, Nr. 145, 17. Juni 1890, Nachts.
(72) 英側の文書（General agreement between Salisbury and Hatzfeldt, 17. June 1890, in: TNA, FO 881/6146, No. 48, pp. 32-35. 以下同）では、ンガミ湖が英領となることが明記されている。ちなみに、ここで独領とされた南緯一八度線上の内陸部に向かって細長く突き出たこの地域は「カプリーヴィ回廊」と呼ばれることになる。
(73) 英側の文書では、添付されていたと思われる地図に引かれた線とするとあり、川に沿ってヴォルタ地方（Volta）を英領とし、インコニア（Inconia）は独領とするとある。
(74) 英側の文書では、これに加えてドイツがマンダ島とパッタ島を放棄することが記されている。
(75) 英側の文書では「現在の関税率は割譲後二〇年間維持される」とある。

（76）英側の文書では、これら三点の他にカメルーンの境界線画定の問題とヴァンガ（Wanga）問題が挙げられている。

（77）Münster an Caprivi, Nr. 159, 19. Juni 1890, in: PA-AA, R. 2493（*GP*, Bd. 8, S. 26 f.）.

（78）Malet to Salisbury, Tel., Private, 24 June 1890, in: TNA, FO 343/3.

（79）Malet to Salisbury, 1 July 1890, in: TNA, FO 343/12.

（80）Marschall an Wilhelm II., 20. Juni 1890, in: PA-AA, R. 2492. Malet to Salisbury, No. 74A Africa, 20 June 1890, in: TNA, FO 244/469（FO 881/6146, No. 82, pp. 50 f.）.

（81）イギリスの各紙はアフリカでの成果に満足してドイツとの合意に好意的であったが、『デイリー・クロニクル *Daily Chronicle*』と『ペル・メル・ガゼット *Pall Mall Gazette*』はこれに否定的であった。Hatzfeldt an AA, Tel. Nr. 119, 18. Juni 1890, in: PA-AA, R. 2491. Hatzfeldt an Caprivi, Nr. 333, 18. Juni 1890, in: PA-AA, R. 2492.

（82）Holstein an Hatzfeldt, 24. Juni 1890, in: Hatzfeldt, *Papiere*, Bd. 2, S. 783（Anm. 1）.

（83）Rede Caprivis im Reichstag（58. Sitzung）, 5. Februar 1891, in: *SB-RT*, 8. Leg.-Periode, 1. Session, 1890/91, Bd. 2, S. 1331–1332.（註43参照）

（84）*GW-NFA*, IV（*Gedanken und Erinnerungen*）, S. 487–490.

（85）協定締結直前の六月二七日にカプリーヴィは官報に向けて覚書を作成し、独英関係重視と協定の意義を世論に訴えようとしていた。Aufzeichnung Caprivis vom 27. Juni 1890, in: BArch, R 1001/6929.

（86）Anglo-German Agreement relative to Africa and Heligoland（Malet to Salisbury, 1 July 1890, Inclosure）, in: *PP*. C. 6046, pp. 4–11.

（87）例えば当時の参謀総長ヴァルダーゼー（Alfred Graf von Waldersee, 1832–1904）は、一八九〇年四月二四日に「皇帝が〔政策面で〕明確な意見をまだお持ちでないと見受けられ、それが心配である」と記し、八月一一日にも同様のことを述べている。Waldersee, *Denkwürdigkeiten*, Bd. 2, S. 124 f., 137 f.

（88）これはビスマルク外交の基本原則を示したものとして有名な一八七七年六月一五日のキッシンゲン口述書の一

節である。Diktat Bismarcks in Kissingen, 15. Juni 1877, in: *GW-NFA*, III-3, S. 153（*GP*, Bd. 2, S. 154).

参考文献一覧

未公刊史料

Bundesarchiv, Berlin-Lichterfelde【BArch と略】

Politisches Archiv des Auswärtigen Amtes, Berlin【PA-AA と略】

The National Archives, Kew【TNA と略】

公刊史料

外交文書集・議会文書等

Die Große Politik der Europäischen Kabinette 1871–1914. Sammlung der diplomatischen Akten des Auswärtigen Amtes, 40（in 54）Bde., hrsg. von Johannes Lepsius/Albrecht Mendelssohn-Bartholdy/Friedrich Thimme, Berlin: Deutsche Verlagsgesellschaft für Politik und Geschichte, 1922–27.【*GP* と略】

Hansard's Parliamentary Debates, 3rd Series, vol. 288, London: Wyman, 1884（New York: Kraus Reprint, 1971).

House of Commons Parliamentary Papers【*PP* と略】

— C. 4190（1884): Correspondence respecting the Settlement at Angra Pequena, on the South West Coast of Africa.

— C. 6046（1890): Correspondence respecting the Anglo-German Agreement relative to Africa and Heligoland.

Stenographische Berichte über die Verhandlungen des Reichstages, 8. Leg.-Periode, 1. Session, 1890/91, Bd. 1, 2, Berlin: Druck und Verlag der Norddeutschen Buchdruckerei und Verlags-Anstalt, 1890/91.【*SB-RT* と略】以下のウェブサイトでも閲覧可能。https://www.reichstagsprotokolle.de/（二〇一九年三月一〇日確認）

個人の書簡集・回顧録・演説集等

Bismarck, Otto von, *Gesammelte Werke. Neue Friedrichsruher Ausgabe*, hrsg. von Konrad Canis et al., Paderborn: Ferdinand Schöningh, 2004–.【*GW-NFA* と略】

Hatzfeldt-Wildenburg, Paul von, *Botschafter Paul Graf von Hatzfeldt. Nachgelassene Papiere 1838–1901*, hrsg. und eingeleitet von Gerhard Ebel, 2 Bde., Boppard am Rhein: Harald Boldt, 1976.

Schweinitz, Hans Lothar von, *Denkwürdigkeiten des Botschafters General v. Schweinitz*, 2 Bde., Berlin: Reimar Hobbing, 1927.

Victoria（Queen）, *The Letters of Queen Victoria, 3rd Series. A Selection from Her Majesty's Correspondence and Journal between the Years 1886 and 1901*, ed. by George Earle Buckle, 3 vols., London: John Murray, 1930–32.【*LQV 3rd* と略】

Waldersee, Alfred von, *Denkwürdigkeiten des General-Feldmarschalls Alfred Grafen von Waldersee*, bearbeitet und hrsg. von Heinrich Otto Meisner, 3 Bde., Stuttgart/Berlin: Deutsche Verlags-Anstalt, 1922–23.

Wedel, Carl von, *Zwischen Kaiser und Kanzler. Aufzeichnungen des Generaladjutanten Grafen Carl von Wedel aus den Jahren 1890–1894*, eingeleitet und hrsg. von Graf Erhard von Wedel, Leipzig: Koehler & Amelang, 1943.

新聞等

Deutscher Reichs-Anzeiger und Königlich Preußischer Staats-Anzeiger 以下のウェブサイトでも閲覧可能。https://digi.bib.uni-mannheim.de/periodika/reichsanzeiger/（二〇一九年三月一〇日確認）

参考・引用文献

Bayer, Theodor A.（1955）, *England und der Neue Kurs 1890–1895*, Tübingen: J. C. B. Mohr（Paul Siebeck）.

Canis, Konrad (1999), *Von Bismarck zur Weltpolitik. Deutsche Außenpolitik 1890 bis 1902*, 2. Aufl., Berlin: Akademie Verlag.

Caprivi, Leopold von (1934), *Die Ostafrikanische Frage und der Helgoland-Sansibar-Vertrag*, Diss. (Bonn), Berlin: Triltsch & Huther.

Cecil, Lady Gwendolen (1932), *Life of Robert Marquis of Salisbury*, vol. 4, London: Hodder & Stoughton.

Charmley, John (1999), *Splendid Isolation? Britain, the Balance of Power and the Origins of the First World War*, London: Hodder & Stoughton.

Dukes, Jack Richard (1970), *Helgoland, Zanzibar, East Africa. Colonialism in German Politics, 1884–1890*, Ph.D. thesis (Illinois at Urbana-Champaign).

Fenske, Hans (2009), *Friedrich von Holstein. Außenpolitiker mit Augenmaß*, Friedrichsruh: Otto-von-Bismarck-Stiftung.

Gillard, D. R. (1960), "Salisbury's African Policy and the Heligoland Offer of 1890," *The English Historical Review* 75, pp. 631–653.

Gillard, D. R. (1965), "Salisbury's Heligoland Offer. The Case against the 'Witu Thesis'," *The English Historical Review* 80, pp. 538–552.

Kennedy, Paul M. (1974), *The Samoan Tangle. A Study in Anglo-German-American Relations 1878-1900*, New York: Barnes & Noble.

Kennedy, Paul M. (1980), *The Rise of the Anglo-German Antagonism 1860–1914*, London: George Allen & Unwin.

Lahme, Rainer (1990), *Deutsche Außenpolitik 1890–1894. Von der Gleichgewichtspolitik Bismarcks zur Allianzstrategie Caprivis*, Göttingen: Vandenhoeck & Ruprecht.

Louis, W. Roger (1966), "Sir Percy Anderson's Grand African Strategy, 1883–1896," *The English Historical Review* 81, pp. 292–314.

Louis, W. Roger (1967), "Great Britain and German Expansion in Africa, 1884–1919," in: Prosser Gifford/ W. Roger Louis (eds.), *Britain and Germany in Africa. Imperial Rivalry and Colonial Rule*, New Haven/ London: Yale University Press, pp. 3–46.

Nichols, J. Alden (1958), *Germany after Bismarck. The Caprivi Era, 1890–1894*, Cambridge (Mass.): Harvard University Press.

Oncken, Hermann (1933), *Das Deutsche Reich und die Vorgeschichte des Weltkrieges*, 2 Bde., Leipzig: J. A. Barth.

Rich, Norman (1965), *Friedrich von Holstein. Politics and Diplomacy in the Era of Bismarck and Wilhelm II*, 2 vols., Cambridge: Cambridge University Press.

Riehl, Axel T. G. (1993), *Der „Tanz um den Äquator." Bismarcks antienglische Kolonialpolitik und die Erwartung des Thronwechsels in Deutschland 1883 bis 1885*, Berlin: Duncker & Humblot.

Ritter, Gerhard (1924), *Bismarcks Verhältnis zu England und die Politik des „Neuen Kurses,"* Berlin: Deutsche Verlagsgesellschaft für Politik und Geschichte.

Röhl, John C. G. (2001), *Wilhelm II. Der Aufbau der Persönlichen Monarchie 1888–1900*, München: C. H. Beck.

Sanderson, G. N. (1963), "The Anglo-German Agreement of 1890 and the Upper Nile," *The English Historical Review* 78, pp. 49–72.

Steele, David (1999), *Lord Salisbury. A Political Biography*, London: UCL Press.

Wehler, Hans-Ulrich (1984), *Bismarck und der Imperialismus*, Frankfurt am Main: Suhrkamp (Köln: Kiepenheuer & Witsch 1969).

アイク、エーリッヒ（一九九九）『ビスマルク伝』第七巻（新妻篤訳）、ぺりかん社。

飯田洋介（二〇一〇ａ）『ビスマルクと大英帝国――伝統的外交手法の可能性と限界』勁草書房。

飯田洋介（二〇一〇ｂ）「一九世紀プロイセン・ドイツの外交官」森原隆編『ヨーロッパ・エリート支配と政治文化』

成文堂、一一五～一三一頁。

飯田洋介（二〇一五）『ビスマルク――ドイツ帝国を築いた政治外交術』中公新書。

江口朴郎（一九五〇）「ビスマルクと帝国主義」（１）（２）『歴史学研究』第一四三号、一三～一九頁、第一四四号、三二～三八頁（同『帝国主義時代の研究』岩波書店、一九七五年に所収）。

大井知範（二〇一一）「ドイツ海軍――海軍の創建と世界展開」三宅正樹／石津朋之／新谷卓／中島浩貴編『ドイツ史と戦争――「軍事史」と「戦争史」』彩流社、二三一～二五三頁。

岡部健彦（一九六〇）「「新航路」の対イギリス関係――ヘリゴランド・ザンジバル協定を中心に」『西洋史学』第四七号、一～一八頁。

岡部健彦（一九七二）「ビスマルク以後――ドイツ世界政策への前奏」『大阪大学文学部紀要』第一七巻、一～二三〇頁。

神川信彦（二〇一一）『グラッドストン――政治における使命感』（君塚直隆解題）吉田書店。

川田順造編（二〇〇九）『アフリカ史』（新版世界各国史）山川出版社。

栗原久定（二〇一八）『ドイツ植民地研究――西南アフリカ・トーゴ・カメルーン・東アフリカ・太平洋・膠州湾』パブリブ。

富永智津子（二〇〇一）『ザンジバルの笛――東アフリカ・スワヒリ世界の歴史と文化』未來社。

富永智津子（二〇〇八）『スワヒリ都市の盛衰』（世界史リブレット）山川出版社。

中山治一（一九五二）「露独「再保障条約」の不更新とドイツの政策転換の問題」『西洋史学』第九号、三〇～五五頁。

西谷進（一九七一）「一九世紀後半エジプト国家財政の行詰まりと外債」（一）（二）、『社会経済史学』第三七巻第二号、一～二二頁、第三七巻第三号、六七～九五頁。

第2章　シュトレーゼマン外交の東方政策
――ドイツ・ポーランド清算協定を中心に――

北村　厚

はじめに

一九一四年から始まった第一次世界大戦は、ヨーロッパの国際秩序を大きく変動させた。特に一九一七年のロシア革命によってソヴィエト政権がロマノフ朝ロシア帝国にとってかわり、さらに一九一八年一一月の同盟国の敗戦によってドイツ帝国とオーストリア＝ハンガリー二重君主国が崩壊した。帝政が崩壊したドイツはヴァイマル共和国として再出発し、広大な多民族帝国であったオーストリアは諸民族の独立によって分裂し、小国となった。

さらに、ロシア、ドイツ、オーストリア、オスマン帝国という大戦で瓦解した諸帝国からフィンランド、バルト三国、ポーランド、チェコスロヴァキア、ハンガリー、ユーゴスラヴィアが独立し、ヨーロッパ東方の地図は大きく塗り替えられることになった。一九一九年に結ばれたドイツと連合国

（戦勝国）との講和条約の名前をとって、この第一次世界大戦後のヨーロッパ国際秩序をヴェルサイユ体制と呼ぶ。

ヴェルサイユ体制下においてドイツをめぐる国際環境はどのように変化したのだろうか。第一次世界大戦期、ドイツ帝国は戦争目標として「中欧（ミッテルオイローパ）」の獲得を掲げていた。[1] これはドイツとオーストリアとの連合を軸に中央ヨーロッパ全域をドイツの支配下におこうとするものである。「西欧」たるフランス、イギリス、「東欧」たるロシアとの中間に位置し、それらと同時に戦っていたドイツは、「中欧」の大国として東方へと影響力を拡げていこうとする対外的な伝統を持つことになった。

大戦前、ドイツの「東方」とはずばりロシアであったが、大戦後にはポーランドやチェコスロヴァキアなど、新興独立国が「東方」の対象国に加わることになった。これらの諸国は旧ドイツ帝国やオーストリア帝国の領土を獲得したうえで独立したのだが、その結果、領内に多数のドイツ人マイノリティを抱えることになった（もちろんドイツ人以外のマイノリティも多く存在した）。かつてはドイツ人が東欧諸民族を支配していたが、ヴェルサイユ体制の新興国では逆にドイツ人が東欧諸民族に支配されることになった。

このような状況下において、ヴァイマル共和国における東方政策は、最終的にはヴェルサイユ条約を修正し失われた領土を取り戻すことを見据えていたものの、当面は外国に取り残されたドイツ人マイノリティがマジョリティ民族と同じ権利を享受できるように保護することを目的としていた。この東方におけるマイノリティ保護政策は、ヴァイマル共和国におけるいわゆる「シュトレーゼマン外交」の方向性にうまく合致していた。

ドイツ国民党の政治家グスタフ・シュトレーゼマン（Gustav Stresemann）は、一九二三年に大連合内閣の首相兼外相としてルール占領とインフレーションの危機を収拾したのち、その後の内閣でも外相を歴任し、一九二九年一〇月に早すぎる死を迎えるまで共和国の外交政策を一貫して指導した。彼はフランス外相ブリアン（Aristide Briand）とともにヨーロッパ国際協調体制の立役者となることで、ドイツの国際的地位を引き上げることに成功した。シュトレーゼマン外相にとってドイツの軍事的優位が失われた今、頼りになるのは国際協調という新しい力であった。国際協調路線においては、ドイツ一国の国益ではなく、平和や人権など国際的に有効な普遍的価値を追求する必要がある。普遍的価値を掲げつつ同時にドイツの外交目標の追求にもなるテーマ、それがマイノリティ保護であった。

ヴァイマル共和国におけるマイノリティ保護政策は、それが単に他国における人道的保護要求という枠にとどまるものではなかったがために、研究者の注目を集めてきた。それは、マイノリティ保護要求が、一九三〇年代後半にナチ・ドイツによって対チェコスロヴァキア、対ポーランド侵略の口実とされ、第二次世界大戦を引き起こす要因の一つとなっていたからである。

こうしてマイノリティ保護の問題は、ドイツ外交史をめぐる連続性の議論と結び付けられた。フリッツ・フィッシャーは一九六一年に発表した著書『世界強国への道』において、ドイツ帝国が第一次世界大戦中に中欧に対する明確な征服目的を持っていたことを明らかにし、第二次世界大戦の戦争目的との類似性を指摘した（フィッシャー　一九七二／八三）。そうしてドイツ帝国からナチ・ドイツへの連続性が議論されると、それらを結ぶヴァイマル共和国期の外交目標が問題となった。そこでは、シュトレーゼマンが特にポーランドに対するマイノリティ保護要求を、国際連盟を舞台に追求することで、最終的にはヴェルサイユ体制の東部国境修正を目指していた点が重視された（Pieper 1974; Schot 1984）。

そうしたシュトレーゼマンのマイノリティ政策に対して影響力を与えていたのは、在外ドイツ人の民族性の保護を求めるナショナリスト団体であった（Broszat 1968; Schot 1988. 川手 二〇〇五、二〇〇八）。ドイツ・ナショナリズムという「下から」の運動が外交政策と密接にかかわっていたという点で、これらは連続性問題に新たな視角を与える研究となった。もちろんこれは、在外ドイツ人やナチとの連続性のみに関わる問題ではない。戦間期ヨーロッパのマイノリティ保護をめぐる研究は、二〇世紀という国民国家の時代について考え、さらに現在も続く民族紛争や人道的介入の問題にみられるように、極めてアクチュアルな問題について考える素材を提供しているのである[2]。

しかし、改めてドイツ外交史研究の文脈に戻ってみると、西方に対してはロカルノをはじめ華々しい国際協調の成果を上げたシュトレーゼマン外交が、東方に対していかなる政策を展開しえたのかという問題については、判然としないように思われる。本章は、国際社会におけるマイノリティ保護規定やナショナリズムといった非常に重要なテーマを前に後景に退いた感のある、シュトレーゼマン外交の東方政策をドイツ外交史のなかに位置づけなおす試みである。

先述した通り、シュトレーゼマンはマイノリティ保護を国際連盟理事会において主張することで、将来的な東部国境修正の可能性を維持するという戦略を持っていたことが、先行研究によって明らかにされているが、実際にシュトレーゼマンの東方政策は何を実現したのであろうか。そこで、先行研究ではあまり触れられていないが、シュトレーゼマンが対ポーランド政策として追求したドイツ・ポーランド清算協定の政策過程を実証的に分析する。(3) ドイツ・ポーランド清算協定は、ドイツ・ポーランド通商条約交渉の枠内で一九二五年から四年間にわたって交渉が重ねられ、一九二九年一〇月三一日に締結された。西欧諸国との間では目覚ましい成果を上げたシュトレーゼマンではあったが、対ポーランド政策では外交努力が実を結ぶことは、ほとんどなかった。締結前に死を迎えたとはいえ、ドイツ・ポーランド清算協定はシュトレーゼマンの対ポーランド政策が最終的に到達した数少ない成果であることは疑いない。

「清算（Liquidation）」とはこの場合、ドイツ人マイノリティの土地を接収して清算することを意味する。ポーランドで早くから行われてきた政策で、典型的なマイノリティ迫害問題としてドイツは一貫してその中止を求めてきた。そのような政策がなぜ行われたのか、シュトレーゼマンはどのように解決を目指そうとしたのだろうか、そしてそこから、シュトレーゼマン外交の東方政策に関してどのような特色が指摘できるであろうか。まずは第一次世界大戦後のドイツとポーランドのマイノリティ問題をめぐる状況を概観し、政策分析の前提を得ることにする。

1　戦間期ポーランドにおけるドイツ人マイノリティ問題

(1)　マイノリティ保護の国際規定

まずヴェルサイユ条約によってドイツの国境がどのように変化したのかを、簡単におさらいしておこう（図2－1）。

ドイツの西部についてはオイペン・マルメディがベルギーに、工業地帯のエルザス・ロートリンゲン（アルザス・ロレーヌ）がフランスに割譲され、炭鉱地帯のザールは国際連盟の管理下に置かれた。これらは重要な経済地域ではあったものの、面積としてはそれほど大きなものではない。

大幅な割譲を余儀なくされたのは東部である。新たな独立国となったポーランドは、ドイツからポーゼンおよび西プロイセンを得て、海への出口を獲得した。ただしダンツィヒは連盟の管理下に置かれ自由都市とされた。これら「ポーランド回廊」の割譲によって東プロイセンはドイツ本土から隔てられ陸の孤島となった。さらに東プロイセンは、その一部にあたるメーメルが連合国管理下に置かれ、のちリトアニアに併合された。また、ドイツの北方、ユトランド半島のシュレスヴィヒ北部はデンマーク領となった。

ドイツの東部、特にポーランドとの国境地帯については、ヴェルサイユ条約発効後にも国境線引きが確定せず、住民投票によって帰属を決定するように定められた地域があった。まず、東プロイセン南部のアレンシュタインとグムビネンについては、一九二〇年七月一一日に住民投票が行われ、圧倒的多数がドイツ帰属を望んだものの、一部地域はポーランドに編入された（川手 二〇〇五：二〇頁）。また、一九二一年三月二〇日に行われたオーバーシュレージエン住民投票では、住民の約六〇％がドイツ帰属を望んだが、オーバーシュレージエンは分割され、南東部の工業地帯はポーランドが、それ以外はドイツが領有することになった（伊藤 二〇〇七：五九～六二頁）。このように住民投票という一見民主的な方法でドイツ帰属が望まれたとしても、必ずしもすべてがドイツ領になったわけではなか

図２－１ ヴェルサイユ体制下のドイツ（1919年）

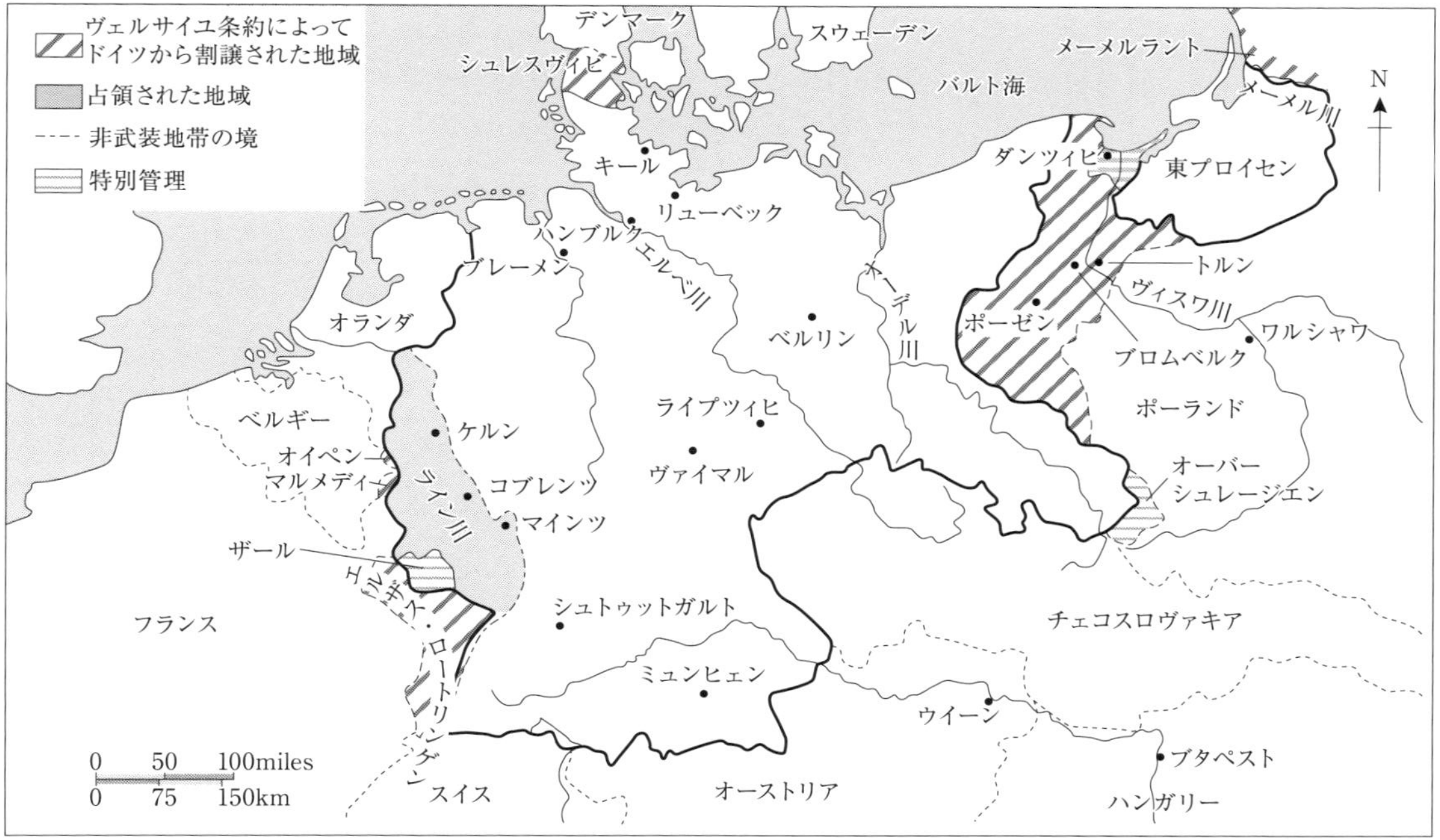

出典）川手（2008：290頁）をもとに筆者作成。

った。

これらの領土割譲によってドイツは合計七万四〇〇〇平方キロメートル、旧ドイツ帝国の約一三％の領土、七〇〇万人余りの人口を失った。特にポーランドに対しては四万六〇〇〇平方キロメートルが割譲され、そこには膨大なドイツ人がマイノリティとして残された。ポーランドのみならず、大戦後に独立した東・南東欧諸国は国内に多数のマイノリティを含む国家として出発したため、国際連盟はこれらの諸国にマイノリティ保護を義務づける国際規定を課すことになった。

例えばポーランドに対してはヴェルサイユ条約第九三条に、「ポーランドは、人種的・言語的・宗教的マジョリティとは異なるポーランド住民の利益を保護するために、主要な連合・同盟諸国が必要と考える規定をこれら諸国と結ぶ条約の中で具体化することを受け入れ、それに同意する」と定められ、この条文に基づいて、ドイツがヴェルサイユ条約を調印したのと同じ一九一九年六月二八日に、連合国とポーランドとの間でマイノリティ保護条約が締結された。マイノリティ保護条約では、マイノリティの権利を「出自、民族、言語、人種、宗教の別なく、ポーランドの全住民に生活と自由の完璧な保護を保障することを約束する」と定められた（第二条）。また、新生ポーランドの領土となるドイツ、ロシア、オーストリア＝ハンガリーの旧国民をポーランド国民として認め、本人の申告によって国籍を選択することができるとされた（第三条〜第六条）。さらに第八条では、マイノリティの宗教団体や学校の設立の権利などが記載されている（伊藤 二〇〇七：六二〜六四頁、相馬 二〇〇七：一〇四〜一〇七頁）。

この条約をもとにチェコスロヴァキアやルーマニアなどに対しても、同様のマイノリティ保護条約が締結され、それらの条約の履行については国際連盟が保障を請け負うことになった。条約では、締結国がマイノリティ保護の義務を怠り、条約に違反した可能性がある場合、連盟理事国が理事会に提訴する権利を持つとされた。しかしこれでは理事会に席のある国家にしか提訴権がなく、ましてやマイノリティ自身にはいかなる権限も与えられないことになる。そこで連盟理事会は、一九二〇年一〇月に、マイノリティ自身あるいは理事会参加国以外にも提訴権を認めることとした。さらにその審議については、理事会が任命する理事国代表者三名からなる、通称「三人委員会」が担当することとなった。ただしこの委員会には、提訴に関わる国の代表は参加できないとされた（Schot 1984, S. 21-26. 水野 二〇〇六：四四〜四六頁）。

(2)　ポーランドにおけるドイツ国籍選択者の追放

さて、このようにヴェルサイユ体制下の諸条約や国際連盟の管理取り決めによって、ヨーロッパのマイノリティ保護をめぐる問題は順調にスタートしたかに見えた。しかし国境地帯の現場では数多くの問題が発生していた。ポーランドに割譲された地域では、マイノリティ保護条約によって国籍を選択することができるとされていたが、ドイツ国籍を選択したものはポーランド国内で迫害を受け、東プロイセンなどに避難するものも現れていた(4)。なぜそのようなことが起こったのであろうか。

そもそも中世以来の伝統があるポーランド国家は、一八世紀末の三度にわたる「ポーランド分割」によってプロイセン、オーストリア、ロシアに分割され、以後およそ一五〇年にわたって、三カ国ごとにそれぞれ異なる制度、異なる教育、異なる経済のもとに置かれていた。第一次世界大戦末期、ロシア革命の混乱、オーストリア帝国内の民族独立運動の高まり、ドイツ軍の劣勢を受けて、連合国の支援を受けつつ、三分割領域を再び統合して独立を達成したのである。こうして新生ポーランドでは、三領域を急ごしらえで統合したことによって生じた社会・経済の混乱が大きな困難として立ちふさがった。さらにフランス第三共和政をモデルとした憲法では大統領の権限が弱く、政府の政治基盤も脆弱となったため、政治のリーダーシップを発揮しにくかった。

ポーランドは農業国である。一九二一年時点で人口の六三・八％が農業に従事していたが、大土地所有者の割合が多く、農村における土地不足と過剰人口が経済発展を阻害していると考えられた。そこに慢性的な経済不況が襲いかかり、ポーランド農民の不満は高まった（伊東ほか 一九九八：二五七頁）。その不満は民族マイノリティなどに向けられたが、新生ポーランド国家に対する幻滅が農村に広まることは避けなければならなかった。これらの問題を当面回避するための方策として、ドイツ国籍選択者を国外追放することが積極的に推進されたのである。

ドイツ国籍選択者を国外追放するというと不当な人権侵害のように思われるが、実はこれはヴェルサイユ条約とマイノリティ保護条約によって定められた合法的措置である。ヴェルサイユ条約第九一条には以下のようにある。

ポーランドに属すると認められた地域に定住するドイツ国籍者は、その事実によってドイツ国籍の喪失のもとでポーランド国籍を取得する。

しかしながら、一九〇八年一月一日以後においてこの地域に居住したドイツ国籍者とその子孫は、ポーランド国家の特別の承認がなければ、ポーランド国籍を取得しない。

この条約の発効後二年間は、ポーランドの一部と認められた地域に居住する一八歳以上のドイツ国籍者は、ドイツ国籍を選択する権利がある。〔…〕

夫の選択は、妻にも適用され、両親の選択は、一八歳以下の子供に適用される。選択権を行使した者は選択した国家に一二カ月以内に移転することができる。

彼らは、国籍選択権行使の前に居住していた他国に所有する不動産を保持する権利がある。

〔…〕（川手 二〇〇五：二一九八頁）

このように、旧ドイツ国民には国籍選択権が与えられていたが、それには一九〇八年以前から居住していた者であるという条件が付けられていた。一九〇八年とはドイツ帝国によって土地収用法が制定された年である。土地収用法とは、旧ポーランド領における「土地のゲルマン化」を進めるために、ポーランド人の土地を強制収用し、そこにドイツ人を入植させるというものである。この法律に対しては、私有財産権の否定であり社会主義者に正当性を与えかねないことから慎重論も根強く、様々な条件が付けられた結果、収用された土地は限定されたが、ポーランド人にとっては民族の土地を奪われた強烈な記憶となった(5)。このことから一九〇八年が国籍選択権の分水嶺として定められたのである。

ポーランド政府はポーランド国籍選択権を持つドイツ人をさらに限定するために、条約の解釈をさらに厳密化した。まず、マイノリティ保護条約第四条に基づき、一九〇八年以降にその土地で生まれ、かつ一九〇八年からポーランドの主権回復まで一度もその土地から住所を移動していないことが、ポーランド国籍所有の条件とされた。また、住所変更条件については世帯主本人だけでなく両親や配偶者についても適用されることになった（*ADAP*, B-IV, Nr. 172)。

このようにして、できる限りドイツ人マイノリティへのポーランド国籍が限定されたうえで、ドイツ国籍選択者はドイツへの移住を余儀なくされた。ヴェルサイユ条約では明示されていないが、マイノリティ保護条約第四条では二年以内に国籍選択を行い移住することは義務規定となっていた。これは事実上の強制追放であった。このようにして二年間の期限が過ぎる一九二一年までに一五万人のドイツ人マイノリティがドイツ国籍を選択し、うち一二万人がポーランドからドイツに移住した（*AdR Luther I / II*, Nr. 189, Anm. 2)。

(3) ドイツ・ポーランド清算問題の発生

ヴェルサイユ条約およびマイノリティ保護条約では、移住するドイツ国籍選択者の財産は、動産・不動産問わず保証されることになっていた。しかしポーランド政府は、ヴェルサイユ条約第二九七条に基づき、ドイツ国籍選択者の所有地を強制収用し清算する権限があると主張した。同条文は以下のとおりである。

a　ドイツが同盟・連合諸国の国民の財産、権利及び利益に関して〔…〕戦時非常措置及び移転措置をおこない、その清算がいまだ完了していない場合、直ちにその措置を中止または停止し、前記の財産・権利及び利益をその所有者に返還するために、所有者は第二九八条の規定に従ってこれに対する完全な権利を有する。

b　清算は当該の同盟・連合諸国の法律に従って執行され、ドイツ人所有者はその国の同意なしに財産・権利・利益を処分することも、負担を加えることもするべきではない。[6]

この「清算条項」は、第一次世界大戦中にドイツ軍の戦時徴収や破壊・略奪行為などによって被害を受けた戦勝国の補償請求規定であり、賠償金支払いの一部を構成していたが、ポーランドについては第九二条にあるドイツからポーランドへの財政的譲渡に関する条文の中に、国有財産以外の「ドイツ国籍者の財産、権利、利益について〔…〕第二九七条の清算によって獲得する」とあり、ポーランドにも適用できるようになっていた。[7]ポーランド政府はこれらの条文を根拠としてドイツ国籍選択者の土地・財産の清算を実行に移すべく、一九二〇年にいくつかの法律を制定した。[8]一九二二年以降もポーランドにとどまった三万人のドイツ国籍選択者は、その多くがポーランドに土地を持っていた。ポーランド政府はこれらの不動産を狙って、一九二二年から強制清算措置に積極的に取り組んでいったのである。

ポーランドによるドイツ国籍選択者の土地清算における最大の問題は、ポーランドの劣悪な財政状況のために、強制収用した土地に対する補償金が支払われなかったことであった。これは清算に対して代価を直接所有者に支払うとしたヴェルサイユ条約第九二条に明確に違反していた。

こうした状況で積極的な活動を展開したのは民間の民族団体であった。「マイノリティ権利擁護のためのドイツ同盟」(Deutschtumbund zur Wahrung der Minderheitenrechte 以下「ドイツ同盟」)[9]は、一九二一年一一月、国際連盟理事会にポーランド側のマイノリティ保護条約違反を訴えた。これに対して連盟理事会は即時の強制移住や強制清算が違法であることを認めた。しかしポーランド側はあくまでも条約に基づいて国籍選択と移住が行われていると主張した。

紛争を解決するべく、連盟理事会は中立的専門家としてオーバーシュレージエン仲裁裁判長であったベルギー人カッケンベーク（Georges Kaeckenbeeck）に仲裁を依頼し、一九二四年八月三〇日、両政府にウィーン協定を結ばせた。このウィーン協定によれば、一九〇八年から一九二〇年一月一日まで当地に居住していたすべてのドイツ人とその子孫にポーランド国籍が与えられることになったが、ドイツ国籍選択者については段階的に移住が義務づけられることになった。[10] つまり、実行期限が延長されただけで、追放と清算は中止されなかったのである。

このように、ポーランドは国民国家形成過程のなかで、その社会・経済的困難を解消するために、ドイツ国籍選択者の追放と清算を推進していった。この措置は基本的に国際条約の規定に基づいており、ヴェルサイユ体制下における国際的なマイノリティ保護規定は、その成立当初、彼らの財産権や居住権といった、当地で生きていくための権利を実質的に保証してくれるものではなかったことを意味していた。

2　シュトレーゼマン外交とマイノリティ保護政策

(1)　ロカルノ体制と東部国境修正

しかし、そうしたドイツ人マイノリティの苦境に対して、ドイツ政府はほとんど無為無策であった。ポーランドは一九一九年から一九二一年までソヴィエト・ロシアと国境戦争を展開しており、その間軍事的注力は東に向いていた。しかしソ連との戦争がポーランドの勝利に終わると、ドイツにとってポーランド軍は現実的な脅威となっていた。ヴェルサイユ条約によって軍隊を制限されたドイツ国防軍には、仮にポーランドが軍事的な圧力をかけてきた場合、これをはねかえすだけの力をもたなかった。さらに一九二三年には、ルール占領、ハイパー・インフレーションといった深刻な危機が積み重なり、ヴァイマル共和国は存亡の危機にあった。ドイツ政府は内外の危機に忙殺されていたのである。

こうした外交的な閉塞状態が打破されるのが、一九二四年以降である。インフレーションの危機を収束させたシュトレーゼマンは、自身の内閣倒壊後も外相の地位にとどまり、引き続き外交政策を指導した。シュトレーゼマン外交の主軸は、経済と国際協調である。彼の外交政策はまず、ドーズ案による賠償金支払いを忠実に履行する「履行政策」によって、国際社会に信用を得ることから始まった。

この履行政策を実行するために必要な資金は、ドイツ経済の回復によってしか獲得できなかった。シュトレーゼマンは一九二四年五月の論考において、ヴェルサイユ条約によってドイツの軍事力が著しく制限されている以上、ドイツの経済力は「現在のドイツの能力におけるもっとも強力な基礎」であると強調している。(11) ドイツの工業生産を回復させ、輸出攻勢をかけて貿易黒字を獲得することは、賠償金支払いの前提であるとともに、軍事力に代わる大国としての力の源泉でもあった。

一九二五年一〇月に締結されたロカルノ条約が、シュトレーゼマン外交の国際協調路線を決定的に印象づけた。フランス外相ブリアンとの協力関係を構築したシュトレーゼマンは、自らラインラント

（ドイツ西部の国境地帯）の安全保障に関する取り決めを提案した。この提案はヴェルサイユ条約で奪われたアルザス・ロレーヌなどの回復をドイツ国家として断念するということを意味し、保守派の反発を招いたが、フランスの信用を呼び込んだ。

ロカルノ条約は以下の七つの条約からなっている。まず中心となるのが、ドイツ、フランス、ベルギー、イギリス、イタリアの五カ国によるラインラントの安全保障条約である。さらにドイツは東西で国境を接する四カ国、フランス、ベルギー、ポーランド、チェコスロヴァキアとそれぞれ仲裁裁判条約を結び、それらとは別にフランスはポーランド、チェコスロヴァキアとそれぞれ相互援助条約を結んだ。これによってヴェルサイユ条約で定められた西部国境の相互不可侵をイギリス、イタリアの保証のもとでドイツが順守するという安全保障体制が成立した。これをロカルノ体制という（図2－2）。

ロカルノ体制は長らく安定を見なかったヨーロッパに平和的秩序をもたらしたと評価され、その立役者となったシュトレーゼマン、ブリアン、イギリス外相オースティン・チェンバレン（Joseph Austen Chamberlain）の三者はノーベル平和賞を受賞した。ロカルノ条約の発効はドイツの国際連盟加盟が条件とされたので、以後交渉が進められ、翌年一九二六年九月にドイツの連盟加盟と常任理事国入りが実現した。西方に対する国際協調路線によって、シュトレーゼマンはドイツの国際的地位を大きく引き上げたのである。

しかしシュトレーゼマンにとってこの条約の真の成果は、ドイツの東部国境について修正可能性を残したところにあった（牧野 二〇一二：一一四頁）。ロカルノ体制で集団的安全保障の対象となったの

図２－２　ロカルノ体制

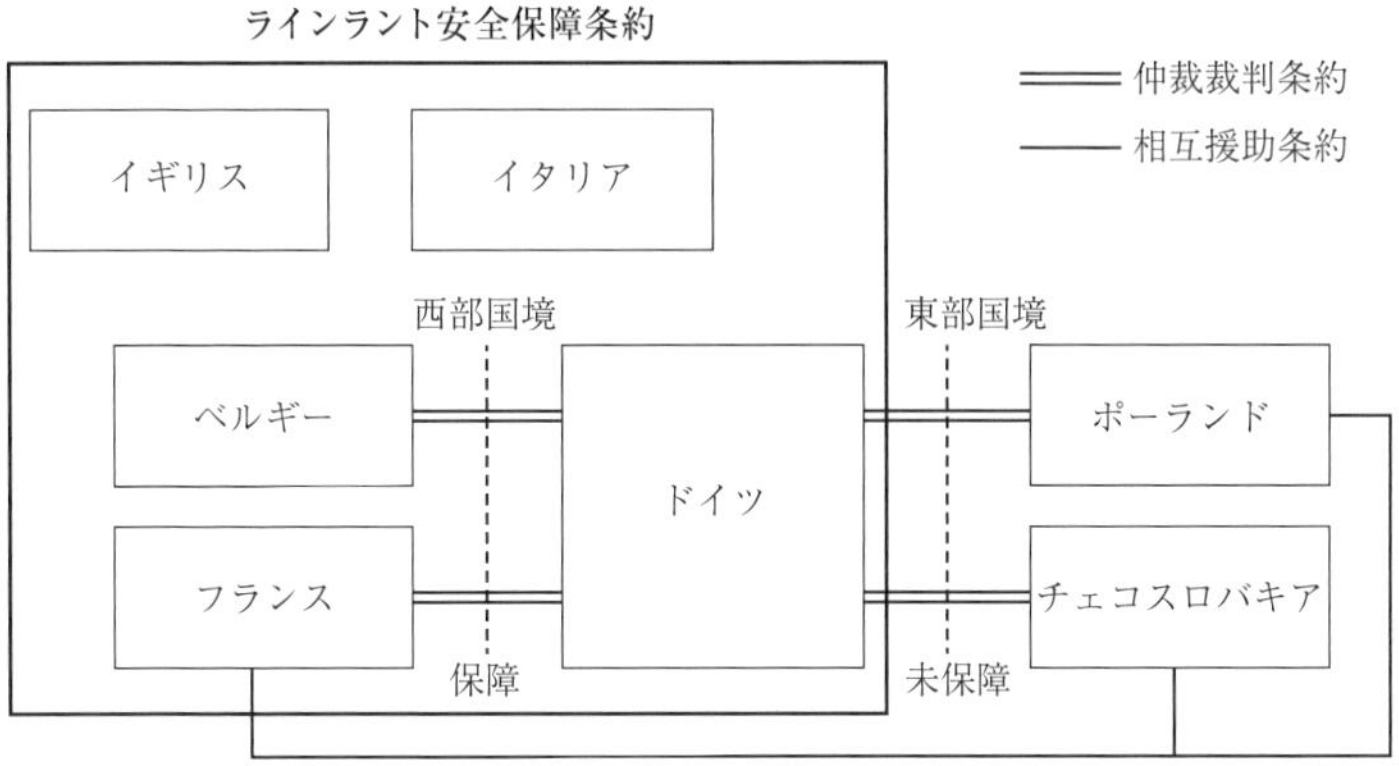

はドイツの西部国境であって、東部国境に関する規定は、ポーランドやチェコスロヴァキア代表の主張にもかかわらず、入れられなかった。シュトレーゼマンにとってロカルノ条約とは、「適切な時期にこの国境を修正するべく前進するためのフリーハンドを得た」ことを意味した（*ADAP*, B-II-2, Nr. 140)。

シュトレーゼマンが東部国境修正を外交政策の最終目標としていたことは疑いがない。ロカルノ会議を前にした一九二五年九月、シュトレーゼマンは元皇太子にあてた書簡の中で、国際連盟に加盟したのちにドイツが追及すべき外交目標について、「第一に、ドイツにとって満足いく形での賠償問題の解決、そしてドイツの再強国化の前提である平和の確保」、「第二に、在外ドイツ人、すなわちいまや外国の束縛の下で生活する一二〇〇万人の民族同胞の保護」、そして第三に「東部国境の修正、すなわちダンツィヒ、ポーランド回廊の回復と、オーバーシュレージエン国境の修正」があると述べている[12]。東部国境修正という目標について彼はメディアでも国会でも連盟でも、あるいはブリアンに対してさえも隠しておらず、いわば周知の事実であった。

ただしそれは軍事力によるのではなく、国際協調に基づく平和的な領土修正要求によって実現されなければならなかった。シュトレーゼマンの戦略は、ヴェルサイユ条約によって定められた「ドイツ東部の不当な国境線画定によってヨーロッパの平和が脅かされている」(ADAP, B-II-1, Nr. 19) と主張し、国際連盟規約第一九条に定められた「適用不能な条約の変更」の手続きによって条約修正を目指すというものであった。そのためにはドイツの連盟理事国入りが是非とも必要であった(北村 二〇一四：五二、一八一頁)。

それでは東部国境の状況がどのようにして「ヨーロッパの平和」を危険にしているといえるのであろうか。そこで重視されるのがマイノリティ問題である。すなわち、ポーランドによるドイツ人マイノリティに対する不当な抑圧を国際的に告発し、それがヴェルサイユ体制の国境に由来する問題であって、ヨーロッパの平和を維持するために国境線の変更が必要だと主張するという考えであった。

(2) シュトレーゼマンのマイノリティ保護政策

シュトレーゼマンがマイノリティ保護政策について基本的な方針を示したとされるのが、一九二五年一月一三日の覚書である。この覚書は、ロカルノ予備交渉を前にして、国際連盟に加盟したのちに展開されるべきドイツ人マイノリティ政策についてアウトラインを示したもので、各省庁に極秘扱いで送付された。

この覚書でシュトレーゼマンはまず、マイノリティ保護がドイツ外交にとってどのような意味があるのかを概述している。すなわち政治的には外国に外交的に有益な影響を及ぼしうる政治的協力者であり、文化的にはドイツ文化の宣伝者であり、経済的には工業製品販売・原料供給の拠点として機能するという。しかし現在彼らドイツ人マイノリティは、彼らの住む地域を常にイレデンタ（国土回復）の対象とみなして圧迫してくるマジョリティ民族との文化闘争にさらされている（Schot 1988: 288）。

彼らの「ドイツ民族性（Deutschtum）」を維持するために、ドイツ政府はいかなる外交政策を展開できるのか。その「唯一の方法」とは、「あらゆる与えられた機会を利用して、国際世論に対し抑圧されたドイツ人マイノリティの運命について強く印象づけ、マジョリティ民族が国際的な圧力によって生存に必要な文化的自由を保障するように目を向けさせること」であるとした。国際世論に訴えるための手段は、国際連盟が管理するマイノリティ保護規定である。これらの規定は「実際にはわずかな規模でしか機能しておらず、〔…〕全くの幻想と化していることは、数多くの事例で明らか」であるが、国際世論に訴える手段としては「疑いなく意義がある」（Schot 1988: 289）。

こうした国際的なマイノリティ権利の擁護の主張を展開するためにこそ、ドイツは国際連盟の理事会に席を持たなければならない。ドイツは国際連盟においてヨーロッパ全体のマイノリティの代弁者としてふるまい、マイノリティ保護の国際システムの構築に影響を与えることで、各国のドイツ人マイノリティを保護することにつながるのである。そこでドイツはまず何をなすべきか。シュトレーゼマンは非常に重要な方針を打ち出している。

どの民族マイノリティにも文化的自治、とくに民族自身の学校について自然権の存在が承認されるということは、ヨーロッパにおけるドイツ人マイノリティのために勝ち取られるべき焦点であり、したがって同時に、ドイツがドイツ人マイノリティの生存要求を世界に訴えるのに先立って、ドイツ国内のマイノリティに批判の余地のない形で保証されなければならない焦点でもある。
（Schot 1988: 290）

「文化的自治（Kultur-Autonomie）」をドイツ自身が模範を示して国内のマイノリティに対して保証しなければならないという考えは、ドイツ人マイノリティの権利擁護のために積極的な活動を展開していた弁護士ブルーンス（Carl Georg Bruns）の思想から直接的な影響を受けたものであった。ブルーンスがまとめた「ドイツ国内の諸民族の権利を規定した全国法案」は、シュトレーゼマンの覚書にも添付されていたが、そこにはヨーロッパにおいてドイツ人マイノリティが必要とするのと同じ文化的自治の権利を、ドイツ国内のマイノリティに与えることの外交的意義が主張されていた[13]。

ヴェルサイユ体制下におけるマイノリティ保護規定の最大の問題点は、それが個別条約の形でポーランドなど東欧諸国のみに義務づけられたのに対して、イギリスやフランスなど戦勝国や、敗戦国ドイツに対しても義務規定がないことであった。東欧の複雑な民族構成に配慮した結果ではあるが、自国や植民地の民族運動の高揚を恐れて、大国だけに都合よく保護義務のない不公平なシステムであった。

ブルーンスは、ドイツにマイノリティ保護規定が課されないことは、逆に自発的なイニシアティヴから国内で率先してマイノリティ保護を実践することを可能にし、これによって在外ドイツ人マイノリティの主張を当該国家に通しやすくする効果があると主張した。国際的義務こそなかったが、実はヴァイマル憲法の第一一三条には「ドイツ国内の外国語を話す人々は、立法及び行政を通して、彼らの自由で民族的な発展、とりわけ学校の授業並びに国内の行政・司法における母語の使用を侵害されてはならない」とする、いわば「文化的自治」を認める文言があった（伊藤 二〇〇七：六三～六四頁）。これに関する立法を整備すれば、ドイツはヨーロッパ・マイノリティの代弁者として、堂々と国際連盟で発言できるのであった。

さて、再びシュトレーゼマンの覚書に戻ると、その最後の部分で彼は、マイノリティ保護政策が東部国境修正目標において持つ意義を強調している。

> 中欧のドイツ入植地域に生存し、ドイツへの併合を期待するすべてのドイツ民族を政治的国境に包括する国家の創設は、ドイツの希望の遥かな目標であり、政治的・経済的に不当な講和条約の国境規定（ポーランド回廊、オーバーシュレージエン）の漸進的な修正は、ドイツ外交政策のごく自然な目標である。〔…〕国際世論と併合対象に含まれる在外マイノリティの成員が、ドイツ国内の民族マイノリティに完全な文化的自由が保障され、事実上守られることを確信したとき、こうした事実の上にある講和条約修正の障害がどれほど少なくなるのかは、明白である。（Schot 1988: 292）

ここでシュトレーゼマンは、ドイツ国内のマイノリティ保護によって在外ドイツ人マイノリティの保護を実現すれば、それだけ東部国境修正への障害がなくなり、はるか遠くの目標である中欧全域のドイツ人を包括する国家の創設への道が開かれるというヴィジョンを示している。シュトレーゼマン外交の東方戦略において、国際連盟での常任理事国入りからそこでのマイノリティ保護政策、そして東部国境修正にいたる道筋は一直線につながっていたのである。

しかしながら、シュトレーゼマンのマイノリティ保護政策の方針は、必ずしも政府内での理解を得られたわけではなかった。特に国内のマイノリティ保護政策に抵抗していたのは、ポーランドの直接的な脅威にさらされていた東プロイセンであった。一九二六年二月一〇日、ドイツ国内のマイノリティの文化的権利を規定することについて外務省で会議が開かれたが、そこでシュトレーゼマンは国内マイノリティの「文化的自治」を保護する全国法の制定を求めた。しかし東プロイセン州長官ジール(Ernst Siehr)は、次のように述べて、文化的自治の保証に反対した。

道義的な攻勢は確かに非常に魅力的であるが、割譲された東部地域における我々の同胞に、この方法で効果的な支援をあたえられるのかどうか、懐疑的に思っている。ポーランドはドイツにおけるポーランド人マイノリティに文化的自由を保障した場合でも、相互譲歩的な政策を決定することはないであろうからだ。おそらく私が思うに、東方において文化的自治を保証すれば東プロイセン防衛の背骨は破壊されるであろうし、ポーランドの政治があらゆる手段を駆使して徐々に抵抗力を奪うようなシステムを作る手助けをし、東プロイセンに住む約二万人のポーランド人がこのシステムに従事することになるであろう。〔…〕東プロイセンにおいて文化的自治は、回廊問題が続く限り持ち越されなければならない。（ADAP, B-I-1, Nr. 102）

ジールは、ポーランドが東プロイセンやリトアニアに対して抱く領土的野心を警戒し、文化的自治の思想に「懐疑的」な印象を持った。こうした反論に対してシュトレーゼマンは、ドイツ国内で先んじて文化的自治を実践することが「楽観的」で、ポーランドの政策に「懐疑的」にならざるをえないことを認めた。しかし、それでもなお彼は自説を堅持した。

しかしまさに、敵が不正義の側にあり、国際世論がますます強く、我々に加えられた不正は償われるべきだと、とりわけポーランド回廊の強奪の非道という考えへと感化されていくことが重要である。我々はポーランドに対して、暴力的に踏みにじられた民族自決権という観点から倫理的な攻勢を軌道にのせなければならない。しかしそのことは、我々自身がマイノリティに対して模範的行動を示し、スローガンとしてあまりに過小評価されている文化的自治という概念を我々の手で事実に置き換えた場合にのみ、成功の見込みがある。その時、ポーランドが相互性に欠け協力しないのであれば、このことは我々にとって強力な宣伝材料になる。（ADAP, B- I-1, Nr. 102）

国際世論においてポーランドの「不正義」を印象づけ、国際政治において倫理的に優位な立場を獲得するというのがシュトレーゼマンの戦略であった。その先には東部国境修正のための国際世論を形成するという見通しがあったわけだが、はたしてこの戦術によってポーランドに暮らすドイツ人マイノリティを現実に保護することができるのか、東プロイセン側が主張するように、そしてシュトレーゼマンも認めるように、懐疑的と言わざるをえなかった。したがって、国際連盟におけるマイノリティ保護アピールとは別に、ポーランドにおいて現に進行しているドイツ国籍選択者の追放・収用・清算という問題を解決するために、外交交渉をくりひろげなければならなかったのである。

3　ドイツ・ポーランド清算交渉の展開

(1)　清算交渉の開始とポーランド農業改革法

一九二四年八月二〇日のウィーン協定によれば、国籍選択権を行使しない者には基本的にポーランド国籍を付与し、ドイツ国籍選択者については段階的なドイツへの移住が進められることになっていたが、実際にはそうした行程は必ずしも順調に進まなかった。そもそも財産権が保障されているはずのドイツ国籍選択者が、なぜ土地を収用され清算されなければならないのか、この問題を解決するために、ドイツ政府はポーランド政府と清算の中止を求めて交渉を開始した。

実は清算交渉は、通商条約交渉とセットになって進められていた。ドイツはヴェルサイユ条約の規定により一九二五年一月まで関税自主権と通商条約の締結権をもたなかったので、ポーランドは対ドイツ貿易を一方的な黒字で進めることができた。この束縛から解放された一九二五年一月、さっそくドイツ・ポーランド暫定経済協定が結ばれ、三月から全般的な通商条約のための交渉が開始されることになった（*ADAP*, A-XII, Nr. 21）。しかしポーランド側の禁止的関税表は改められず、ドイツ側もポーランドに対して同様の禁止的関税で対抗した。これがいわゆる「ドイツ・ポーランド関税戦争」である（Elvert 1999: 100 f.）。

関税戦争は双方にとって利益なき状況であったが、特に圧倒的にドイツとの貿易に経済を依存するポーランドにとって危機的であった。このため通商条約交渉の進展は急務であったが、ポーランド政府によるドイツ人マイノリティの追放・清算が依然として強行されていることが伝わると、たびたび通商条約交渉は中断された。ドイツの在ワルシャワ公使ラウシャー（Ulrich Rauscher）は、通商条約交渉をリンクさせることで、ポーランドに対して清算交渉を進展させる戦略をとった。

こうして一九二五年一一月二三日にワルシャワで清算交渉が始まった。ドイツ側はまず、ポーランドに対し、清算権を全面的に放棄し、新たな清算行動を起こさないだけでなく、現在進行中の清算行動を中止すべきであると要求した。これに対してポーランド側は、この要求を完全に拒絶した。ドイツはさらなる譲歩を示した。清算が予定されている土地の代価を補償金としてドイツが支払うという提案である。土地問題とともに深刻な財政問題を抱えるポーランドはそれに乗ってきた。シュトレーゼマンとしては、「我々が相応の対価を提供することで、ポーランド政府が清算を放棄すると期待する」しかなかった（*ADAP*, B-II-1, Nr. 6）。

ポーランドが提案した代価は当初、豚肉と石炭の輸入割当であったが、これがドイツの食糧農業相の猛反対にあうと、今度はポーランドから「現金払いでの、財政的分野での提案」が求められることになった。ドイツ側の試算では、補償金の額はおよそ一〇〇〇万マルクにのぼると考えられた（*AdR*

Luther I / II, Nr. 257, Anm. 3)。

ところが一九二五年一二月二八日、ポーランドで承認された農業改革法は、ドイツ側に大きな衝撃を与えた。これはポーランド人の大土地所有を保護するという法律で、そのために民族マイノリティの土地を収用することが定められた。土地収用は一九二六年に五万ヘクタールとされ、ポーゼンでは四四五〇ヘクタール、ポメレレン（西プロイセン）で七三〇〇ヘクタール、三〇人のドイツ人土地所有者の収用が決定されたのである。これらの土地所有者はすべてポーランド国籍選択者であり、文字通りのマイノリティであった。

農業改革法は国際保護規定に対する明らかな違反であり、ドイツ外務省東方局長ヴァルロート（Wilhelm Theodor Erich Wallroth）は、この法律には「ドイツに対する侮辱、そうでなければ激しい敵意」が込められていると憤りを示した。そうして「ドイツの政治がこのポーランドの行動に対して黙っていることなど不可能である。いずれにせよポーランドは、自らの力の強さを過大評価する傾向がある。ドイツがそれを甘やかせば、ポーランドでは、ドイツは実際ポーランドを必要としているのだという確信を強めさせるだけだ」として、ポーランドとの通商条約交渉を一時中断することを提案した（*ADAP*, B-II-1, Nr. 40）。

こうしてシュトレーゼマンはポーランドに強く抗議するとともに、一九二六年二月、ラウシャー公使も公式に国際連盟理事会およびロカルノ条約に基づく仲裁裁判への提訴をつきつけた。ポーランド政府は仲裁に応じ、一九二四年のウィーン協定で定められた手続きで、両国一人ずつからなる検討委員と専門家会議に問題を精査させ、解決の方法を模索するとされた。この手続きには最大半年かかると考えられ、その間通商条約交渉と清算交渉は中断されたのである（ADAP, B-II-1, Nr. 77）。

(2) ポーランドの政変と雪どけ

このときポーランドで変動が起こった。一九二六年五月、最大の実力者と目されていた独立の英雄ピウスツキ（Józef Piłsudski）がクーデタを敢行し、実権を握ったのである。ピウスツキは大統領に就任せず首相バルテル（Kazimierz Bartel）を指名して就任させたが、政治的権威の源泉は議会からピウスツキ個人に移った（伊東ほか 一九九八：二五九〜二六一頁）。

クーデタはポーランドを事実上の権威主義国家に変貌させ、ドイツなどとの緊張を高めるかに思えたが、バルテル新政府は国内の社会・経済の安定化につとめ、外交的にもドイツとの和解への道を選んだ。六月、ポーランド政府はドイツ外務省に、ドイツと和解する姿勢があることを伝えた。これに対してドイツ外務次官シューベルト（Carl Theodor Conrad von Schubert）は、「隣国同士の現実的で公正な協力」を築くことを歓迎し、そのために「政治的問題と通商条約を抱き合わせにする」ことは考えないとしながらも、国内世論や国会ではその限りではないので、ドイツは交渉において以下の点で譲ることはできないと、ラウシャー公使を通じてバルテル首相に伝えさせた。

それは、第一に新たな清算とすでに開始した清算の継続の完全な放棄を目的とする清算交渉の即時再開、第二にウィーン協定の適用に関する意見の相違を解決するための中立的専門家を交えた調停委員会の設置、第三に国籍選択者追放の相互の最終的な放棄、第四にヴェルサイユ条約二五六条に基づく紛争問題の外交交渉による迅速な解決、第五に様々なマイノリティ問題を相互の協力で解決すること、第六に居住権交渉の前進などであった（ADAP, B-II-2, Nr. 70）。

これらの要求はそれまでに蓄積されたドイツ・ポーランド間のマイノリティ問題の総括であった。バルテル新政府は、おそらく九月に控えたドイツの国際連盟加盟と常任理事国入りを見据えたうえで、これに現実的に対応し、通商条約交渉と清算交渉の再開に向けて着実に対応していった。いわば「雪どけ」が起こったのである。

ポーランド外務省は、シューベルトの要求した調停委員会の設置に同意し、ポーランド国籍者の清算を中止し、さらにこれ以上の清算を行わないための方法についてラウシャー公使と検討した。ポーランドとしては世論を納得させるためにも、清算の中止に見合う対価の支払いをドイツに求めることになった。その金額は、これまでに清算されたが補償金が支払われず係争中の土地と、これから清算が予定されている土地に対する購入価格と捉え、一二〇〇万マルクと試算され、それでドイツ人の土地が維持できるのなら割に合うとドイツ政府も判断した（ADAP, B-II-2, Nr. 189）。通商条約交渉も再開され、原料としての石炭輸入、販売市場としてのドイツ工業製品輸出の拡大を期待し、ドイツ工業全国連盟などの経済利益団体も大いに交渉を後押しした。

(3)　危機の再燃

交渉が順調に進んでいた一九二七年二月、ドイツ側を落胆させるニュースが飛び込んだ。ポーランドがオーバーシュレージエンのドイツ系企業「シュレージエン＝ドンブロヴァ鉄道株式会社」の幹部四名の滞在許可を取り消し、強制的な追放を決定したのである。企業幹部の滞在許可（居住権）については通商条約でルール作りを行うことが予定されていた。交渉中の案件だけに、これはドイツ側にとってポーランドの独断的決定とうつった。ドイツ外務省はポーランド側に抗議し、通商条約交渉と清算交渉の中止を通告した。これまでシュトレーゼマンは国会などで、ポーランドとの交渉の成功によって東部国境修正の可能性が開けるといった説明をし、ポーランドとの和解が生み出す利益を強調していただけに、ポーランド側の暴挙はドイツ世論を失望させ、内閣への非難が強まった。他方で、ドイツ工業全国連盟の専務幹部会は交渉の中断に反対を表明し、経済省も懸念を示した（ADAP, B-IV, Nr. 139)。

ポーランドとの交渉中止がドイツ国内政治の危機に発展しないように、外務省はポーランド側の行為を強く非難し、彼らのこれまでのドイツ人マイノリティに対する迫害がいかに不当なものであったのかを強調する覚書を作成し、メディアへのアピールに活用されることになった。それによれば、ドイツ国籍選択者がポーランド市民権と特に居住権を持つことができないために、ポーランドはドイツ人への憎悪意識から、できるだけドイツ人にポーランド国籍を渡さないという目的を定めていた。ポーランドの迫害を国際的に非難する声が高まり、一九二四年のウィーン協定に結実したが、「この協定の締結後も、ポーランドは何百もの事例でポーランド国籍の付与を条約に反して拒否してきた」。ポーランドはドイツ人を追放するための理由を熱心に取り上げているが、「報復に根拠があるかどうかは、ポーランドにおいてはどうでもよいことだった。〔…〕例えばドイツ人神父が全員ポーゼンから追放されたが、それはプロイセンで犯罪を犯して有罪となったポーランド人出稼ぎ労働者が追放されたからだという」。このような報復主義がまかり通っているとして、ドイツ外務省は非難の調子を強めた。

この覚書では、清算の強行についてもポーランドの横暴を取り上げていった。ポーランドはヴェルサイユ条約にもとづく清算権を主張しているが、条約で義務付けられた補償金の直接支払いをポーランドは履行していない。ポーランドはよく一九〇八年のプロイセン土地収用法をやり玉に挙げるが、そこで収用されたのは四農園一六六五ヘクタールのみであったのに対し、ポーランドは八〇農園と二〇〇〇農場、合計一〇万ヘクタールを収用した。さらにポーランドは、ポーランド国籍を持つドイツ人の企業幹部を違法に追放した、云々（ADAP, B-IV, Nr. 172）。

この外務省の覚書は作成時からメディアに活用されるように期待したもので、談話の形式で新聞発表された。さらにフランス、イギリス、アメリカ、イタリア、ロシア、スペイン、トルコの大使館、その他一三カ国の公使館、さらにポーランド各地の領事館にも送付された。また、ドイツの新聞だけでなく世界各国の新聞メディアにも届けられた。つまり外務省の目的は、ドイツ国内のみならず国際的な対ポーランド憎悪を煽るためのプロパガンダ戦略にあったのである。こうして、再びドイツとポーランドの間に憎悪の連鎖が起こり、雪どけは一年もたたずに終焉したのであった。

(4) 労働保護法と国境地帯命令

シュトレーゼマンはこの危機に際し、三月九日にジュネーヴの国際連盟理事会の場を利用し、ポーランド外相ザレスキ（August Zaleski）に接近して個人的な会談を持った。ザレスキはジュネーヴ訪問に先立って、ポーランド国内でピウスツキと会談し、その「親ドイツ的要素」を再確認したことを、シュトレーゼマンに伝えた。これに対してシュトレーゼマンは、ドイツ人の追放を即座に取りやめ、その居住権に関する交渉を進めることを求め、ザレスキもまた「緊急に和解が成立することを望んでおり、困難は克服できないことはない」として前向きな姿勢を示した。外相同士の会談において対立点が存在しないことを確認したシュトレーゼマンは、通商条約交渉を再開するためにも居住権交渉に取りかかることを約束する「紳士協定」をとりむすぶことを提案した。ザレスキは同意し、ワルシャワでそのように行動する旨を伝えた（ADAP, B-IV, Nr. 230）。

しかし、ワルシャワのラウシャー公使は、紳士協定にもとづく居住権交渉を留保し、ポーランドの出方を注視していた。ポーランド政府が新たなドイツ人マイノリティ迫害法令を準備していることを察知していたからである。そして五月五日に彼は、ポーランド政府から「ポーランドの労働市場保護のための大統領命令」（いわゆる労働保護法）の内容を知り、「私の行動は〔…〕全く正しかった」と確信するにいたった。この労働保護法は、ラウシャー公使によれば以下のような内容である。

> ポーランドとの適切な居住条約をほとんど考えられなくするものである。この法律が発効することで、すべての外国人労働者はポーランド領内における労働業務への許可を取りあげられる。ドイツ・ポーランド通商条約に基づいてポーランドに設立されるドイツ国籍者の企業は、ヴォイヴォダ〔ポーランド首長〕の一筆ですべてのドイツ人の個人経営権を失う、つまり単純に存続不能に陥る危険をこうむる。（ADAP, B-V, Nr. 129）

この労働保護法危機に対するドイツ側の反応には二種類があった。まずラウシャー公使としては、労働保護法は確かに居住権交渉の前提を崩壊させたが、通商条約交渉は条件付きで再開すべきだと考えていた。それは、ドイツとポーランドの近い将来の経済関係を見こしてのことである。この当時、イギリスを中心とする国際的借款によって破綻寸前にあるポーランド財政を再建し、地域の安定化をはかる動きがあった。この借款が成立すれば、ポーランド通貨が安定するとともに、ドイツがそうであったように資金の流入によって購買力が上昇する。もともとポーランドの最大の貿易相手国はドイツであり、それは関税戦争がなおも継続中である一九二六年においても、ドイツの対ポーランド輸出が五〇％増大するほどであった。購買力の上昇したポーランドは魅力的な市場であり、借款を準備したイギリス、フランス、アメリカがこの市場を狙っていた。ドイツが通商条約交渉を中断して、最もよいタイミングでこの市場に参入できないのは、経済界にとって大きな損失である。こうした実利的な側面から、ラウシャーは居住権交渉を保留して、限定的な暫定通商条約の締結を急ぐべきだと主張したのである（ADAP, B-V, Nr. 129）。

第二の立場はシュトレーゼマンをはじめとする内閣のもので、三月のザレスキとの「紳士協定」に基づいて居住権交渉を進めるべきだという考えである。ザレスキとの会談を受けてドイツ政府は三月三一日にこの方針を閣議決定した。ラウシャーの提案はこの決定に反するものであり、まず彼はポーランド政府と居住権について何らかの合意を得る試みを行うべきだとされた。シュトレーゼマンとしては、限定的な通商協定のような「形だけの締結に持っていく必要はないし、まず居住権問題の暫定的な解決ののちに、ポーランドの経済的譲歩に対応する形でドイツ側の経済的譲歩を示す」ことで通商条約交渉を前進させるヴィジョンであった。それにラウシャーの提案は明らかに外務省よりも経済省の問題に属するので、外務省と経済省の意見のすり合わせを行う必要があり、シュトレーゼマンはこれを避けたかった（ADAP, B-V, Nr. 180)。

こうして第二の立場、つまり居住権交渉を進めつつ、ポーランド側の経済的譲歩を見極めて通商条約交渉再開の準備を進めるという方針が貫徹された。経済の論理を重視するラウシャーやドイツ工業全国連盟の期待は持ち越しになり、マイノリティ保護問題の解決やポーランドとの政治的約束を優先するシュトレーゼマンの政治の論理が選択されたといえる。しかし翌年、ドイツ・ポーランド関係をさらに悪化させる問題が生じた。またしてもポーランドの大統領命令であった。

一九二八年一月、いわゆる「国境地帯命令」についての情報がドイツ外務省に届いた。この命令は、ドイツからの割譲地域の大部分で居住権と労働権についてポーランド当局の許可を必要とするという内容であった。シュトレーゼマンはこの命令に失望をあらわにし、「ドイツが経済協定成立の際に居住協定から得られる権利の大部分を幻にするもの」であり「最高度に不審の念を抱かせる新事態」だと見なした。進行中の居住権交渉でドイツ側は、ドイツ人マイノリティとポーランド人との間に居住や労働の不平等を設けないように再三申し入れてきたが、それが全く無視されたことを意味した。シュトレーゼマンはこれがジュネーヴでの紳士協定や交渉中の居住権条約の規定にも反しているので無効であると、強くポーランド政府に抗議した（ADAP, B-VIII, Nr. 42)。

この大統領命令が有効となる三月三一日までに命令を修正するか撤回させなければ、居住権交渉も通商条約交渉も再開することはできない。特に通商条約交渉については三月一五日にワルシャワに代表団を派遣することが決定しており、土壇場で中止する可能性が高くなった。三月一一日、ジュネーヴの国際連盟理事会において一年ぶりにシュトレーゼマンとザレスキの個人会談の機会が設けられた。国境地帯命令の修正はピウスツキの抵抗が予想されるものの、バルテル首相とザレスキ外相は修正するように働きかけた。

こうして国境地帯命令は、その対象からドイツ国籍選択者を除外する形で修正された。ザレスキはこれをドイツ側に報告したうえで、国境地帯命令と居住権問題について話し合うための委員会の開催を提案した。シュトレーゼマンはこの修正によっても、ポーランド国籍を持つドイツ人マイノリティが明確に標的にされている以上、「政治的に大した効果がない」と不満を表明した（ADAP, B-VIII, Nr. 210）。ドイツは委員会に代表を送り込み、地道で粘り強い外交交渉がさらに積み重ねられていくことになった。

このようにドイツ・ポーランド清算交渉は、通商条約交渉とセットで進めることによって経済的動機を獲得してスタートしたものの、度重なる危機に見舞われてほとんど暗礁に乗り上げることになった。農業改革法、労働保護法、国境地帯命令といったポーランド政府による清算・追放の促進政策は、国際的なマイノリティ保護規定に違反する側面が多かったにもかかわらず、強行された。ラウシャーのように経済的利益を先に立てて実利を取る考えもあったが、シュトレーゼマンはあくまで清算・居住権交渉を前提とした通商条約交渉の再開にこだわったのである。

4　国際連盟での攻勢とドイツ・ポーランド清算協定の締結

(1)　国際連盟理事会でのマイノリティ保護をめぐる攻防

前述したようにシュトレーゼマンのマイノリティ保護政策の基本方針は、国際連盟理事国に入って国際的マイノリティ保護規定の主唱者となり、これによって国際世論を味方につけ、東方でのドイツ人マイノリティ保護を促進させるというものであった。しかし一九二六年九月にドイツが国際連盟に加盟し理事国入りを果たしたにもかかわらず、それ以後もシュトレーゼマンはここでマイノリティ保護の運動を展開しようとはしなかった。それは国際的なマイノリティ保護を主張する前提としての、ドイツ国内におけるマイノリティ保護の実践が遅々として進まなかったからである。

結局、外務省と東プロイセンとの角逐の結果、東プロイセン州の政令という形で私立の民族学校建設に許可が与えられることが決定したのは、一九二八年一二月になってからであった（川手 二〇〇五：二二三頁）[14]。全国法ではないものの、ドイツ国内で率先してマイノリティの文化的自治を保障する政策が成立したという実績を得たことで、シュトレーゼマンは方針通り、国際連盟理事会においてマイノリティ保護の代弁者として積極的な攻勢をかけることができるようになった。

一九二八年一二月一五日、ポーランドのマイノリティ問題が解決を見ず紛糾しており、オーバーシュレージエンのマイノリティ訴訟をめぐる規則を定めたジュネーヴ協定に基づくドイツ人マイノリティの訴願件数が増加する状況を受けて、ルガーノで開かれた国際連盟理事会において、マイノリティ問題についての討議が行われた。ザレスキはドイツ人マイノリティの団体が不当に多くの訴願を提出しているとして非難し、これらの訴願はドイツ人住民の本来の要望を反映していないと訴えた。これに対してシュトレーゼマンは、次回の理事会で国際的マイノリティ保護システムを包括的に見直すように求めた（水野 二〇〇六：五二～五三頁）。

シュトレーゼマンは三月の連盟理事会に向けて、「マイノリティ保護への規定のための国際連盟の保証」という提案を作成し、連盟事務総長に提出した。これは一般的なマイノリティ保護システムを連盟理事会が責任を持って構築し、着実な実行に当たることを求めたものであったが、マイノリティ保護条約が新興国のみに課せられていたことからもわかるように、大国は自らが抱えるマイノリティ問題に干渉されたくないという考えから、包括的な国際システムの構築に消極的であった。そこでシュトレーゼマンは事前調整のために、「マイノリティ問題に関するドイツの立場」と題する覚書を二月に作成し、ドイツ以外の常任理事国政府（イギリス、フランス、イタリア、日本）に送付して反応を探った。[15] これは、「三月会議の前に我々の構想の大枠について情報提供」し、「これらの政府が理事会前に実際的な議論に入るか、できればいくらかの賛同を確かめること」を目的とした。

その際シュトレーゼマンは、各大使館に、覚書を手渡す際に次のことを特に強調するように申し渡した。まず、どこか特定の政府が提訴されるとか、そういう扱い方ではなく、マイノリティ問題を全く一般的に取り扱い、しかも新しい枠組みを作るというのではなく、あくまで現行のマイノリティ保護の国際規定から生み出されるものだということ。[16] そのうえでドイツが求めるのは、それらの規定の明確化と厳格化であり、それに基づいて連盟がいかなる行動をとるべきなのかを確定することである。

例えば三人委員会の議事の迅速な公開と権限強化などが見込まれる。以上が今回ドイツが求めている内容だが、シュトレーゼマンとしては、将来的には「すべてのマイノリティ規定の意味と目的に関する国際連盟の原則的な見解の明確化」がもたらされることや、そのための常設の特別研究委員会の設置も考慮に入れているが、三月会議で急いで決める必要はない（ADAP, B-XI, Nr. 73）。

こうしたメッセージとともに、四カ国に覚書が送付された。イギリス外相チェンバレンは、覚書の説明に感謝を述べてシュトレーゼマンの提案を「有益でありうる」としながらも、「非常に高い価値を持った提案を取り上げたということ以外には何も期待しない」とそっけない態度をとった（ADAP, B-XI, Nr. 79）。

フランス外相ブリアンはこのとき体調を害しており、代わって外務次官のベルトゥロ（Philippe Joseph Louis Berthelot）がドイツ大使ヘーシュ（Leopold von Hoesch）と会った。説明を聞いたベルトゥロは、「マイノリティ問題はその取扱い次第で最終的にどこに向かうのかわからないので、非常に危険な対象である」と述べ、「フランスはジュネーヴのマイノリティ討議の展望にほとんど好意的に対応することはない」と、きっぱり否定的な回答をした。彼によれば、「マイノリティ権の拡大によって義務を課せられてない諸国の主権が制限されること」自体が問題外なのだと、不信感をあらわにした。取り付く島もない様子に、ヘーシュは「マイノリティ問題はフランス人にとって非常に不愉快なもの」なのだという印象を持った（ADAP, B-XI, Nr. 83）。海外植民地を抱えるフランスにとって、マイノリティ問題をつつかれることは即国内問題へと発展する。いまだ帝国主義時代からの地位が続くヨーロッパの大国とマイノリティ問題は水と油であった。

ファシスト政権のイタリアもまた、好意的な反応を示さなかった。イタリア外相グランディ（Dino Grandi）は、「イタリア政府はマイノリティ問題におけるドイツの努力への全面的な理解のもとに、保護システムの一般化と国際連盟の権限拡大を、結局のところそのようなことが意図される場合には、いかなる場合でもそれがイタリアの利益に抵触する限り、認めることはできない」と答え、詳細には立ち入らず、シュトレーゼマンの卓越した外交手腕に期待すると述べて短く会談を終えた（*ADAP*, B-XI, Nr. 92）。

このように、ヨーロッパの理事国政府はいずれもマイノリティ保護の国際規定について消極的な姿勢をとった。イギリス、フランスは広大な海外植民地を抱える帝国であり、マイノリティの権利についてマイノリティ自身から干渉を受けることが、帝国にどのような影響を与えるか危険視していた。イタリアは植民地こそ少ないものの、オーストリアとの国境地帯南チロルにマイノリティ問題があった。マイノリティ保護の義務を課すという、今から見ればごく穏当で道義的に正当性のある要求にあっても、それは国際連盟を指導する文明的に成熟した大国には必要なく、未成熟な新興国民国家だけが対象とされなければならないという非対称な関係が存在していた（マゾワー 二〇一五：八一～八六頁）。

それでもシュトレーゼマンは、ジュネーヴで開かれた三月の連盟理事会においてマイノリティ保護に関する国際保障を求め、それが決して内政干渉には当たらないことを強調し、訴願に関する国際規定の見直しなどを提言した。結局、この提案の妥当性を審議する三人委員会の招集が決定された。三人委員会の構成は日本の安達峰一郎、イギリスのチェンバレン、スペインのレオン（Quimones de

Leon）であった。議論を基本的にリードしたのはチェンバレンとレオンであり、スペインもまた国内に深刻なマイノリティ問題を抱えていた。その結果、六月にマドリードで開催された理事会で承認された報告書は、委員会に関する形式的修正にとどまっていた（水野 二〇〇六：五三～五五頁）。常設マイノリティ委員会の設立とマイノリティ問題に関係する諸国の委員会参加を求めていたシュトレーゼマンにとって、これは全く満足いくものではなかった（*AdR Müller II*, Nr. 233）。結局、シュトレーゼマンが想定した、マイノリティ保護について国際世論を味方につけるという戦略は、大国の論理を前にもろくも崩れ去ることになったかに見えた。

(2) ドイツ・ポーランド清算協定の成立

しかしこのマドリードの国際連盟理事会では、マイノリティ国際規定の一般化という大テーマこそ挫折したが、ドイツ・ポーランド清算問題という地域問題については前進を見た。理事会では清算問題をめぐってシュトレーゼマンとザレスキとの間で激しい論戦が繰り広げられ、結局議長の安達が仲介する形で、清算問題に関する中立的な専門家委員会を開催する段取りとなった（*AdR Müller II*, Nr. 233）。

ラウシャーはこの決定を非常に歓迎した。彼が再三ポーランドに申し入れていた中立的な仲裁委員会の設置を、国際連盟理事会によって保障される形で設置し、その成果は九月の連盟理事会で示されることになる。「その結果清算問題の一側面は実質的な前進を経験する。すなわち清算対象者の国籍の再審査、ポーランドの清算リストに載った個々人がそもそも清算されうるのか否かの再審査についてである」（ADAP, B-XII, Nr. 37)。これは清算問題が発生して以来久しくなかった、目に見える前進ともいうべき成果であった。

このように国際社会の俎上に載せられたことで、清算問題はポーランドにとって二国間にとどまらない問題になった。七月四日からパリで開催された清算交渉は、約二カ月間にわたって粘り強く続けられた。その報告を随時受けていたシューベルト事務次官は、ハーグでザレスキと会談した際に、「もう何週間も経過したが、これまで満足いく成果を得ることができなかった」として、交渉に対して消極的なポーランド代表団の姿勢を質した。ザレスキはこれに対し、「大きな事案についてはすでに決定されている。おそらく残りの事案を難なく処理できるような原則的な合意には達するだろう」と述べて、清算交渉への楽観的な見通しを示した（ADAP, B-XII, Nr. 163)。確かにザレスキが言うように、連盟総会の直前、八月三〇日に委員会の最終決議が作成され、清算対象者の訴願手続きについて詳細なルールが合意されたのである。

清算のルールが定まれば、あとは通商条約交渉を前進させるのみであった。豚肉割当に対してドイツ農業界は激しく抵抗したが、当時の輸出産業界優位の通商政策においては、ドイツ製品の輸出が優先された。九月、シュトレーゼマンは通商条約交渉のドイツ代表団を指揮していた元農相ヘルメス（Andreas Hermes）を代表から外させた。農業を犠牲にして工業製品輸出を伸ばすという、ヴァイマル通商条約体制の原則が貫徹され、一〇月には通商条約締結の目途がつくことになった。

しかし一九二九年一〇月三日、四年間におよぶ清算・通商条約交渉がついに終わりを迎えようとしたその最終段階で、シュトレーゼマンは突然の発作に倒れ、永眠した。五四歳の早すぎる死であった。

外相の職務は、同じ国民党で経済相のクルティウス（Julius Curtius）が引き継いだ。ところが、この最終局面になってポーランド側からいくつかの条約内容についてドイツへの異議申し立てがあり、交渉は暗礁に乗り上げてしまった。

一〇月八日、ラウシャー公使は、彼自身がザレスキやピウスツキと交渉しても前進しない場合には、フランスやイギリス政府から働きかけるようにする必要があると主張した。この活動はすぐに現実になった。翌日、在ワルシャワのフランス大使ラローシュ（Jules Laroche）はザレスキ外相と会談し、交渉が再開できるように働きかけた。さらにラローシュはピウスツキとも会談した。フランス外務次官ベルトゥロによれば、この会談は以下のような様子だったという。

ラローシュの報告では、ピウスツキは最初いくぶん慎重であり、彼は最初ドイツの提案を拒否したことがわかった。ラローシュはしかし今や、ピウスツキは一般的な規定から目を背けてはいないと報告しており、ベルトゥロは、近いうちに両国にとって満足のいく成果を得ることができるという印象を持った。(PAAA, R82436, Bl. 38)

こうしてフランスの説得によって清算協定の最終的な成立への道が切り開かれた。ポーランドにとってフランスは最も重要な後ろ盾であり、そのフランスが説得することは、独裁者ピウスツキすら無視できないほどの事実上の外交的圧力を意味した。それではなぜフランスはここでポーランドを説得したのであろうか。

まず第一に、すでに一九二九年五月に成立していた新賠償支払い方針を決めるヤング案が、清算交渉の中止によって不完全なものになる危険性があったためである。ラウシャーは、「ヤング案がドイツ・ポーランドの不一致が放置されたままで成立すれば、それは不満を持ち、見捨てられたと感じるヨーロッパの国民を生み出すであろう。それは誰にとっても危険である」と述べている（PAAA. R82436, Bl. 23–24）。

すでに見たようにポーランドの要求してきた「清算」とはヴェルサイユ条約の賠償規定に基づいており、戦勝国はヤング案によって賠償問題の完全な解決を目指していた。ヤング案では未清算のドイツ人私有財産について所有者に返還することが定められていたが、清算協定が成立しなければポーランドにおいてこの規定を実施できない（アイク 一九八六：二三〇頁）。ヤング案が成立するこの局面でポーランドが清算放棄を拒否することは、もはやヨーロッパにおいて「危険」だとみなされていた。

第二に、ブリアン外相のヨーロッパ平和へのイニシアティブが考えられる。一〇月一九日、ドイツ外務省局長ケプケ（Gerhard Köpke）を訪問したフランス大使ドゥマルジュリ（Jacquin de Margerie）は、ブリアンの代理人として以下のように伝言した。

フランス外相はご存知のように故シュトレーゼマン大臣との合意のもと、現在ハーグでポーランド外相ザレスキに、ドイツとポーランド間の困難な問題、特に清算問題の満足いく調整を容易にし、また加速するために働きかけている。ポーランド政府は今や〔…〕ワルシャワとパリでこの間も続いているフランスの影響力のもと、ドイツ公使ラウシャーに、十分に実現可能性のある提案を示したのである。大使はここで我々に対し、ブリアン氏は一般的な平和への関心のもとで、今回の提案に基づくドイツ・ポーランド対立の即時の解決を特に歓迎することになると、友情を込めて理解してもらうように促したと述べた。（PA, R82436, Bl. 62-63）

ブリアンはロカルノ条約以来のシュトレーゼマンとの協調関係をてこに、一九二八年八月のパリ不戦条約、そして一九二九年九月の国際連盟における「ヨーロッパ連邦」演説（北村 二〇一四：二二三〜二二四頁）によって、ヨーロッパの平和的体制の主導者として国際的名声を獲得していた。ここでドイツ・ポーランド間の紛争が解決されずヤング案が不十分な成果しか得られないとなると、ヨーロッパの平和は危険にさらされる、ブリアンはそのように考えて、ポーランドの説得を重要視したのである。かくして障害は取り除かれ、一〇月三一日にドイツ・ポーランド清算協定が締結された。

清算協定によって、ポーランドはあらゆる事例での清算を放棄した。一九二九年九月一日までに立ち退いていない清算の済んだ土地も含み、農村・都市の土地においてポーランドが放棄した清算金額は六〇〇〇万ライヒスマルクと見積もられ、一万五〇〇〇ヘクタールの土地がドイツ人の手に残ることが保証された。さらにプロイセン時代に奪われたとポーランドが主張する土地の「買戻し権」も全面的に放棄された。ポーランドが買戻しを迫っていた資産価値は約二億四〇〇〇万ライヒスマルクにのぼり、これらのドイツ人入植者の子孫は安堵することになった（*AdR Müller II*, Nr. 329）。

一九三〇年三月一二日、ドイツ・ポーランド清算協定は国会でヤング案とともに批准されたが、ポーランドではやや遅れ、翌年一九三一年三月一一日にようやく批准された。ただしドイツ・ポーランド通商条約については三月一七日に締結されたものの、国会の批准が遅れ、一九三〇年六月に議会が解散、九月に実施された選挙でナチ党と共産党が躍進すると、もはや批准はできなくなった（牧野二〇一二：二一七頁）。ドイツ・ポーランド通商条約はナチ政権下の一九三四年三月七日に修正して成立し、ナチの「中欧」における広域経済圏構想の一部を構成することになるまでお蔵入りすることになったのである。

おわりに

ドイツ・ポーランド清算協定は、苦難に満ちたドイツ・ポーランド国民国家間の関係に明確な前進を示したという点で、シュトレーゼマン外交の大きな成果としてもっと強調されてよい。交渉の開始から締結までの四年間という期間は、それまでの、そしてその後のドイツ・ポーランド関係の長く険悪な展開を考えれば、むしろ短期間に成功を収めたと評価してよいかもしれない。ドイツ・ポーランド間のマイノリティ問題をめぐる様々な困難があったにもかかわらず、なぜ清算交渉は前進できたのか。

まず第一の促進要因は、マイノリティ迫害という倫理的な問題を経済的問題に置き換えたことである。ポーランド側から示唆された清算放棄の条件は、清算対価の支払いとドイツ側の対ポーランド輸入割当の保証であり、これによって清算交渉は通商条約交渉とセットで進めることが可能になった。しかしそこには、マイノリティ問題の障害が通商条約交渉をたびたび中断させるリンケージを生み出すというデメリットもあった。

第二に、連盟理事会という国際政治に交渉の舞台を移すことに成功した点である。シュトレーゼマンは国際連盟理事会に入る目的の一つに、国際的なマイノリティ保護システム構築においてドイツがリーダーシップを発揮することで、ドイツ人マイノリティの状況の改善を促進することを挙げていた。確かに国際的マイノリティ保護システムの構築は、西欧大国の反対によって挫折したが、ポーランドに対する訴えは連盟理事会で認められた。フランスやイギリスといった国際連盟理事会の構成国は、ポーランド共和国の後ろ盾として圧倒的な強制力を持っており、ポーランドは交渉テーブルにつかざるをえなくなった。ここでは、倫理的な問題を国際問題として取り上げ、間接的に大国の強制力を動員することに成功したといえよう。

そして第三に、フランスによる外交的圧力が、最終局面において極めて有効であったことである。特にヤング案とリンケージすることによって、清算問題は単にドイツとポーランド間の問題というだけでなく、「ヨーロッパ平和の危機」と認識されることになった。この過程から見えてくるのは、シュトレーゼマン外交の特徴として指摘される、経済と国際協調の手法は、国際社会においてヨーロッパの大国を味方につけるための手段となったということである。それは特に大国によって庇護される立場にあった東欧諸国に対して有効であった。ここでの国際協調とは東欧諸国にとっては「大国の論理」と同義であった。

これはポーランドにとっては、プロイセン支配時代に奪われた土地に関する諸権利を取り戻すこともできず、経済的困窮状況が続くなかで、国際協調という美名をまとった「大国の論理」にまたしても屈服させられたと見ることもできる。ここでの「大国の論理」とは、イギリス、フランス、イタリアには決して適用されないマイノリティ保護の原則が、東欧諸国に対しては強制的に適用されるという、国際社会の不平等性を意味するのであり、ポーランドにとって理不尽な圧力と感じられたであろう。

このように清算交渉の過程は、経済と国際協調を主な手段とするシュトレーゼマン外交の手法が、東方政策においては特に「大国の論理」を動員することで有効に機能しえたことを示した。しかもシュトレーゼマンは、東方政策の究極的な目標である東部国境修正という、ポーランドにとって最も警戒すべき政策課題の実現可能性を、いささかなりとも封じられることがなかった。これはシュトレーゼマン外交の意図が貫徹されたという点で、彼にとって成功であったといえる。

しかしラウシャー公使は、成立した清算協定が国境問題について一切の言及を回避したことについて、後世に重い課題を残したのではないかと評している。彼によれば、最大の貿易相手国としてドイツ製品の市場となるポーランドは今後、「経済のドイツ化」を実感することになり、結果的に反ドイツナショナリズムのさらなる勃興を招くことになる。その時までに国境問題について一定の結論を出さなければ、両国間にとって不幸な結果になるかもしれないと（ADAP, B-XIII, Nr. 93）。

ラウシャーの危惧は、ナチ期において現実のものとなった。ナチ・ドイツはポーランドを「中欧」の広域経済圏に組み込み、経済的に従属化させ、のちにはマイノリティ保護を口実にして戦争圧力を強めていく。ドイツ・ポーランド間に横たわる国境問題という課題は、シュトレーゼマンが東部国境修正の可能性を残すために、ロカルノで触れないままにした問題であった。シュトレーゼマンは軍事力によらない国際協調による外交という新機軸を打ち出し、東方政策において一定の成功を収めたが、国境問題において重い課題を後世に残すことになったのである。

註

（1）「中欧（ミッテルオイローパ）」とは単にヨーロッパの中央部という地理的概念ではなく、一九世紀以来ドイツ・ナショナリズムによってドイツ（人）の歴史的・文化的・経済的影響下にあると見なされ、ドイツが大国として勢力を伸ばす対象とされてきた地域であり、その意味で政治的な概念である。中欧思想の思想史的な概観については板橋（二〇一〇）、ヴァイマル期における中欧概念と外交政策との関係については北村（二〇一四）、ヴァイマル期からナチ期にかけての中欧思想の系譜についてはElvert（1999）を参照。本章ではこのドイツ・ナショナリズムの一側面としての概念を「中欧」の漢字二字で表記する。それ以外の地理的・歴史的概念としては「中央ヨーロッパ」と表記する。ドイツの影響下という限定された政治的概念ではなく、大国に翻弄され、あいまいな境界線を揺れ動いた歴史的存在としての「中央ヨーロッパ」については、大津留（二〇〇六）などを参照。

（2）二〇世紀のヨーロッパが掲げた「国民国家」や「民主主義」といった理想が必ずしも人々を幸福へと導かず、マイノリティ問題をはじめとする深刻な危機を生み出していった点については、マゾワー（二〇一五）が示唆に富む。また、戦間期ヨーロッパのマイノリティ問題についての研究史については、相馬（二〇〇八）において整理されている。特に「研究者がマイノリティの視点から当該国家の迫害政策を糾弾するというやり方は、差別・抑圧の重層的な関係に目を閉ざし、ナショナリズムの隘路に陥りやすい」という指摘は重要である。本章もまた、ドイツ側の史料のみに依拠した研究であるために、この種の弊害を免れえず、慎重に論を進める所存である。

（3）ドイツ・ポーランド清算協定については管見の限り先行研究がほとんどない。クリューガーによるヴァイマル外交史の通史にはわずかに言及があるが、政策過程にまで踏み込んだものではない（Krüger 1985）。

（4）他方でこの時期、東プロイセンにおいても、ポーランド民族学校の署名活動が警察によって妨害されたり、ポーランド国籍を取得した東プロイセン住民が旅券の発行を拒否されたりしている。つまり国境地帯においてドイツ人とポーランド人双方が互いのナショナリズムによっていがみ合う状況にあった。川手（二〇一二：七八～八〇頁）参照。

（5）プロイセン・ドイツ帝国の「ゲルマン化」政策と土地収用法については、伊藤（一九八七：二五三～二六〇頁）。土地収用法の帝国議会における議論など詳細については、今野（二〇〇九：一二六～一四七頁）。

（6）ヴェルサイユ条約のテキストは、ドイツ語原文のオンライン版（http://www.documentarchiv.de/wr/vv.html 二〇〇四年一月三日更新）およびアジア歴史資料センター、レファレンスコードA03021294200「御署名原本・大正九年・条約第一号・同盟及聯合国ト独逸国トノ平和条約及附属議定書」を参照した。

（7）クリューガーは、ポーランドによる清算には確かに法的根拠があったが、その形式と実際の運用については違法なものであったとしている（Krüger 1985: 305）。

（8）一九二〇年三月四日の「ドイツ人農地の登録と保全に関する法律」、七月一四日の「ドイツ国家財政をポーランド国家財政へ移管する法律」と「ドイツ人民間農場生産に関する法律」（松家 二〇一一：八頁）。

（9）ここで「ドイツ」と簡略に訳したDeutschtumとはドイツの民族性を意味する言葉で、「ドイツ同盟」はポーランド化にさらされるドイツ人マイノリティのドイツ民族文化保護を目的とする諸団体を統合し、一九二〇年二月に結成された（松家 二〇一一：九頁）。

（10）ドイツ国籍選択者は、まず一九二五年八月一日までに、土地資産を持たない者、次に一九二五年一一月一日までに、城砦周辺ないしその一〇キロメートル範囲の国境地帯に固定資産を持つ者、そして一九二六年七月一日までに、土地資産を持つすべての残りの国籍選択者が移住を済ませることと取り決められた（*AdR Luther I / II*, Nr. 189, Anm. 2; Raitz von Frentz 1999, 146–147）。

（11）Politik und Wirtschaft, in: *Vermächtnis*, Bd. 1, S. 64.

（12）Stresemann an den ehemaligen Kronprinzen, 7. September 1925, in: *Vermächtnis*, Bd. 2, S. 553. クリューガー

はこの史料を「特殊」と見なして歴史的事実として扱うことの危険性を説いたが、アーノルトは歴史的事実と見なして反論している（Krüger 1985: 207 f.; Arnold 2000: 99–102）。

(13) ブルーンスは一八九〇年ケルンの教養市民層の家庭に生まれ、戦後はポーランドのドイツ人マイノリティの権利を擁護するために「ドイツ同盟」と連携しつつ、「ヨーロッパ・ドイツ民族グループ連合」のベルリン代表となった。一九二四年七月にウィーンで行われた彼らの大会において、ドイツ国内のマイノリティ保護政策がヨーロッパのドイツ人マイノリティの状況に大きな影響を及ぼすという考えがまとめられ、その勧告は外務省にも届けられた（川手 二〇〇八：二二頁）。

(14) ヴァイマル憲法第一一三条に明記されたマイノリティ保護の規定を実施するため、一九二〇年六月には文部省でガイドラインが作成され、そこでは「公立のポーランド民衆学校」の設立が提唱された。一九二八年一二月三一日にはプロイセンで「ポーランド人マイノリティの学校制度の規定に関する条例」によって、ポーランド人に対して私立のマイノリティ学校が許可された（伊藤 二〇一七：二四二～二四三頁）。

(15) ただし日本については、覚書について政府の反応をうかがうには時間が足りないので、日本の連盟代表である安達峰一郎に渡すこととした（*ADAP*, B-XI, Nr. 73）。

(16) シュトレーゼマンが想定する、「国際連盟におけるマイノリティ問題の取り扱いのための法的基礎」は以下のとおりである。「1．オーストリア、ブルガリア、ハンガリー、トルコとの講和条約。2．主要連合国とポーランド、南スラヴ、チェコスロヴァキア、ルーマニア、ギリシアとの特別条約。3．アルバニア、エストニア、フィンランド、ラトビア、リトアニアによる国際連盟理事会への声明。4．オーバーシュレージエンに関するドイツとポーランド間の、およびメーメル地方に関する主要連合国とリトアニアとの特定地域に関する特別協定」（Ibid）。

参考文献一覧

未刊行史料

Politisches Archiv des auswärtigen Amts（PAAA）

R 82436 Deutsch-polnisches Liquidations-Abkommen von 31.10.29, Bd. 1.

公刊史料集

Akten der Reichskanzlei. Weimarer Republik（*AdR*）, Boppard am Rhein: H.Boldt.

Die Kabinette Luther I und II, bearb. von Minuth, Karl-Heinz, 1977.

Das Kabinett Müller II, bearb.von Vogt, Martin, 1970.

Akten zur deutschen auswärtigen Politik 1918–1945 aus dem Archiv des auswärtigen Amts（*ADAP*）, Göttingen: Vandenhoeck & Ruprecht.

Vermächtnis. Der Nachlaß in drei Bänden, hrsg. von Bernhard, Henry, Berlin: Ullstein 1932/33.

参考・引用文献

Arnold, Georg（2000）, *Gustav Stresemann und die Problematik der deutschen Ostgrenzen*, Frankfurt am Mein: Peter Lang.

Broszat, Martin（1968）, “Aussen- und Innenpolitische Aspekte der preussisch-deutschen Minderheitenpolitik in der Ära Stresemann”, in: Kluxen, Kurt/ Mommsen, Wofgang J., *Politische Ideologien und nationalstaatliche Ordnung*, München: Oldenbourg.

Elvert, Jürgen（1999）, *Mitteleuropa! Deutsche Pläne zur europäischen Neuordnung*（*1918–1945*）, Stuttgart: Franz Steiner.

Krüger, Peter (1985), *Die Außenpolitik der Republik von Weimar*, Darmstadt: Wissenschaftliche Buchgesellschaft.
Niedhart, Gottfried (2013), *Die Aussenpolitik der Weimarer Republik*, 3. Auflage, München: Oldenbourg.
Pieper, Helmut (1974), *Die Minderheitenfrage und das Deutsche Reich 1919-1933/34*, Hamburg: Metzner.
Raitz von Frentz, Christian (1999), *A Lesson Forgotten: Minority Protection under the League of Nations. The Case of the German Minority in Poland 1920-1934*, New York: St.Martin's Press.
Schot, Bastiaan (1984), *Stresemann, der deutsche Osten und der Völkerbund*, Stuttgart: Franz Steiner.
Schot, Bastiaan (1988), *Nation oder Staat? Deutschland und der Minderheitenschutz zur Völkerbundspolitik der Stresemann-Ära*, Marburg an der Lahn: J.G.Herder-Institut.

アイク、エーリッヒ（一九八六）『ワイマル共和国史Ⅲ』救仁郷繁訳、ぺりかん社。

大津留厚編（二〇〇六）『中央ヨーロッパの可能性――揺れ動くその歴史と社会』昭和堂。

板橋拓己（二〇一〇）『中欧の模索――ドイツ・ナショナリズムの一系譜』創文社。

伊藤定良（一九八七）『異郷と故郷――ドイツ帝国主義とルール・ポーランド人』東京大学出版会。

伊藤定良（二〇〇七）「国民国家・地域・マイノリティ」田村英子／星乃治彦編『ヴァイマル共和国の光芒』昭和堂、四二～七五頁。

伊藤定良（二〇一七）『近代ドイツの歴史とナショナリズム・マイノリティ』有志舎。

伊東孝之／井内敏夫／中井和夫編（一九九八）『新版世界各国史　ポーランド・ウクライナ・バルト史』山川出版社。

小野清美（二〇〇四）『保守革命とナチズム――E・J・ユングの思想とワイマル共和国末期の政治』ミネルヴァ書房。

川手圭一（二〇〇五）「第一次世界大戦後ドイツの東部国境と「マイノリティ問題」」『歴史評論』第六六五号、一七～二九頁。

川手圭一（二〇〇八）「マイノリティ問題とフォルクの思想――国境地域・外国在住ドイツ人保護運動の思想とその

政治的・社会的位相」伊藤定良／平田雅博編『近代ヨーロッパを読み解く――帝国・国民国家・地域』ミネルヴァ書房、二八九〜三二五頁。

川手圭一（二〇一二）「第一次大戦後の東プロイセンにおける民族的相克――ドイツ人とポーランド人の関係をめぐって」『東京学芸大学紀要　人文社会科学系Ⅱ』第六三号、七三〜八六頁。

北村厚（二〇一四）『ヴァイマル共和国のヨーロッパ統合構想――中欧から拡大する道』ミネルヴァ書房。

今野元（二〇〇九）『多民族国家プロイセンの夢――「青の国際派」とヨーロッパ秩序』名古屋大学出版会。

相馬保夫（二〇〇七）「民族自決とマイノリティ――戦間期中欧民族問題の原点」田村／星乃編『ヴァイマル共和国の光芒』七六〜一一六頁。

相馬保夫（二〇〇八）「戦間期ドイツ・中欧におけるマイノリティ問題の射程――研究の現状」『東京外国語大学論集』第七六号、二二七〜二三九頁。

フィッシャー、フリッツ（一九七二／八三）『世界強国への道――ドイツの挑戦、一九一四〜一九一八年Ⅰ・Ⅱ』村瀬興雄監訳、岩波書店。

牧野雅彦（二〇一二）『ロカルノ条約――シュトレーゼマンとヨーロッパの再建』中央公論社。

マゾワー、マーク（二〇一五）『暗黒の大陸――ヨーロッパの二〇世紀』中田瑞穂／網谷龍介訳、未来社。

松家仁（二〇一一）「ポーランド独立に伴う旧プロイセン領ポーランドのドイツからの分離と民族問題（一九一八〜一九二三）」『歴史と経済』第二一〇号、一〜一四頁。

水野博子（二〇〇六）「「マイノリティ」を「保護」するということ――国際連盟によるシステム化と支配の構図」高橋秀寿／西成彦編『東欧の二〇世紀』人文書院、三三五〜六〇頁。

第3章 「西側結合」と「宰相民主主義」
――ルクセンブルク補償協定をめぐるアデナウアー外交――

板橋　拓己

はじめに

一九四八年に独立を宣言した「ユダヤ人国家」イスラエルは、ドイツ人にとってナチ時代の罪や過去を否応にも突きつけるものであり、デリケートな存在であった。他方で、冷戦のなか分断国家として一九四九年に成立したドイツ連邦共和国（西ドイツ）が、「ドイツ人を正統に代表する唯一の国家」として国際社会に復帰するためには、自己の「過去」を清算していく必要があった。

こうしたなか、西ドイツ初代首相コンラート・アデナウアー（Konrad Adenauer, 1876–1967）は、首相就任後間もなく、対イスラエル政策に着手する。そして、西ドイツ建国から三年後の一九五二年九月一〇日に調印された「ルクセンブルク補償協定」によって、ナチがユダヤ人に加えた不法に対する「補償（Wiedergutmachung）」[1]を取り決めた。アデナウアーの対イスラエル政策は、国内外の激しい議論を喚起したが、その後のドイツ＝イスラエル関係の礎を築くとともに、建国後の財政的窮乏に悩んでいたイスラエル国家の基盤確立にも貢献した。そして何よりもそれは、「過去の克服」ないし「過去の清算」といった、戦後ドイツ外交の課題に、最初に応えるものとなったのである。

本章は、ルクセンブルク補償協定の成立過程に焦点を当てて、アデナウアー時代におけるドイツ連邦共和国の対イスラエル外交を検討する。[2] アデナウアーの政治外交は、目標における「西側結合（Westbindung）」と、手法における「宰相民主主義（Kanzlerdemokratie）」という二つのキーワードで表現することができるが（板橋 二〇一四）、対イスラエル外交がこれらの文脈で語られることは少ない。[3] しかし、ルクセンブルク補償協定の成立過程は、複雑な国際・国内政治が絡んだ権力政治と道義的責任のせめぎ合いのなかで、アデナウアーが自身の「西側結合」路線と「宰相民主主義」を貫徹させた事例と位置づけることができる。アデナウアーは、対外的には西側諸国、とりわけアメリカの意向に最も配慮しつつ、対内的には閣僚や与党議員団から世論にまで至る反対を（国内外の圧力・助力を利用しながら）押し切ってルクセンブルク補償協定を成立させたのである。

1 「接近と和解」に向けて

(1) ユダヤ人の補償請求と二つの建国

ドイツに対するユダヤ人の補償請求は、イスラエル建国以前から存在した。のちに重要となるのは、一九四五年九月二〇日にユダヤ機関（Jewish Agency）[4] が連合国に提示した覚書である。これは、ドイツは集団としてのユダヤ人に対して殲滅戦争を遂行したのであり、ユダヤ人生存者への補償は当然であると主張するものだった。このとき連合国側は、補償請求権は交戦国にしかないとしてユダヤ機関の請求を退けている。しかしこの覚書は、ドイツによるユダヤ人迫害とユダヤ国家建設の連関を主張したという点で、のちのドイツ連邦共和国とイスラエル間の交渉に影響を与えることとなる（Jena 1986: 458 f.）。

イスラエルが独立を宣言したのは一九四八年五月だが、五一年末までに約五四万人のユダヤ人迫害犠牲者がイスラエルに移住した（そのうち三四万人が建国後の移住者）。彼らの大部分は当時のドイツ諸州が定めていた「返還法（Rückerstattungsgesetze）」[5]による補償の対象外であり、何らかの補償措置が求められていた。

他方、一九四九年にドイツ連邦共和国が建国された時点では、西ドイツとイスラエルおよびユダヤ人との間に公式な関係を築くことなど考えられなかった。イスラエルにとってドイツは「殺人者の国」であり、反ドイツは国是でもあった。イスラエルのパスポートには「ドイツにおいて無効」という但し書きがあったし、国内ではドイツと名のつくものは何でも強い拒否反応にあった。公的な場でのドイツ語の使用はタブーであり、ヴァーグナーの曲はイスラエルでは長く演奏できなかった（武井 二〇一二：三〇六頁）。

(2)　「接近と和解」への第一歩

「和解」へ踏み出す契機を作ったのは、西ドイツの指導者たちだった。アデナウアーは、一九四九年九月の首相就任後、イスラエルへの接近を試みる。同年一一月一一日に『在独ユダヤ人一般週刊新聞』の編集長カール・マルクス（Karl Marx, 1897–1966）とのインタビューで、「ドイツ民族（Volk）」は「犯罪的な体制により自分たちの名においてユダヤ人に加えられた不法（Unrecht）を補償する用意がある」と述べ、「イスラエル国家建設のために一〇〇〇万マルク分の物品を供与する」ことを提案したのである（同二五日発刊）[6]。

また、同年一二月七日には連邦大統領テオドール・ホイス（Theodor Heuss, 1884–1963）が、ヴィースバーデンの「キリスト教＝ユダヤ教協働協会」の集会で、ドイツ人の「集団的恥辱（Kollektivscham）」について演説した。つまり、ドイツ人は「ヒトラーやその一味とともにドイツ人という名前を背負わざるをえないという恥辱」を担わねばならないというのである。これは、ドイツ人の「集団的罪責（Kollektivschuld）」という考えを退けつつも、ナチ体制がユダヤ人に加えた「恐るべき不正（das scheußliche Unrecht）」と、それに関するドイツ人の責任を認めたものであった[7]。

アデナウアーとホイスは、ドイツ人の「集団的罪責」を否定し、むしろドイツ人をナチ体制の被害者と位置づけたとして、後世に批判されがちである。しかし、この時点でドイツ人の責任を認め、ユダヤ人への補償に踏み出そうとした点は評価されても良い（田村 二〇一一：一〇～一四頁）。

とはいえ、かかるアデナウアーの動きは、彼と姻戚関係にあったアメリカの高等弁務官ジョン・J・マックロイ（John J. McCloy, 1895–1989）[8]によって促されたものでもあった（Jelinek 2004a: 44–46）。たとえばマックロイは、すでに一九四九年七月に「世界は新生西ドイツ国家を注意深く監視するつもりであり、その試金石の一つが、ユダヤ人に対する態度となるだろう」と語っており、そのことは報道もされていた[9]。

また、野党の社会民主党（SPD）の党首クルト・シューマッハー（Kurt Schumacher, 1895–1952）は、アデナウアーが連邦議会における初の政府声明（九月二〇日）において「ユダヤ人問題」に言及しなかったことを翌日に議会で批判しており[10]、これがアデナウアーのイスラエルへの接近を早めたとも解釈できる。

さて、アデナウアーの申出に対して、イスラエル政府は直接回答しなかった。代わりに受け皿となったのは、世界ユダヤ人会議である。公式にはアデナウアーの申出に否定的な態度をとったものの[11]、世界ユダヤ人会議の欧州局長ノア・バロウ（Noah Barou, 1889–1955）は、ロンドンのドイツ系ユダヤ人実業家ゲルハルト・レヴィ（Gerhard Lewy）に、西ドイツ政府との接触を依頼した。一九五〇年三月二六日、レヴィは、キリスト教民主同盟（CDU）の連邦議会議員ヘルマン・ピュンダー（Hermann Pünder, 1888–1976）を通して、アデナウアーの外交顧問ヘルベルト・ブランケンホルン（Herbert Blankenhorn, 1904–91）にバロウの意向を文書で伝えた。それは、アデナウアーやホイスの言動を高く評価しつつも、ユダヤ人とドイツ人の「接近と和解（Annäherung und Aussöhnung）」のためには、さらに二つの条件があるとするものだった。第一の条件は、西ドイツ政府が議会で「ナチ支配下でユダヤ人に加えられた犯罪」を認め、補償を約束する声明を出すこと、そしてその声明が「SPDや中央党や他の野党も含む圧倒的な多数」で承認されることであり、第二の条件は、宗教的・人種的な差別、とりわけ「人種憎悪（Rassenhaß）」に基づく「侮蔑」や「煽動（Hetze）」を禁じ、厳しく刑事処罰する法律を公布することであった[12]。レヴィは次のように言い添えている。

この二つの措置は、世界における連邦共和国の立場を道徳的にも心理的にも強化し、民主主義諸国の世論やメディアのドイツへの態度を改善し、世界のユダヤ人に好意的な影響を及ぼすでしょう[13]。

(3) アデナウアーの「歴史的演説」

このレヴィが挙げた条件を、アデナウアーは受諾した。この条件をもとに、ブランケンホルンとバロウは、ロンドンやボンで極秘交渉を開始した。また、一九五一年四月にはパリでアデナウアーとイスラエル財務相ダヴィド・ホロヴィッツ（David Horowitz, 1899-1979）の極秘会談が行われた。この会談は、ユダヤ人でSPD所属の連邦議会議員ヤーコプ・アルトマイアー（Jakob Altmeier, 1889-1963）の仲介によって実現したものである[14]。そこでアデナウアーは、改めてナチ体制下の不法の責任を引き受ける声明の公表を約束した。

声明文の作成に関しては、ブランケンホルンとバロウの数カ月にわたる奮闘があった（Ramscheid 2006: 191）。問題となったのは、「集団的罪責」というテーゼの扱いと、補償上限の有無およびその根拠であった。ブランケンホルンは、イスラエルやユダヤ人との和解が西ドイツの国際社会への復帰にとって不可欠であると考える一方、声明が与野党の政治家や一般のドイツ人にも受け入れられる必要があることも認識していた（Blankenhorn 1980: 138）。

一九五一年七月一三日、声明の第一草稿が完成した。これは、ドイツ人の「集団的罪責」を明確に否定し、一般のドイツ人とナチ体制を区別するものとなった。また、西ドイツの財政や、ドイツ人の戦争犠牲者・難民・被追放者への補償義務、さらには将来の防衛費との兼ね合いを理由に、ドイツの補償義務に制限も設けられた。この草稿をめぐって、さらに二カ月以上交渉が行われた。この間ドイツ側は、なんとかユダヤ人側にドイツ人の「集団的罪責」という考えを放棄させようとした。また、高等弁務官府もテキストの改訂に関与した。[15] こうして練り上げた声明の文言が、五一年八月二〇日にブランケンホルンからアデナウアーに提出され、同年九月二六日の閣議で承認された。[16]

一九五一年九月二七日、アデナウアーは連邦議会で、のちに「歴史的」と形容される演説を行った。[17] 西ドイツ首相が、「ドイツ民族の名において」犯された「言語を絶する犯罪」を認め、反ユダヤ主義的扇動に対しては刑事訴追で厳しく闘うという保証と、ユダヤ人に対する「道徳的・物質的な補償」を約束したのである。そして「連邦政府は、ユダヤ人と、故郷を喪失した極めて多くのユダヤ人難民を受け入れたイスラエル国家の代表とともに、物質的な補償問題を解決に導く用意がある」ことを表明した。争点となった「集団的罪責」については言及されなかった。また支払い限度の根拠としては、ドイツの戦争被害者、難民、被追放者への救済のみが言及され、将来の「防衛費」を挙げることは回避された。共産党と極右を除くすべての党派が、この声明を承認した。

この演説は国際社会から概ね肯定的な反応を得た。このときアデナウアーが気にかけていたのはアメリカをはじめとする西側諸国の世論だったが、『ワシントン・ポスト』は「一九三三年（＝ナチの政権掌握）以前からのドイツにおける最良の出来事」と評価し、『ニューヨーク・タイムズ』はドイツの「道徳的な再生の画期」と言祝いだ（Schwartz 1991: 179）。また『マンチェスター・ガーディアン』も、「ドイツ人の心情変化の兆し」と記していた（Buettner 2003: 121）。アデナウアー演説は、ドイツの国際的な信用回復への重要な一歩となったのである。

(4) イスラエルの覚書と「ユダヤ人対独物的請求会議」の設立

一方、その半年前の一九五一年三月一二日、財政的に困窮状態にあったイスラエル政府は、米英仏ソの戦勝四カ国に対して、東西両ドイツによる計一五億ドルの補償（西ドイツ一〇億ドル、東ドイツ五億ドル）を請求する覚書を提示していた。額の算出根拠は、ドイツから迫害され、イスラエルに移住した人びとが五〇万人で、移住者一人につき三〇〇〇ドルの補償が要るというものだった[18]。

ソ連は何も回答しなかった。アメリカは五一年七月に「遺憾ながら、ドイツ連邦共和国政府に対してイスラエルへの賠償支払い義務を課すことはできない[19]」と回答し、西ドイツ政府と直接交渉するようイスラエルに要請した。このとき西側諸国は、イスラエルよりも西ドイツ（の経済再建や再軍備）を優先していたのである（ヴォルフゾーン 一九九五：四三〜四四頁）。イスラエルは、やむなく「殺人者の国」との直接交渉に踏み出さざるをえなくなった[20]。

イスラエル政府と西ドイツ政府の仲介役となったのは、世界ユダヤ人会議の議長ナフム・ゴルトマン（ゴールドマン）（Nahum Goldmann, 1895–1982）だった。西ドイツとの交渉を促すゴルトマンに対し、イスラエル首相ダヴィド・ベン・グリオン（David Ben Gurion, 1886–1973）は、一九五一年三月の覚書を出発点にするという条件で交渉に応じることとした（Jena 1986: 464 f.）。

さらにゴルトマンは、イスラエル国外のユダヤ人も、相続人を失ったユダヤ人財産への請求権や、移住費用に対する補償請求権をもつと主張した（Jena 1986: 465）。こうしてアデナウアーの「歴史的演説」から一カ月後の一九五一年一〇月二六日、ニューヨークで世界ユダヤ人会議をはじめ計二三のユダヤ組織をもとに「ユダヤ人対独物的請求会議（Conference on Jewish Material Claims against Germany）」という上部組織（以下「請求会議」）が設立された。議長にはゴルトマンが選出された。そして請求会議は、イスラエルの補償請求を支持するとともに、それとは別に五億ドルを西ドイツに請求した。

(5)「世界史の羽ばたき」

交渉の開始を決定したのは、一九五一年一二月六日にロンドンのクラリッジ・ホテルで行われたアデナウアーとゴルトマンの会談であった。この会談は極秘で行われ（アデナウアーは閣議にも諮らなかった）、ゴルトマンはホテルの裏階段からアデナウアーの部屋を訪ねた。ベン・グリオンはゴルトマンに、イスラエルが要求した一〇億ドル（約四二億マルク）という額を交渉の出発点としてアデナウアーに合意させるよう依頼していた。ゴルトマンはこの会談を「私が経験してきた重要な会談のなかでも、感情的に最も厄介で、おそらく政治的に最も重要なものだった」とのちに回顧している（Goldmann 1980: 382）。

会談でゴルトマンは、ユダヤ人側の要求を一通り述べた後、来る西ドイツ＝イスラエル間の交渉には法的な根拠がない（ナチの犯罪が生じた時点ではイスラエル国家は存在しないから）ゆえに、ユダヤ人側の請求内容と西ドイツの交渉受諾を書面で保証するよう依頼した[21]。この異例の要求に対し、同席していたブランケンホルンは狼狽した。しかし、アデナウアーはこう応じたという。

ゴルトマンさん、私を知っている者は、私が言葉に乏しい男であり、また大袈裟なフレーズを嫌うことを知っています。それゆえ、あなたが話しておられるあいだ、私はこの部屋で世界史の羽ばたきを感じていたとあなたに申し上げても、それは大袈裟に受け取られないでしょう。補償への私の意志は心からのものです。私はそれを巨大な道徳的問題であり、新しいドイツの名誉ある責任であると考えております。〔…〕私は、あなたが望む声明の責任を引き受ける用意があります。あなたは、今すぐ隣の部屋で私の秘書にそうした書簡の草稿を書かせ、今日のうちに私から書簡を受け取ることができるでしょう（Goldmann 1980: 385 f.）。

こうしてゴルトマンは、西ドイツ政府がイスラエルおよびユダヤ人の代表との補償交渉を受諾するとともに、五一年三月の覚書で提示された一〇億ドルという請求を交渉の出発点にするという、望み通りの文書を受け取ることができた（文面は Adenauer 1987: 150）。結局、この会談は終始「驚くほど友好的に」（ブランケンホルン）進められたのである[22]。

一九五二年一月七日、ベン・グリオンはイスラエル議会（クネセト）で、ドイツ政府が交渉を受諾したことを発表し、交渉開始に賛同するよう請うた。これに対し議事堂前では、ドイツから「Blutgeld」（直訳すると「血のカネ」。「近親を殺された代償のカネ」という意）を受け取ることを断固拒否する右派を中心に一万人以上の激しいデモが組織され、数百人が負傷する事態となった。ベン・グリオンの動議は一月九日に六一対五〇で承認された（Jena 1986: 466)。

2 「危機の連続」の交渉

(1) 交渉準備

一九五二年二月二一日、イスラエルとの交渉に入るにあたってアデナウアーは、外務次官ヴァルター・ハルシュタイン（Walter Hallstein, 1901-82）と協議のうえ、フランクフルト大学で民事法を講じていたフランツ・ベーム（Franz Böhm, 1895-1977）教授を代表団長に抜擢した[23]。ベームはナチのユダヤ人政策を批判したため教職を解かれた経験があり、その点で「白」だった（Böhm 1976: 448 f.）。また三月四日、ハルシュタインは、弁護士のオットー・キュスター（Otto Küster, 1907-89）を副団長に指名した[24]。キュスターは、ヴュルテンベルク＝バーデン州（のちバーデン＝ヴュルテンベルク州）の司法省で補償問題の州全権委員を務めていた人物である。三月一四日、ボンの首相府で直接アデナウアーと協議したキュスターは、老首相に強く心を動かされたようだ。彼はその日の日記に次のように記している。

> 艶のない老顔、年を重ねた肌。しかし、軽快で具体的かつ好意に満ちた声で、強く訴えかけながら、簡潔に物事を語る。この人物と彼の（美しい）執務室は、修道院のような平穏さに包まれていた。〔…〕彼は、彼がイスラエルに申し出た動機をわれわれに語った。それは誠実で信用でき

る（gut und ehrlich）ものである〔…〕。[25]

交渉準備のための省庁間会議も、一九五二年二月から三月にかけて数回行われた。これには首相府、外務省、財務省、司法省、経済省、ドイツ諸州銀行（ドイツ連邦銀行の前身）の代表が参加した。これらの協議では、何よりも一〇億ドル＝四二億マルクという請求額の高さが問題とされた（参考までに記すと、一九五三年の連邦政府予算は約二七〇億マルクである）。この点で最も強く反対したのが財務省であった。

また、ドイツの対外債務との関係も問題となった。戦前からのドイツの対外債務は一六〇億マルクと見込まれており、その清算については一九五二年二月二八日に始まるロンドン債務会議で、銀行家ヘルマン・ヨーゼフ・アプス（Hermann Josef Abs, 1901–94）率いるドイツ代表と関係諸国との間で交渉が行われる予定であった。つまり、ロンドン債務会議と対イスラエル交渉は並行して行われるのであり、イスラエルとユダヤ人への補償額は、ロンドン債務会議の結果に左右されると考えられた。[26]

一九五二年二月一七日、ジョージ六世の葬儀で訪英中だったアデナウアーは、ロンドンでバロウおよびゴルトマンと協議し、三月半ばからブリュッセルでイスラエルとの交渉を開始することを決めた。[27] そしてアデナウアーは、二月二六日の閣議で、イスラエルとの「極めて困難かつデリケートな交渉」を開始すること、そしてアメリカもそれを促していることを告げた。その翌日、CSU所属の財務相フリッツ・シェファー（Fritz Schäffer, 1888–1967）は次官アルフレート・ハルトマン（Alfred Hartmann, 1894–1967）にこう告げている。「私は閣議で交渉それ自体を断固として拒否した。なぜなら、世界ユダヤ人の途方もなく高い期待を満たすことは不可能だからだ」[28]。交渉には漕ぎつけたものの、前途は多難であった。

(2) 交渉開始

一九五二年三月二一日からオランダのワセナールで、西ドイツ、イスラエル、請求会議の三者間交渉が始まった。西ドイツ代表団は、団長ベーム、副団長キュスターに加え、外務省からアーブラハム・フローヴァイン（Abraham Frowein）、財務省と経済相から二名ずつ、そして通訳一名、秘書二名の一〇人で基本的に構成された。また、ロンドン債務会議との連絡役を務める財務省の対外債務清算局長ベルンハルト・ヴォルフ（Bernhard Rudolf Wolff）らも、適宜会議に加わることになる[29]。

テロを懸念したイスラエル側の要望で、開催地はブリュッセルから変更された[30]。事実、「あるユダヤ人パルチザン組織」が三月二七日にアデナウアー暗殺を企てていたし、三一日にはドイツ代表団に郵便爆弾が送られていた[31]。初めから予定が狂ったこの交渉は、結局「少なからぬ危機の連続」（Blankenhorn 1980: 139）となった。

交渉開始当日、狭い会議室に通された西ドイツ代表団は、ユダヤ人側の代表が到着するまで、立って待たねばならなかった。キュスターには、それが「殺害された者たちの血族（Verwandten von Ermordeten）と殺害民族（Mördervolk）との邂逅」には適切な扱いと思われた。しかし、財務省のヴォルフだけは頭を振り、「これは降伏条約ではないのに（doch keine Kapitulation）」と呟いた。遅れて入室してきたユダヤ人側の代表は、「決然とした表情」、「マカバイオス（紀元前二世紀のユダヤ独立運動の指導者」のような眼差し」であった[32]。

ユダヤ人側による英語の開会声明で会議は始まった。それは、大戦中のヨーロッパ・ユダヤ人の運命を詳細に述べ、彼らに対する集団的な補償を求めるものだった。補償の根拠は、①一九五一年三月一二日のイスラエルの覚書、②五一年九月二七日のアデナウアーの声明、③五一年一二月六日のアデナウアー文書の三点とされた。また、この補償は「六〇〇万人のヨーロッパ・ユダヤ人の恐るべき大量虐殺への償い」と混同されてはならない点も強調された[33]。

これに対しベームは、アデナウアーの声明に基づき、ドイツの補償義務を認めた。そして、本交渉とロンドン債務会議との調整の必要を述べ、支払い能力の限度への言及が、決して「補償への意志の欠如」ではなく、西ドイツ一国ではどうにもならない事情に拠るものであることに理解を求めた[34]。

このドイツ側の説明に対し、イスラエル代表は深い失望を表明した。ユダヤ人への補償は他のいかなる義務にも優先するのであり、アデナウアーもそれを認めたのではなかったかと。ドイツ代表団は、問題はドイツの支払い能力であり、それはロンドン債務会議の経過に影響を受けざるをえないという立場を繰り返した。

この最初の重苦しい雰囲気は、イスラエルの交渉団長フェーリクス・シナール（Felix E. Shinnar, 1905–85）とキュスターがシュトゥットガルトの同じ実科ギムナジウムに通っていたことがわかり、いくぶん緩んだ（Shinnar 1967: 36 f.）。また、他のユダヤ人代表も実はドイツ出身であり、「ドイツ語を流暢に話す」ことができた[35]。それゆえ、当初は「内政的かつ外観的な理由から[36]」頑なにドイツ語で喋ることを拒否していたユダヤ人側の代表も、会議の五日目あたりからドイツ語を用いるようになる[37]。

交渉の中心はイスラエルの請求だった（請求会議は自分たちの要求をひとまず棚上げした）[38]。財政的に窮乏するイスラエルは、できるだけ高額の支払いをできるだけ短期間に受け取ることを目指し、一〇億ドル（四二億マルク）を五年から七年以内に支払うことを要求した。これに対しドイツ代表団は、五〇万人の移民・難民の総編入コストを四五億マルクと算出し、その三分の二、つまり三〇億マルクを西ドイツが支払うと主張した。

ベームとキュスターは、この額の承認を本国政府に求めた。二人は、この額を飲んでこそ「イスラエル国家との補償の合意が、政治的にも道徳的にもドイツに有利な対外的影響を与えると、われわれ代表団は確信している」と強調した[39]。

これを受け、一九五二年四月五日にボンの首相府で協議が開かれた。参加者はアデナウアー、副首相フランツ・ブリュヒャー（Franz Blücher, 1896–1959）、経済相ルートヴィヒ・エアハルト（Ludwig Erhard, 1897–1977）、外務次官ハルシュタインと財務次官ハルトマン、そしてブランケンホルン、アプス、ベーム、キュスター、ヴォルフ、フローヴァインだった。外務省のハルシュタインとブランケンホルンは、ベームとキュスターに味方した（エアハルトも好意的だった）。それに対し、ロンドン債務会議の代表団長アプスが、ロンドンの結果を待たずに額を確定することに「断固として（mit größter Entschiedenheit）」反対した。ブリュヒャーやハルトマンも反対意見だった。しかし、最終的にアデナウアーがベームとキュスターの側につくことで、協議は決着した。アデナウアーはこの協議の前日にマックロイと会い、交渉を挫折させてはならないという米国務長官ディーン・アチソン（Dean Acheson, 1893–1971）からの伝言を受けていた[40]。

こうしてベームらは四月七日にワセナールで、連邦政府が三〇億マルクを承認したことを報告した。しかし、イスラエル側の反応は「冷淡」だった（Böhm 1976: 454）。イスラエル代表団はこれまでの経緯に「不満」と「深い失望」を表明し、結局、交渉は「ドイツ政府から満足のいく提案」が提示されるまで「中断」されることとなった(41)。

(3) 紛糾

交渉中断のあいだ、西ドイツ政府内は紛糾した。財務相シェファーは、あくまで対外債務支払と再軍備の優先を主張した。また、自由民主党（ＦＤＰ）所属の司法相トーマス・デーラー（Thomas Dehler, 1897–1967）は、ユダヤ人を優先する補償のやり方は、国内の反ユダヤ感情を刺激するとして反対した（ヴォルフゾーン 一九九五：四六～四七頁）。

かかる閣内の反応は、当時の西ドイツ国民の意識を反映したものでもあった。一九五二年八月時点でのアレンスバッハ研究所の世論調査によると、「ドイツ・ユダヤ人生存者に対する補償」を支持する国民は五割以上いたものの、「三〇億マルク分の物資という形でのイスラエルへの補償は必要だと思うか」という問いに対しては、支持は一一％に過ぎず、実に四四％の国民が「不要」と答え、二四％が「支持はするが高額すぎる」と答えている（Neumann 1956: 130）。

ベームとキュスターは、補償への道義的関心を喚起するため、新聞やラジオで積極的に補償問題について発言し、イスラエルの請求への共感を公にした。ベームは、「〔…〕ユダヤ人を殺害し、辱め、強奪したのは連邦共和国ではなく第三帝国ですが、連邦共和国には補償の義務があります。連邦共和国は〔…〕第三帝国の権利継承者（Rechtsnachfolgerin）であり、それゆえあの深刻な災厄の相続人（Erbin）なのです」と記している。[42]

こうした動きに怒った財務相シェファーは、五二年五月七日に二人を「激しく叱責した（ausschimpfen）」。[43] これにより、キュスターはその日のうちに代表団を辞することを決め、アデナウアーに伝えた。[44] また五月一六日の閣議では、ベームが道義的にも政治的にも最低三〇億マルクは絶対に必要だと主張したが、やはりシェファーの強い抵抗にあった。一方アプスが、総額を決めずに暫定措置としてイスラエルにさしあたり毎年一億から一億五〇〇〇万マルクを提供するという案を提示したが、ベームはイスラエルの財政窮迫に付け込むやり方を断固として拒否した。[45] こうしてベームも、一八日に代表団長を辞任することをアデナウアーに告げた。[46] なおアプスの提案は、論外としてイスラエル側にすぐに退けられた（Shinnar 1967: 40 f.）。

一九五二年五月二〇日にドイツ代表団の正・副団長の辞任が公になったとき、連邦政府に対する激しい批判が国内外から浴びせられた。このころアデナウアーは、ドイツ条約（西ドイツが主権を回復するための条約）と欧州防衛共同体（ＥＤＣ）交渉に「時間を奪われていた」ため、対イスラエル交渉は疎かになっていた。[47] しかし、国際世論と野党の圧力から、アデナウアーも積極的に動かざるをえなくなる。

まず外国紙が、連邦政府の補償政策を厳しく非難していた。あるオランダの新聞は、ベームの辞任について「ドイツの恥」という見出しで報じた。[48] ある国内新聞も、「ベームとキュスターの辞任は、外国におけるドイツの名声を著しく失墜させることになるだろう」というＳＰＤ党首シューマッハーの意見を一面で掲載した[49]。キュスター辞任の原因となった財務相シェファーは、五月二三日に南ドイツ放送のラジオスピーチで、自分は財務相として責任をもって西ドイツの支払い能力に配慮しているのだと主張し、自らにかけられた「反ユダヤ主義者」という嫌疑に抗弁せざるをえなくなった[50]。

また、SPDのカルロ・シュミート（Carlo Schmid, 1896–1979）を委員長とする連邦議会の外務委員会が、イスラエルとユダヤ人の補償請求は道義的な理由から対外債務に優先するという決議を、すでに五二年五月一〇日に採択していた（Schmid 2008: 510–513）。その同日にはシューマッハーが、補償は「倫理的な要請の遂行（Erfüllung eines sittlichen Gebots）」なのであり、ロンドンとワセナールの交渉を切り離すべきであるとアデナウアーに書簡を送っていた[51]。さらに五月一九日には、前述のアプス提案に怒ったゴルトマンから、交渉の道義的意義を改めて強調され、速やかな交渉再開を求められた（警告のためゴルトマンは書簡の写しをマックロイにも送付した[52]）。アデナウアーは、「世界から連邦共和国が反ユダヤ主義的であるという評判を立てられる危険は近い[53]」と認識し、以後対イスラエル交渉を先導するようになる。

(4) アデナウアーのイニシアティブと交渉再開

まずアデナウアーは、ベームを呼び、辞意を撤回して、解決案を提示するよう促した。ベームはこれに応じ、三〇億マルクの物資を八年から一二年年賦で支払うことを提案した。アデナウアーはこれに同意し、ベームにすぐパリへ行き、そこでゴルトマンと相談するよう手配した。会談は五月二三日に行われ、ゴルトマンはベームの案に同意するとともに、請求会議への補償額を五億マルクに減額

（当初の請求の四分の一以下）し、さらにイスラエルと請求会議の請求を共同で扱うよう提案した[54]。

こうして合意への道が開けてきた。一九五二年六月一〇日にボンで、アデナウアー、ベーム、ハルシュタイン、ゴルトマン、シナールらの間で協議が行われ、ベームとゴルトマンによって練られたドイツ側提案（一四年以内に三四〜三五億マルクを物資で支払う）が概ね合意された。さらにこの合意内容は、ロンドン債務会議の経緯に左右されないとされた[55]。

一九五二年六月一七日の閣議でアデナウアーがこのドイツ側提案を議決しようとしたとき、やはりシェファーの強い抵抗にあった。しかし、アデナウアーの決意は固かった。このままでは西ドイツが「西側世界全体」から政治的・道義的に孤立してしまう。それゆえ、「イスラエルと合意に達するためには、かなりの財政的犠牲も甘受せねばならない」と力説した。閣議は本提案を多数決で承認した[56]。

こうして一九五二年六月二四日、ワセナール交渉が再開した。締結すべき補償協定の草案は、上述のドイツ側提案を土台に審議された。そして補償限度などをめぐって、さらに二カ月交渉が続けられた。この間、西ドイツ財務省は抵抗を続けた。また副首相ブリュヒャーのように、アラブ諸国との関係悪化への懸念から、補償に反対する閣僚もいた（Lenz 1989: 420）。すでに補償交渉の開始時からアラブ諸国はドイツによる対イスラエル補償に反対を表明していたが、ワセナール交渉再開後の七月二一日にあらためてアラブ連盟が抗議の覚書を手交しており、西ドイツ外務省からも懸念が表明されていた[57]。そのつどアデナウアーは、補償の政治的・道義的な意義を強調せねばならなかった[58]。

他方、西側諸国も交渉妥結を促した。イギリスは「ドイツができる限り迅速にイスラエルと協定を締結することは、政治的に賢明で道徳的に正しいだろう」というメッセージをアデナウアーに送っていた[59]。なかでも重要だったのは、やはりアメリカである。七月一五日に高等弁務官マックロイは、交渉が挫折した場合、「ドイツの将来と国際的立場」が危うくなるとアデナウアーに警告している（Schwartz 1991: 183）。こうしたアメリカの態度を受けてアデナウアーは、シェファーの意を酌んであらためてイスラエルとの協定に反対したCSU党首フランツ・ヨーゼフ・シュトラウス（Franz Josef Strauß, 1915-88）との会談（八月一八日）において、「われわれはアラブ諸国よりもアメリカに配慮しなければならないのだ」と述べている（Lenz 1989: 412）。

協定草案は五二年八月末に仕上げられ、九月八日に閣議で承認された[60]。最後まで反対を貫いたのは、シェファーと労相のアントーン・シュトルヒ（Anton Storch, 1892-1975）だった。

3　協定批准をめぐる争い

(1)　協定調印とアラブ諸国の介入の激化

一九五二年九月一〇日、ルクセンブルクの市庁舎で、西ドイツ＝イスラエル間の補償協定と、西ドイツ＝ユダヤ人対独請求会議間の「議定書」が調印された。これらがまとめて「ルクセンブルク補償協定」と呼ばれることになる。ドイツの代表はアデナウアー、イスラエルの代表は外相モシェ・シャレット（Moshe Sharett, 1894-1965）、請求会議の代表はゴルトマンだった。西ドイツのイスラエルへの補償額は全体で三〇億マルク、一二〜一四年間にわたって、毎年最低二億五〇〇〇万マルクを物資で支払うことが合意された（結局六六年三月まで滞りなく履行された[61]）。また議定書は、西ドイツが連邦レベルでナチ迫害犠牲者への補償法を制定することを求めるとともに[62]、請求会議への四億五〇〇〇万マルクの支払いを定めていた。

イスラエル外相シャレットは、九月一一日にパリで行われた記者会見で、補償協定を「道徳的にも経済的にも最も重要な成果であり、国際関係の歴史のなかで唯一無二の地位を占めるもの」と満足して述べ、「連邦共和国は、自由な意志から、道徳的な責任を引き受け、補償協定を締結した」と強調した[63]。

しかし、協定をめぐる争いはこれで終わらなかった。ルクセンブルク補償協定によって中東の経済的・軍事的均衡が崩れると考えたアラブ諸国の介入が激化したからである。たとえば、すでに協定調印直前の九月五日、ヨルダンの首相兼外相タウフィーク・アブー・アルフダ（Tawfik Abu al-Huda, 1894–1956）は、イスラエルとの補償協定は「アラブおよびイスラム諸国への敵対的な態度の証とみなされる」と、アデナウアーに警告していた[64]。また、九月九日にはサウジアラビア外務省が、「ドイツ連邦政府によるイスラエルへのいかなる支払いも、サウジアラビア政府およびアラブ諸国に向けられた行為である」と西ドイツ外務省に伝えている[65]。そして一九五二年一一月一二日、アラブ連盟は、もし西ドイツが協定を批准すれば、経済的ボイコットに踏み切ると脅した（Lenz 1989: 466 f.）[66]。

これに対して連邦政府は、「イスラエルとの協定は、もっぱらナチに迫害されたユダヤ人犠牲者への道徳的な責任感情から締結されたものであり、したがって人道的なもので、なんら政治的な動機に基づくものではない。むしろ連邦政府は、ドイツとアラブ世界との伝統的な友好関係をさらに育み、充実させていくことを決断している」と述べるしかなかった[67]。また、ベームやキュスターらも、「補償協定は戦争を生み出すものではなく、平和を生み出すものである」と説いた(68)。

アデナウアーの目は、やはりユダヤ人側とアメリカに向いていた。たとえばアデナウアーは、一一月一六日にキリスト教＝ユダヤ教協働協会から、「神および人間の法に従って、こうした〔アラブ諸国の〕要求は拒否せねばならず、「ルクセンブルク条約の批准を急ぐために〔…〕あらゆることを講じるよう貴方に請う」という書簡を受け取っており、こうした声に配慮する必要があった(69)。また、アデナウアーは、アラブ諸国との関係についてアメリカに報告し、「〔アメリカ政府は〕一貫してわれわれの態度について完全に理解を示している」ことを確認していた(70)。

こうして西ドイツは、イスラエルおよびアメリカとの関係を優先し、一時的にアラブ諸国との関係悪化を甘受せねばならなかったのである(71)。

(2) 議会での批准の難航

また、補償協定の連邦議会での批准も難航した。すでにルクセンブルク補償協定調印前にアデナウアーは、自党ＣＤＵの幹部の前で、次のように協定の意義を強調していた。

ドイツ、そして連邦共和国が、イスラエル共和国に対して法的な義務をもたないというのは正しい。しかし〔…〕連邦共和国には巨大な道徳的義務があり、この場合、道徳的な観点を第一に考えることが絶対に不可欠である。われわれは、ドイツ民族の相当な部分（ein erheblicher Teil des deutschen Volkes）が、ユダヤ人に対するナチの蛮行に加担したという事実を無視することはできない。ドイツ人の巨大な罪（Schuld）を見過ごすことはできず、ドイツ側からの意思表示（Geste）は絶対に必要である。また、われわれが見誤ってはならないのは、もしイスラエルとの関係が良好になれば、それはとりわけアメリカ、および経済的領域において、多大な政治的効果をもたらすだろうということである。[72]

元ナチ党員もいるCDU党幹部会でナチの蛮行を想起させ、ドイツの「道徳的義務」を強調するとともに、なによりも対米関係への「政治的効果」を主張したのである。連邦議会での協定批准直前の三月一一日でのCDU党幹部会でも、アデナウアーは協定批准が「最も重要な道徳的事柄」であると繰り返した。[73]

一方、連邦議会のCDU／CSU議員団内では、イスラエルとの協定をめぐって、「激しい議論（leidenschaftliche Debatten）」[74]が繰り広げられた（なお、CDUとCSUは連邦レベルでは同一の議員団（会派）を形成している）。ユダヤ人中心の補償に反対する者もいたし、この協定が（元ナチ党員が多い）外務省の「アリバイ」ではないかと論難する者までいた。[75]それに対し、アデナウアーに近かった議員団長ハインリヒ・フォン・ブレンターノ（Heinrich von Brentano, 1904-64）は、アデナウアーと同様に、補償の道徳的義務を強調するとともに、「アメリカがそれに価値を見出していることも考慮しなければならない」[76]として、議員団を説得しようとした。それでも議員団内の反対の声は大きく、シュトラウスはCSUの「棄権」を告げる。

結局、一九五三年三月一八日の批准の日、与党からは多数の欠席者・反対者が出た。しかし、野党

SPDの全員が賛成に回り、批准には成功する。賛成二三八票のうち一二五がSPD票であり、連立与党側の票は一〇六に過ぎなかった。反対三四票のうちの一五票、そして保留八六票のうち六八票が与党の票だった（連邦参議院での批准は三月二〇日）。

こうして交渉開始からちょうど一年後の五三年三月二一日に、補償協定が連邦官報で公布された[77]。このタイミングでの批准は、アデナウアーにとって、与党票を分裂させてでも必要なものであった。なぜなら、同年四月に彼は初の訪米を控えており、補償協定を批准せぬままアメリカに行くことは避けたかったからである（Trimbur 2003: 268）[78]。

さて、ルクセンブルク補償協定に基づき、イスラエルはドイツから原料、鉄鋼、機械、船舶などを年間二億五〇〇〇万から三億マルク分買い付けた。これは当時のイスラエルの総輸入の二割から三割に相当する。こうした物資によって、イスラエル国内の道路・鉄道網、電気・通信網、灌漑設備などのインフラが整備された。協定では軍需品の購入は禁止されたが、輸入した鉄鋼や機械を加工して軍事目的に利用することは可能だった。さらにイスラエルは、補償金の約三割を軍事にも不可欠な石油の輸入に充てた（イギリスから購入し、ドイツが代金を支払った）。ルクセンブルク補償協定による補償物資は、軍事も含むイスラエルの国家基盤の確立に大きく貢献したのである（武井 二〇〇五：一一五〜一一六頁、同 二〇〇二：三〇七頁）[79]。

おわりに

ここまでルクセンブルク補償協定の成立過程を、主に西ドイツ側の視点から、国際政治と国内政治に目を配りつつ、検討してきた。ルクセンブルク補償協定をめぐっては、それまでも研究蓄積はあったものの、本格的な実証研究が進んだのは比較的最近のことと言える。これらをふまえて本章は、ルクセンブルク補償協定時の西ドイツの対イスラエル外交は、「宰相民主主義」を遺憾なく揮うことができた時代のアデナウアーによる、主体的な「西側結合」政策の結果であると位置づけるものである。以下、先行研究にも言及しつつ、整理していこう。

アデナウアーは、イスラエルとの補償交渉に「新生ドイツ国家が世界において信用と名声と信頼を取り戻すことができるか」(Blankenhorn 1980: 138) がかかっていると理解していた。結論から言えば、ドイツを国際社会に復帰させ、「西側世界」に結び付けるという彼の外交政策の大原則、つまり「西側結合」路線の延長線上に、対イスラエル政策も位置していたのである。それゆえ、対イスラエル政策について、(アデナウアーの回顧録の記述を信じて)[80] 他の外交領域とは異なるアデナウアーの「道徳的意志」の産物であると捉えるのは (たとえば Gillessen 1986: 17–19)、いささか聖人化が過ぎよう[81]。

そしてとりわけ、アデナウアーの対イスラエル政策にとって重要だったのが、アメリカの存在である。ルクセンブルク補償協定に関するこれまでの研究でも、アメリカの「圧力」「介入」の有無をめぐって議論が闘わされてきた[82]。たとえばイェーナは、アメリカの影響力を重視し、西ドイツ外交の自律性を否定する一方 (Jena 1986)、ヴォルフゾーンは、アメリカ (および西側諸国) の圧力などなかったと主張した (Wolffsohn 1987)。

本章が明らかにしてきたように、要所でのマックロイの動きを見ると、「補償はアメリカの圧力なしで行われた」(ヴォルフゾーン 一九九五：四二頁) とまで言い切るのは無理がある。その一方で、協定成立の要因を、アメリカの直接的な介入の結果と捉えるのも単純に過ぎよう。むしろアデナウアーは、アメリカの (世論も含めた) 反応に配慮しつつ、主体的に補償協定を進めたと言える。またアデナウアーは、「アメリカの意向」や「アメリカの世論」というカードを、補償反対派を黙らせる手段として用いることができたのである。

また、ルクセンブルク補償協定の成立にあたっては、野党SPDの動きも重要だった[83]。本協定をシューマッハーの成果と捉える研究すらある。しかし、ここで注意したいのは、ユダヤ人政策へのSPDの関与は、戦後の国家建設ヴィジョンをめぐるCDUとの主導権争いという権力政治的な文脈のなかでも理解すべきであるということである。そしてアデナウアーは、SPDのお株を奪う形で、ユダヤ人への補償を進めていったのである。結局、ルクセンブルク補償協定に関しては、批准までのすべての段階で、SPDは天敵であるアデナウアーを支え続ける結果となったのである。

とはいえ、権力政治的な配慮のみがアデナウアーを動かしたわけではない。やはり、彼なりのユダヤ人への共感と道義的な責任意識も働いていたことを見逃すべきではないだろう。アデナウアーは、ケルン市長時代 (一九一七～三三年) から「ユダヤ人びいき (Philosemit)」として知られていた (Schwarz 1986: 897)。彼は、正統派のユダヤ人ゲマインデを支援し、多くのユダヤ人を友にもち、シオニストに共感を寄せてもいた。また、ナチの反ユダヤ主義を無教養で野蛮なものとして毛嫌いしていた。さらに、一九三三年にアデナウアーがナチ政府によって市長職を追われ、住居と銀行口座が差し押さえられたとき、窮地を救ったのは、ベルギーの工業家でユダヤ人のダニー・N・ハイネマン

（Dannie N. Heineman, 1872–1962）だった。ハイネマンは、事態を聞いてアデナウアーのもとに駆けつけ、一万マルクを渡したのである。アデナウアーはこのときの恩を生涯忘れなかった（Schwarz 1992）。終戦後に再びケルン市長となったアデナウアーは、強制収容所の生存者を帰還させるため、市のバスをブーヘンヴァルト、ダッハウ、テレージエンシュタットに派遣したが（Adenauer 1965: 25）、これはドイツの自治体では類例のない英断であった。かかる人物が西ドイツの指導者だったことは、補償協定の成立にとって極めて重要だったのである。

さらに、本章が対象とした一九五〇年代初頭においては、アデナウアーが、外交領域においては、ほぼ独裁的な権力を保持していたことも大きい。たとえば、外務省は一九五一年三月に再建されたばかりであり、また自党のＣＤＵも連邦レベルではいまだ組織化が進んでいない状態だった。ルクセンブルク補償協定の成立過程でアデナウアーは、極めて重要な決定を閣議にも自党議員団にも議会にも諮らずに下していったが、それが可能だったのは以上の権力布置状況にも起因する。もはや本章では立ち入ることができないが、実際一九五〇年代後半に入ると、外務省のアラブ政策積極派が力をつけ、親イスラエル政策を続行するアデナウアーと衝突するようになっていくのである。

さて、一九五三年三月にロンドン債務協定の調印も済ませた西ドイツは、第三帝国の継承者として、その後「過去の克服」に取り組んでいくことになる。これまでアデナウアー時代については、「過去の克服」の不十分さばかりが指摘されがちであった（またそれは十分理由のあることである）。しかし、イスラエルとの「和解」に着手し、ナチ迫害犠牲者に対するその後の補償への道を拓いたのもこの時代であったことは、改めて見直されてもよいだろう。そして、その出発点には、アデナウアーによる「西側結合」と「宰相民主主義」があったのである。

註

（1）本章は、第二次世界大戦の敗戦国による戦後補償を扱っているが、予め指摘しておきたいのは、戦後（西）ドイツによるイスラエルおよびユダヤ人への補償は、戦争の被害に対する「賠償（Reparation）」ではなく、「ナチの不法に対する補償」という戦後ドイツ固有の「補償（Wiedergutmachung）」概念に基づいて行われたということである（「補償」を意味するドイツ語としてはWiedergutmachungの他にEntschädigungがあるが、後者が損害や損失の補償・補填を専ら意味するのに対し、前者はそれに加えて不正や罪の償いという意味も含んでいる）。紙幅の都合上詳しくは立ち入らないが、旧敵国との平和条約を締結していない分断国家西ドイツの戦後補償は、占領を終結するために一九五二年に英米仏と結んだ「戦争および占領から発生する問題の解決に関する条約」（通称「移行条約」）および一九五三年の「ロンドン債務協定」（後述）により、戦争に対する「賠償」問題を将来の平和条約締結まで棚上げにしたまま、「ナチの不法」に対する「補償」を義務づけられるという枠組みに定まっていく。この点でドイツの事例は、サンフランシスコ平和条約で「賠償」義務を承認した日本の事例とは出発点を異にする。ともあれ、本章が対象とする一九四九年から五三年にかけての西ドイツとイスラエルおよびユダヤ人団体との交渉プロセスは、かかる戦後ドイツの「補償」枠組みの形成と並行して進められたものであったことに留意されたい。ドイツの「補償」（および「賠償」）概念の整理としては、山田（一九九六：八～一四頁）、矢野（二〇〇六）、葛谷（二〇一一：一二九～一三二頁）、ゴシュラー（二〇一一）を参照。

（2）ドイツ連邦共和国の対イスラエル・中東政策に関する現時点でのスタンダードな通史はWeingardt（2002）である。アデナウアー時代のドイツ＝イスラエル関係についてはJelinek（2004a）とHansen（2004）の二つの浩瀚な研究がある。本章が扱うルクセンブルク協定の成立過程に関する重要な文献としては、Jena（1986）とWolffsohn（1988）が挙げられる（この二つの研究については、本章「おわりに」を参照）。本章で史料として重点的に使用したのは、公刊されているドイツ連邦政府閣議議事録（*KPBR*）、ドイツ連邦共和国外交文書史料集（*AAPD*）、ドイツ政策史料集（*DzD*）、アデナウアーの回顧録・談話・書簡（Adenauer 1966; 1984; 1987）、補償交渉時の外務省政治局長ブランケンホルンや首相府次官レンツの日記（Blankenhorn 1980; Lenz 1989）、交渉当事者たちの回顧（Böhm 1976; Goldmann 1980; Shinnar 1967）、そしてVogel編（*Dialog*）やJelinek編（*ZMuR*）のドイツ＝イスラエル関係史料集などである。また、コンラート・アデナウアー財団が管理するArchiv für Christlich-Demokratische Politik（ACDP）所蔵のフランツ・ベーム文書およびオットー・キュスター文書（前者は補償交渉における西ドイツ側代表団団長、後者は副団長）の未公刊文書も利用した。とくにキュスター文書には、イスラエルとの交渉に関する日誌（一九五二年二月二三日から五三年三月二七日まで）など、交渉についてきわめて重要な史料が所蔵されている。Tagebuchnotizen zu den Verhandlungen über den Sühnevertrag mit Israel［以下 Tagebuchnotizen と略］, in: ACDP, Nachlaß Otto Küster, 01-084-001A.

　なお本章の目的は、ルクセンブルク補償協定に至る政治過程を西ドイツ側の視点から明らかにするという極めて限定的なものであり、補償自体に対する法的、経済的、道徳的評価にまでは踏み込まない。ドイツの戦後補償や「過去の克服」に関しては、日本との比較という動機もあり、邦語でも多くの優れた成果を読むことができるので、そちらを参照されたい。さしあたり「過去の克服」全般については石田（二〇〇二）が、戦後ドイツとユダヤ人およびイスラエルとの関係についての優れた研究書として武井（二〇一七）がある。

（3）例外として、ヘニング・ケーラーによるアデナウアー伝がある。ケーラーは、イスラエルとのルクセンブルク補償協定締結は「宰相民主主義の外交の教材として理解できる。彼独自のやり方、協働者や支援者の役割、そして危機的状況における振る舞いが、はっきりと表れている」と述べている（Köhler 1994: 698）。

（4）当時のユダヤ機関の議長は、のちのイスラエル初代大統領ハイム・ヴァイツマン（Chaim Weizmann, 1874-1952）である。このときのユダヤ機関の役割についてはSagi（1989）を参照。

（5）一九五三年九月に「ナチ迫害犠牲者の補償のための連邦補充法」（後述）が成立するまでは、占領期に公布された個別の返還法に基づき、個々の州が補償に対応していたが、手段も補償請求権の範囲も不十分なものにとどまっていた。詳細は山田（一九九六：一四〜一六頁）。

（6）*Allgemeine Wochenzeitung der Juden in Deutschland*, 4. Jg., Nr. 33 vom 25. November 1949, in: *DzD* II / 2 (1949), Nr. 96, S. 293–296.

（7）Mut zur Liebe. Sonderdruck der Rede des Herrn Bundespräsidenten Prof. Dr. Theodor Heuss anläßlich der Feierstunde der Gesellschaft für christlich-jüdische Zusammenarbeit in Wiesbaden am 7. Dezember 1949, in: *DzD* II / 2 (1949), Nr. 105, S. 309–311. Auch in: Heuss 1984: 382 f.

（8）アデナウアー内閣が成立した翌日の一九四九年九月二一日に占領規約が発効し、高等弁務官府が発足した。西ドイツはいまだ主権国家ではなく、軍事的・外交的権限、そして最終的な警察権はこの高等弁務官に留保されていた。さらに高等弁務官府は、議会が制定した法律や基本法改正に対する拒否権発動も可能であった。なおマックロイは、アデナウアーの二番目の妻グッシーの従妹と一九三〇年に結婚しており、アデナウアーとは姻戚関係にあった。

（9）ハイデルベルクで行われたドイツ・ユダヤ人の代表との会合上での発言。Cf. Schwartz 1991: 176 f.

（10）*VDB, 1. WP*, Bd. 1, 1949, S. 31–42, bes. S. 36.

（11）Erklärung des jüdischen Weltkongresses am 20. Dezember 1949, in: *DzD* II / 2 (1949), Nr. 109, S. 328 f.

（12）26. März 1950: Aus dem Schreiben Levys an den Bundestagsabgeordneten der CDU, Pünder, in: *DzD* II / 3 (1950), Nr. 240, S. 656 f. Vgl. auch: Aufzeichnung des Gesandtschaftsrats II. Klasse a.D. von Marchtaler, 31. März 1950, in: *AAPD* 1949/50, Dok. 47, S. 120–122, hier S. 121.

（13）*AAPD* 1949/50, Dok. 47, S. 120–122, hier S. 121.

（14）Vgl. *ZMuR*, Nr. 13 und 14, S. 152–156.

（15）高等弁務官府からは、マックロイの副官を務めたユダヤ系の銀行家ベンジャミン・バッテンウィーザー

（Benjamin J. Buttenwieser, 1900-91）が、テキストの改訂に関わった。第一草稿から最終稿までのテキストの改訂箇所については、以下に付された注釈を参照。Erklärung der Bundesregierung（Entwurf), 25. August 1951, in: *AAPD* 1951, Dok. 145, S. 469-472.

（16）175. Kabinettssitzung am 26. Sept. 1951 TOP A, in: *KPBR*, Bd. 4, S. 662.

（17）*VDB, 1. WP*, 165. Sitzung, Bd. 9, 1951, S. 6697 f.

（18）Die Note der israelischen Regierung zum 12. März 1951, in: *Dialog*, Teil I, Bd. 1, S. 33-39.

（19）The Secretary of State to the Ambassador of Israel（Eban）[5. 7. 1951], in: *FRUS 1951. Vol.* V, p. 750.

（20）Cf. Memorandum of Conversation, 30. 11. 1951, in: *FRUS 1951. Vol.* V, pp. 948–950.

（21）Aufzeichnung zu einer Besprechung zwischen Bundeskanzler Konrad Adenauer und Dr. Nahum Goldmann, 6. 12. 1951, in: *ZMuR*, Nr. 24, S. 177.

（22）Ministerialdirektor Blankenhorn an Generalkonsul I. Klasse Krekeler, Washington, 14. Dezember 1951, in: *AAPD* 1951, Dok. 204, S. 670 f., hier S. 670. Vgl. auch: Blankenhorn 1980: 139.

（23）Vgl. 204. Kabinettssitzung am 26. Febr. 1952 TOP B, in: *KPBR*, Bd. 5, S. 132 f. なお、ハルシュタイン自身もフランクフルト大学法学部の教授であり、第二次世界大戦後には学長（Rektor）を務めていた。

（24）Tagebuchnotizen, 4. März 1952, in: ACDP, Nachlaß Otto Küster, 01–084–001A.

（25）Tagebuchnotizen, 14. März 1952, in: ACDP, Nachlaß Otto Küster, 01–084–001A.

（26）Aufzeichnung des Legationsrats I. Klasse Böker, 6. Februar 1952, in: *AAPD* 1952, Dok. 40, S. 118–120, hier S. 118. Vgl. auch: Ressortbesprechung, 8. März 1952, in: *AAPD* 1952, Dok. 72, S. 207–213.

（27）Aufzeichnung des Legationsrats I. Klasse Böker, *z.Z.* London, 17. Februar 1952, in: *AAPD* 1952, Dok. 51, S. 152–154.

（28）204. Kabinettssitzung am 26. Febr. 1952 TOP B, in: *KPBR*, Bd. 5, S. 133, Anm. 45. Vgl. An den Bundesminister der Finanzen, Bonn, 29. Februar 1952, in: Adenauer 1987: 184 f.

(29) 一方、イスラエル代表団は、団長二名のもと、アドバイザーが適宜入れ替わるかたちだった（交渉開始時点では政治・経済・法律分野からアドバイザー五名）。また、請求会議の代表団は代表五名、アドバイザー五名で構成された。

(30) Aufzeichnung des Legationsrats I. Klasse Böker, 28. Februar 1952, in: *AAPD* 1952, Dok. 64, S. 192-193, hier S. 192.

(31) Tagebuchnotizen, 31. März 1952, in: ACDP, Nachlaß Otto Küster, 01-084-001A. アデナウアー暗殺計画については、Sietz（2003）も参照。

(32) Tagebuchnotizen, 21. März 1952, in: ACDP, Nachlaß Otto Küster, 01-084-001A.

(33) Wortlaut der Erklärung, die die Delegation des Staates Israel zu Beginn der Verhandlungen über den Wiedergutmachungsanspruch von Israel an Deutschland abgeben wird, in: ACDP, Nachlaß Otto Küster, 01-084-001A.

(34) Eröffnungsansprache für die Konferenz mit Israel und den jüdischen Weltorganisationen, in: ACDP, Nachlaß Otto Küster, 01-084-001A.

(35) *AAPD* 1952, Dok. 64, S. 192-193, hier S. 192.

(36) Ebd.

(37) Tagebuchnotizen, 26. März 1952, in: ACDP, Nachlaß Otto Küster, 01-084-001A.

(38) Statement of the Conference on Jewish Material Claims against Germany presented at the opening of negotiations with the representatives of the Federal Republic of Germany, in: ACDP, Nachlaß Otto Küster, 01-084-001A.

(39) Aufzeichnung des Delegationsleiters Böhm und des Stellvertretenden Delegationsleiters Küster, 1. April 1952, in: *AAPD* 1952, Dok. 92, S. 247-253, hier S. 253.

(40) Besprechung unter Vorsitz des Bundeskanzlers Adenauer, 5. April 1952, in: *AAPD* 1952, Dok. 95, S. 261-267.

(41) Aufzeichnung des Delegationsleiters Böhm, Wassenaar, 7. April 1952, in: *AAPD* 1952, Dok. 97, S. 270–273.
(42) Schreiben von Franz Böhm zur Wiedergutmachung allgemein, 13. April 1952, 4 Bl., hier Bl. 1 f. in: ACDP, Nachlaß Franz Böhm, 01–200–004/8.
(43) Tagebuchnotizen, 7. Mai 1952, in: ACDP, Nachlaß Otto Küster, 01–084–001A.
(44) Schreiben an Herrn Bundeskanzler Dr. Konrad Adenauer, Bonn, 7. Mai 1952, in: ACDP, Nachlaß Otto Küster, 01–084–001A. Vgl. auch: Delegationsleiter Böhm, z. Z. Frankfurt/Main, an Ministerialdirektor Blankenhorn, 8. Mai 1952, in: *AAPD* 1952, Dok. 127, S. 352–357.
(45) 220. Kabinettssitzung am 16. Mai 1952 TOP 1 u. 2, in: *KPBR*, Bd. 5, S. 327–330.
(46) Delegationsleiter Böhm, z. Z. Frankfurt/Main, an Bundeskanzler Adenauer, 18. Mai 1952, in: *AAPD* 1952, Dok. 138, S. 383 f.
(47) An Dr. Nahum Goldmann, New York, 3. Mai 1952, in: Adenauer 1987: 211.
(48) Sondersitzung am 20. Mai 1952 TOP 2, in: *KPBR*, Bd. 5, S. 348, Anm. 13.
(49) *Stuttgarter Zeitung*, 8. Jg., Nr. 117, 21. Mai 1952, in: ACDP, Nachlaß Otto Küster, 01–084–001A.
(50) Ansprache des Ministers Schäffer vom 23. Mai 1952, 3 S., hier S. 2, in: ACDP, Nachlaß Otto Küster, 01–084–001A. Vgl. auch: *Stuttgarter Zeitung*, 8. Jg., Nr. 118, 23. Mai 1952.
(51) SPD-Vorsitzender Schumacher an Bundeskanzler Adenauer, 10. Mai 1952, in: *AAPD* 1952, Dok. 131, S. 363 f.
(52) Schreiben Nahum Goldmanns an Konrad Adenauer, London, 19. Mai 1952, in: *Dialog*, Teil I, Bd. 1, S. 65–67. なお、アデナウアーは回顧録で「アプスの提案には関知していなかった」と述べているが（Adenauer 1966: 147）、前掲の五月一六日の閣議議事録でも確認できるように、これは虚偽である。この点はいくつかの研究が指摘している。E.g. Hansen 2004: 217; Jena 1986: 473 f.
(53) Sondersitzung am 20. Mai 1952 TOP 2, in: *KPBR*, Bd. 5, S. 348.
(54) Vgl. Adenauer 1966: 147–151; Böhm 1976: 460 f. 会議の翌日にベームがアデナウアーに送付した、ゴルトマン

との会談に関する詳細な報告書は次に収録されている。Bericht über die Besprechung mit Dr. Goldmann und israelischen Delegationsmitgliedern vom 23. Mai 1952 in Paris, *Dialog*, Teil I, Bd. 1, S. 67–72（auch in: *AAPD* 1952, Dok. 146, S. 423–428）.

（55）Niederschrift einer Besprechung zwischen Goldmann, Shinnar, Hallstein, Böhm, Frowein und Abs, 10. 6. 1952, in: *ZMuR*, Nr. 37, S. 200 f.（auch in: *AAPD* 1952, Dok. 153, S. 461 f.）

（56）228. Kabinettssitzung am 17. Juni 1952 TOP C, in: *KPBR*, Bd. 5, S. 394–398. Vgl. auch: Aufzeichnung einer Aussprache von Bundesfinanzminister Fritz Schäffer mit Staatssekretär Walter Hallstein, 16. 6. 1952, in: *ZMuR*, Nr. 38, S.202.

（57）Vgl. Aufzeichnung des Vortragenden Legationsrats von Etzdorf, 6. September 1952, in: *AAPD* 1952, Dok. 197, S. 598–601.

（58）E.g. 235. Kabinettssitzung am 15. Juli 1952 TOP 3, in: *KPBR*, Bd. 5, S. 456–458.

（59）Gespräch des Bundeskanzlers Adenauer mit dem Mitglied des britischen Oberhauses, Lord Henderson, 24. Juni 1952, in: *AAPD* 1952, Dok. 162, S. 489–493, hier S. 489.

（60）245. Kabinettssitzung am 8. September 1952 TOP 1 u. 2, in: *KPBR*, Bd. 5, S. 549–558.

（61）なお、前述のようにイスラエルは東ドイツに対しても五億ドルを請求していたが、東ドイツは、第三帝国の継承国は西ドイツであるとして補償を拒否した。その後の展開については、石田（二〇〇二：二五五～二五七および二六一～二六二頁）を参照。

（62）この「第一議定書」に基づき一九五三年に「ナチ迫害犠牲者の補償のための連邦補充法」が公布され、さらに五六年には「ナチ迫害犠牲者に対する連邦補償法」が成立した。連邦補償法の意義については、石田（二〇〇二：二三〇～二三四頁）、武井（二〇〇五：一一八～一二〇頁）を参照。

（63）Vgl. Runderlaß des Ministerialdirektors Blankenhorn, 23. September 1952, in: *AAPD* 1952, Dok. 209, S. 640–643, hier S. 641.

（64）Vgl. Aufzeichnung des Vortragenden Legationsrats von Etzdorf, 16. September 1952, in: *AAPD* 1952, Dok. 204, S. 614-616, hier S. 616, Anm. 12.
（65）Ebd., Anm. 13.
（66）Vgl. auch: 258. Kabinettssitzung am 14. November 1952 TOP A, in: *KPBR*, Bd. 5, S. 689.
（67）Vgl. Runderlaß des Ministerialdirektors Blankenhorn, 23. September 1952, in: *AAPD* 1952, Dok. 209, S. 640-643, hier S. 643.
（68）"Die Reaktion der arabischen Staaten auf den Israel-Vertrag," Rede des Herrn Professor Dr. Franz Böhm, gehalten am 12. November 1952 in Frankfurt am Main, 11 S., hier S. 2, in: ACDP, Nachlaß Franz Böhm, 01-200-004/8（auch in: ACDP, Nachlaß Otto Küster, 01-084-001B）. Vgl. auch: Otto Küster, "Das Recht zu sühnen," Rundfunkansprache, 17. November 1952, 3 S., in: ebd.
（69）Schreiben des Deutschen Koordnierungsrates der Gesellschaften für christlich-jüdische Zusammenarbeit e.V. an den Herrn Bundeskanzler Dr. Konrad Adenauer, 16. November 1952, 2 S., hier S. 2, in: ACDP, Nachlaß Otto Küster, 01-084-001B.
（70）An den Vorsitzenden der CDU/CSU-Fraktion des Deutschen Bundestages, Dr. Heinrich von Brentano, Bonn, 23. Dezember 1952, in: Adenauer 1987: 311.
（71）本章では立ち入れないが、ルクセンブルク補償協定をめぐる西ドイツとアラブ諸国の関係については、パレスチナ難民への補償問題も絡み、複雑なものであった。この点については、武井（二〇一七：三一～三七頁）を参照。
（72）Protokoll Nr. 13: 5. September 1952, in: *Adenauer: "Es mußte alles neu gemacht werden." Die Protokolle des CDU-Bundesvorstandes, 1950-1953*, bearb. von Günter Buchstab, Stuttgart: Klett-Cotta, 1986, S. 140 f.
（73）Protokoll Nr. 19: 11. März 1953, in: ebd., S. 421.
（74）Fraktionssitzung, 17. März 1953, in: *Die CDU/CSU-Fraktion im Deutschen Bundestag. Sitzungsprotokolle*

1949-1953, bearb. von Helge Heidemeyer, Düsseldorf: Droste, 1998, Nr. 384a, TOP 4, S. 688.

（75）ＣＳＵのフッガー・フォン・グレット侯（Fürst Fugger von Glött, 1895-1981）の発言。Ebd., S. 688 f.

（76）Fraktionssitzung, 17. März 1953, in: ebd., Nr. 384b, TOP 4, S. 693.

（77）Bundesgesetzblatt Teil II, Nr. 5 vom 21. 3. 1953, S. 35-97. イスラエル政府は一九五三年三月二二日に批准した。

（78）実際、「訪米前の批准を望む」とアデナウアーはＣＤＵ／ＣＳＵ連邦議会議員団にも告げていた。Vgl. Fraktionssitzung, 2. März 1953, in: *Die CDU/CSU-Fraktion im Deutschen Bundestag. Sitzungsprotokolle 1949-1953*, bearb. von Helge Heidemeyer, Düsseldorf: Droste, 1998, Nr. 379, TOP 2c, S. 677.

（79）さらにアデナウアー政権は、一九五七年から国交不在の状態で（というよりその埋め合わせとして）イスラエルへの軍事支援を極秘で進めた（アデナウアー退任後の六四年に暴露される）（武井二〇一七：三八頁以下）。西ドイツとの「接近と和解」によって、イスラエルは中東紛争を生き延びることができたとも言えるのである。この点については、武井（二〇一七：第二章）を参照。

（80）アデナウアーは、自らの対イスラエル政策を「ドイツ民族の義務」ないし「道徳的義務」に従ったものだったことを回顧録で再三強調している（Adenauer 1966: 132-136）。

（81）これに関連して、興味深いエピソードを紹介しておきたい。一九八二年に成立したコール政権は、シュミット政権期に冷え込んだ対イスラエル関係を改善しようとしていたが、このとき三〇年ルールに従って公開される予定の一九五二年分のドイツ連邦政府閣議議事録が問題となった。というのも（本章で明らかにしたように）、この議事録が公開されてしまうと、それまでアデナウアーの回顧録が与えてきた印象とは異なり、連邦政府がルクセンブルク補償協定を「アメリカの圧力を理由として（aufgrund des Drucks der USA）」進めてきたという「印象」が強まることを、コール政権は懸念したのである。そして、「そうした印象は内政的にも外交的にも絶対に避けられねばならない」と考えられたのである。Vgl. Aufzeichnung des Vortragenden Legationsrats I. Klasse Fiedler, 17. Dezember 1982, in: *AAPD* 1982, Dok. 355, S. 1821-1823.

（82）この論点を整理したものとして、Trimbur（2003）がある。とくに270-272頁を参照。

（83）ルクセンブルク補償協定成立にあたってＳＰＤの貢献を重視するものとして、石田（二〇〇二：とくに一二六～一三〇頁）を参照。

参考文献一覧

未公刊史料

Archiv für Christlich-Demokratische Politik（ACDP）, Konrad-Adenauer-Stiftung e.V., Sankt Augustin
Nachlaß Franz Böhm（01-200）: 004/7（Amtliche Verhandlungsakten）, 004/8（Persönliche Verhandlungsunterlagen）, 004/9（Fall Otto Küster）
Nachlaß Otto Küster（01-084）: 001A（Die Verhandlungen zum deutsch-israelischen Wiedergutmachungsabkommen）, 001B（Reaktionen auf den Israelvertrag）, 001C（Privater Briefverkehr Küsters und Zeitungsausschnitte mit Rückblick auf die Verhandlungen von 1952）, 001D（Broschuren）

公刊史料集

Adenauer: "Es mußte alles neu gemacht werden." Die Protokolle des CDU-Bundesvorstandes, 1950–1953, bearb. von Günter Buchstab, Stuttgart: Klett-Cotta, 1986.
Akten zur Auswärtigen Politik der Bundesrepublik Deutschland, hg. im Auftrag des Auswärtigen Amts vom Institut für Zeitgeschichte, 1949/50; 1951; 1952; 1953（2 Bde.）; 1982（Band II）, München: R. Oldenbourg, 1997–2013.【*AAPD*と略】
Die CDU/CSU-Fraktion im Deutschen Bundestag. Sitzungsprotokolle 1949–1953, bearb. von Helge Heidemeyer, Düsseldorf: Droste, 1998.
Dokumente zur Deutschlandpolitik, hg. vom Bundesministerium des Innern unter Mitwirkung des Bundesarchivs,

II. Reihe / Bd. 2（Die Konstituierung der Bundesrepublik Deutschland und der Deutschen Demokratischen Republik 7. September bis 31. Dezember 1949）; II. Reihe / Bd. 3（1. Januar bis 31. Dezember 1950）, München: R. Oldenbourg, 1996–1997.【*DzD* と略】

Foreign Relations of the United States, 1951. Volume V: The Near East and Africa, U.S. Government Printing Office, 1982.【*FRUS* と略】

Jelinek, Yeshayahu A.（Hg.）, *Zwischen Moral und Realpolitik. Deutsch-israelische Beziehungen 1945–1965. Eine Dokumentensammlung*, Gerlingen: Bleicher Verlag, 1997.【*ZMuR* と略】

Die Kabinettsprotokolle der Bundesregierung, hg. für das Bundesarchiv von Hans Booms, Bd. 2 und 3. 1950; Bd. 4. 1951; Bd. 5. 1952, Boppard am Rhein: Harald Boldt, 1984–1989.【*KPBR* と略】

Verhandlungen des Deutschen Bundestages, 1. Wahlperiode, Stenographische Berichte, Bd. 1–17, Bonn, 1949–1953.【*VDB, 1. WP* と略】

Vogel, Rolf（Hg.）, *Deutschlands Weg nach Israel. Eine Dokumentation*, mit einem Geleitwort von Konrad Adenauer, Stuttgart: Seewald Verlag, 1967（*The German Path to Israel: A Documentation*, London: Wolff, 1969）

Vogel, Rolf（Hg.）, *Der deutsch-israelische Dialog. Dokumentation eines erregenden Kapitels deutscher Außenpolitik*, 8 Bde., München / New York / London / Paris: Saur, 1987–1990.【*Dialog* と略。特に本稿では政治篇の Teil I: Politik, Bd. 1 を主に使用】

個人の日記・書簡集・回顧録・インタビュー・演説集

Adenauer, Konrad（1965）, *Erinnerungen 1945–1953*, Stuttgart: Deutsche Verlags-Anstalt（佐瀬昌盛訳『アデナウアー回顧録』I・II、河出書房、一九六八年）.

Adenauer, Konrad（1966）, *Erinnerungen 1953–1955*, Stuttgart: Deutsche Verlags-Anstalt, bes. S. 132–162.

Adenauer, Konrad（1984）, *Teegespräche 1950–1954*, bearb. von Hanns Jürgen Küsters, Berlin: Siedler.

Adenauer, Konrad (1987), *Briefe 1951–1953*, bearb. von Hans Peter Mensing, Berlin: Siedler.
Blankenhorn, Herbert (1980), *Verständnis und Verständigung. Blätter eines politischen Tagebuchs 1949 bis 1979*, Frankfurt a.M. / Berlin / Wien: Propyläen, bes. S. 138–142.
Böhm, Franz (1976), "Das deutsch-israelische Abkommen 1952," in: Dieter Blumenwitz et al. (Hg.), *Konrad Adenauer und seine Zeit. Politik und Persönlichkeit des ersten Bundeskanzlers*, Bd.1: Beiträge von Weg- und Zeitgenossen, Stuttgart: Deutsche Verlags-Anstalt, S. 437–465.
Goldmann, Nahum (1976), "Adenauer und das jüdische Volk," in: Dieter Blumenwitz et al. (Hg.), *Konrad Adenauer und seine Zeit. Politik und Persönlichkeit des ersten Bundeskanzlers*, Bd.1: Beiträge von Weg- und Zeitgenossen, Stuttgart: Deutsche Verlags-Anstalt, S. 427–436.
Goldmann, Nahum (1980), *Mein Leben als deutscher Jude*, München: Langen Müller.
Heuss, Theodor (1984), *Politiker und Publizist. Aufsätze und Reden*, ausgewählt und kommentiert von Martin Vogt, Tübingen: Wunderlich.
Lenz, Otto (1989), *Im Zentrum der Macht. Das Tagebuch von Staatssekretär Lenz 1951–1953*, bearb. von Klaus Gotto, Hans-Otto Kleinmann und Reinhard Schreiner, Düsseldorf: Droste.
Schmid, Carlo (2008), *Erinnerungen*, 2. Aufl., Stuttgart: S. Hirzel (zuerst 1979).
Shinnar, Felix E. (1967), *Bericht eines Beauftragten. Die deutsch-israelischen Beziehungen 1951–1966*, mit einem Vorwort von David Ben Gurion und Konrad Adenauer, Tübingen: Wunderlich.

参考・引用文献

Albrecht, Willy (1989), "Ein Wegbereiter: Jakob Altmaier und das Luxemburger Abkommen," in: Ludolf Herbst und Constantin Goschler (Hg.), *Wiedergutmachung in der Bundesrepublik Deutschland*, München: R. Oldenbourg, S. 205–213.

Berggötz, Sven Olaf (1998), *Nahostpolitik in der Ära Adenauer. Möglichkeiten und Grenzen (1949–1963)*, Düsseldorf: Droste.

Buettner, Friedmann (2003), "Germany's Middle East Policy: The Dilemmas of a "Policy of Even-Handedness" (Politik der Ausgewogenheit)," in: Haim Goren (ed.) (2003), *Germany and the Middle East: Past, Present, and Future*, Jerusalem: Hebrew University Magnes Press, pp. 115–159.

Feldman, Lily Gardner (1984), *The Special Relationship between West Germany and Israel*, Boston: Allen & Unwin.

Feldman, Lily Gardner (2012), *Germany's Foreign Policy of Reconciliation: From Enmity to Amity*, Lanham: Rowman & Littlefield, esp. Ch. 4.

Frohn, Axel (ed.) (1991), *Holocaust and Shilumim: The Policy of Wiedergutmachung in the Early 1950s*, German Historical Institute, Washington, D.C., Occasional Paper No. 2.

Gillessen, Günther (1986), *Konrad Adenauer and Israel. The Konrad Adenauer Memorial Lecture 1986*, Oxford: St. Antony's College.

Goren, Haim (ed.) (2003), *Germany and the Middle East: Past, Present, and Future*, Jerusalem: Hebrew University Magnes Press.

Goschler, Constantin (1992), *Wiedergutmachung. Westdeutschland und die Verfolgten des Nationalsozialismus (1945–1954)*, München: R. Oldenbourg, bes. Kap. 6.

Hansen, Niels (2004), *Aus dem Schatten der Katastrophe. Die deutsch-israelischen Beziehungen in der Ära Konrad Adenauer und David Ben Gurion*, 2. Aufl., Düsseldorf: Droste (zuerst 2002).

Hindenburg, Hannfried von (2007), *Demonstrating Reconciliation: State and Society in West German Foreign Policy toward Israel, 1952–1965*, New York: Berghahn.

Hockerts, Hans Günter (2001), "Wiedergutmachung in Deutschland. Eine historische Bilanz 1945–2000," *Vierteljahrshefte für Zeitgeschichte*, 49. Jg., Heft 2, S. 167–214.

Jelinek, Yeshayahu A. (2003), "Like a Ball in the Field: Israel between the Two Germanies, 1949–1965," in: Haim Goren (ed.), *Germany and the Middle East: Past, Present, and Future*, Jerusalem: Hebrew University Magnes Press, pp. 291–303.

Jelinek, Yeshayahu A. (2004a), *Deutschland und Israel 1945–1965. Ein neurotisches Verhältnis*, München: R. Oldenbourg.

Jelinek, Yeshayahu A. (2004b), "Adenauer – Ben Gurion – Sharett – Goldmann und die Entwicklung der deutsch-israelischen Beziehungen," in: Hanns Jürgen Küsters (Hg.), *Adenauer, Israel und das Judentum*, Bonn: Bouvier, S. 15–26.

Jena, Kai von (1986), "Versöhnung mit Israel? Die deutsch-israelischen Verhandlungen bis zum Wiedergutmachungsabkommen von 1952," *Vierteljahrshefte für Zeitgeschichte*, 34. Jg., Heft 4, S. 457–480.

Köhler, Henning (1994), *Adenauer. Eine politische Biographie*, Berlin / Frankfurt a.M.: Propyläen, bes. S. 698–722.

Krekel, Michael W. (1996), *Wiedergutmachung. Das Luxemburger Abkommen vom 10. September 1952*, Bad Honnef: Stiftung Bundeskanzler-Adenauer-Haus (Rhöndorfer Hefte: Bd. 1).

Küsters, Hanns Jürgen (Hg.) (2004), *Adenauer, Israel und das Judentum*, Bonn: Bouvier (Rhöndorfer Gespräche: Bd. 20).

Mensing, Hans Peter (2004), "Adenauers Beziehungen zu jüdischen Bürgern während seiner Kölner Oberbürgermeisterzeit und im Dritten Reich," in: Hanns Jürgen Küsters (Hg.), *Adenauer, Israel und das Judentum*, Bonn: Bouvier, S. 117–136.

Mertens, Lothar (2006), *Deutschland und Israel. Ausgewählte Aspekte eines schwierigen Verhältnisses*, Berlin: Duncker & Humblot.

Neumann, Elisabeth Noelle, und Erich Peter Neumann (1956), *Jahrbuch der öffentlichen Meinung 1947–1955*, Allensbach am Bodensee: Verlag für Demoskopie.

Primor, Avi (2004), "Adenauer, Israel und Deutschland," in: Hanns Jürgen Küsters (Hg.), *Adenauer, Israel und das Judentum*, Bonn: Bouvier, S. 96–107.

Raider, Mark A. (ed.) (2009), *Nahum Goldmann: Statesman without a State*, Alvany: State University of New York Press.

Ramscheid, Birgit (2006), *Herbert Blankenhorn (1904–1991). Adenauers außenpolitischer Berater*, Düsseldorf: Droste, bes. S. 189–204.

Sagi, Nana (1989), "Die Rolle der jüdischen Organisationen in den USA und die Chaims Conference," in: Ludolf Herbst und Constantin Goschler (Hg.), *Wiedergutmachung in der Bundesrepublik Deutschland*, München: R. Oldenbourg, S. 99–118.

Schwartz, Thomas A. (1991), *America's Germany: John J. McCloy and the Federal Republic of Germany*, Cambridge, Mass.: Harvard University Press, esp. pp. 175–184.

Schwarz, Hans-Peter (1986), *Adenauer. Der Aufstieg: 1876–1952*, Stuttgart: Deutsche Verlags-Anstalt.

Schwarz, Hans-Peter (1992), "Dannie N. Heinemann und Konrad Adenauer im Dialog (1907–1962)," in: Karl Dietrich Bracher et al. (Hg.), *Staat und Parteien. Festschrift für Rudolf Morsey zum 65. Geburtstag*, Berlin: Duncker & Humblot, S. 803–825.

Shafir, Shlomo (1989), "Die SPD und die Wiedergutmachung gegenüber Israel," in: Ludolf Herbst und Constantin Goschler (Hg.), *Wiedergutmachung in der Bundesrepublik Deutschland*, München: R. Oldenbourg, S. 191–204.

Sietz, Henning (2003), *Attentat auf Adenauer. Die geheime Geschichte eines politischen Anschlags*, Berlin: Siedler.

Trimbur, Dominique (2003), "American Influence on the Federal Republic of Germany's Israel Policy, 1951–1956," in: Haim Goren (ed.), *Germany and the Middle East: Past, Present, and Future*, Jerusalem: Hebrew University Magnes Press, pp. 263–289.

Weingardt, Markus A. (2002), *Deutsche Israel- und Nahostpolitik. Die Geschichte einer Gratwanderung seit 1949*,

Frankfurt a.M.: Campus Verlag, bes. S. 61-179.

Wolffsohn, Michael (1987), "Die Wiedergutmachung und der Westen. Tatsachen und Legenden," *Aus Politik und Zeitgeschichte*, B 16-17, S. 19-29.

Wolffsohn, Michael (1988), "Das deutsch-israelische Wiedergutmachungsabkommen von 1952 im internationalen Zusammenhang," *Vierteljahrshefte für Zeitgeschichte*, 36. Jg., Heft 4, S. 691-731.

石田勇治（二〇〇二）『過去の克服――ヒトラー後のドイツ』白水社。

板橋拓己（二〇一四）『アデナウアー――現代ドイツを創った政治家』中公新書。

ヴォルフゾーン、ミヒャエル（一九九五）『ホロコーストの罪と罰――ドイツ・イスラエル関係史』雪山伸一訳、講談社現代新書（Michael Wolffsohn, *Ewige Schuld? 40 Jahre deutsch-jüdisch-israelische Beziehungen*, München: Piper, 1988）。

葛谷彩（二〇一一）「ナチス時代の強制労働者補償問題――「終わることのない責任」?」『社会科学論集』（愛知教育大学）第四九号、一二七〜一六八頁。

ゴシュラー、コンスタンティン（二〇一一）「第二次世界大戦後のヨーロッパの協調において補償が果たした役割」（武井彩佳訳）、佐藤健生／ノルベルト・フライ編『過ぎ去らぬ過去との取り組み――日本とドイツ』岩波書店、三〜二七頁。

武井彩佳（二〇〇五）『戦後ドイツのユダヤ人』白水社。

武井彩佳（二〇〇八）『ユダヤ人財産はだれのものか――ホロコーストからパレスチナ問題へ』白水社。

武井彩佳（二〇一二）「微妙なドイツとの関係――「殺人者の国」から「パートナー」へ」立山良司編『イスラエルを知るための60章』明石書店、三〇六〜三一〇頁。

武井彩佳（二〇一七）『〈和解〉のリアルポリティクス――ドイツ人とユダヤ人』みすず書房。

田村円（二〇一一）「ナチズム体制崩壊後の「ドイツ＝ユダヤ関係」の展開一九四五－一九五二」日独共同大学院プ

ログラム（東京大学＝ハレ大学）ワーキングペーパーシリーズ第五号。

前田直子（二〇〇〇）「ルクセンブルク補償協定の成立過程とその意義」『研究報告集』（独協大学大学院外国語学研究科）第一三号、三七～五五頁。

前田直子（二〇〇一）「ルクセンブルク協定の成立過程におけるＳＰＤの動き」『研究報告集』（独協大学大学院外国語学研究科）第一四号、六三～七一頁。

矢野久（二〇〇六）「賠償と補償」『20世紀の中のアジア・太平洋戦争』（岩波講座　アジア・太平洋戦争8）岩波書店、一七七～二〇三頁。

山田敏之（一九九六）「ドイツの補償制度」国立国会図書館調査立法考査局『外国の立法』第三四巻三・四号（特集「戦後補償」）、八～五四頁。


【付記】本章は、拙稿「ドイツとイスラエルの「和解」――道義と権力政治のはざまで」（『アジア太平洋研究』第三九号、二〇一四年、一一一～一二七頁）に、新たな史資料を取り込みつつ、大幅な加筆修正を施したものである。

第4章　ブラントの「東方政策」と対ポーランド関係
——ワルシャワ条約調印への道——

妹尾　哲志

はじめに

本章では一九六九年にドイツ連邦共和国（以下、西ドイツ）の首相に就任するヴィリー・ブラント（Willy Brandt, 1913-92）が推進する「東方政策」について、一九七〇年一二月に調印されたポーランドとのワルシャワ条約の成立過程に注目する。「東方政策」における対ポーランド関係といえば、ワルシャワ条約調印の際にブラントがゲットー記念碑の前で跪《ひざまず》いたシーンが、ドイツの過去に対する取り組みを象徴するとしてしばしば取り上げられる（cf. Lind 2010; Behrens（Hg.）2010; Schneider 2006; Wolffsohn/ Brechenmacher 2005; Rother 1999）。ただ注目されるのは、そもそもブラントが跪いた当時の西ドイツとポーランドの関係（以下、独ポ関係）において、条約交渉過程で両国間の様々な争点についてどのように妥結に至ったかに関する詳細な分析が稀という点である。東西対立を基調とする冷戦時代に、西ドイツが東側諸国との関係改善を図る「東方政策」の一環として調印されたワルシャワ条約の成立過程は実に困難に満ちていた。そこでは、ポーランドの「西部国境」としてのオーデル・ナイセ線の承認問題や経済問題に加え、戦後もポーランドに残されたいわゆる残留ドイツ人の問題などの人道問題が複雑に絡み合っていたのである。

この独ポ関係改善に関しては、ブラント自身も認めるように、西ドイツにとっての倫理的側面の優先順位の高さが従来から指摘されていた（Brandt 1976: 529; Bingen 1998: 113）。一方でワルシャワ条約において経済問題の果たした役割に注目する研究や（Newnham 2007）、両国の一次史料などを利用した研究が発表されているなかで、邦語でも戦後の東部ドイツ領の事実上の放棄に焦点を当て詳細に分析した研究も出されるなど独ポ関係改善に関する研究が蓄積されてきている。[1] 無論ブラント政権の「東方政策」自体は、別で論じたように東側の盟主たるソ連や東ドイツとの交渉に優先的に取り組まれたのであり、[2] 独ポ関係も並行したこれらの交渉との関連で理解される必要がある。しかしその点も踏まえながら、ワルシャワ条約の交渉過程を両国が特に激しく対立した国境問題や人道問題を軸に整理した研究はまとめられていないようである。本章は西ドイツ外交からの視点が中心になるものの、従来詳細に辿られることの少なかったこの交渉過程を未刊行史料等も用いながら検討することで、独ポ関係改善について「跪いたブラント」やドイツの謝罪といった点とは異なる角度から把握することを目指す。[3]

1 戦後西ドイツ外交と対ポーランド関係

(1) 戦後ドイツにおける東部国境問題——一九六〇年代前半までのオーデル・ナイセ線問題を中心に

第二次世界大戦後に成立した西ドイツとポーランドの関係を考えるうえでまず重要なのは、戦中戦後の混乱のなかで東部ドイツ領などから「追放」されたドイツ人の問題である。

そもそも一八世紀末の三度にわたる「ポーランド分割」や、第二次世界大戦時のアドルフ・ヒトラー(Adolf Hitler, 1889–1945)とヨシフ・スターリン(Joseph Stalin, 1878–1953)による「第四次分割」に代表されるように、ドイツのポーランド政策には歴史的に否定的なイメージが強い(Bingen 1998: 1)。なかでも、第二次世界大戦期の犠牲者の数は統計により異なるが、一説にポーランド人の犠牲者は三〇〇万人にのぼるとされる。一方、大戦末期にナチス・ドイツが東部戦線で敗走を重ね、さらに戦勝国によるポツダム協定において、ポーランドの領土自体の「西方移動」に伴うドイツ人住民の「秩序的かつ人道的」な移送が合意されたにもかかわらず、彼らは事実上「追放」され強制的に移住させられた(地図)。他方で後述するように、ポーランド領内にはドイツ人が約一〇〇～二〇〇万人残留したとされ(「残留ドイツ人」)、彼らの処遇に関しても西ドイツとポーランドの交渉過程で争われることになる(4)。

この「追放」されたドイツ人(いわゆる「被追放者(Vertriebene)」)や残留ドイツ人をめぐる問題は、戦前の東部ドイツ領の事実上の放棄を意味するオーデル・ナイセ線の承認問題と密接に関連して

図４－１　第二次世界大戦後のドイツ――４連合国による分割占領と領土変更

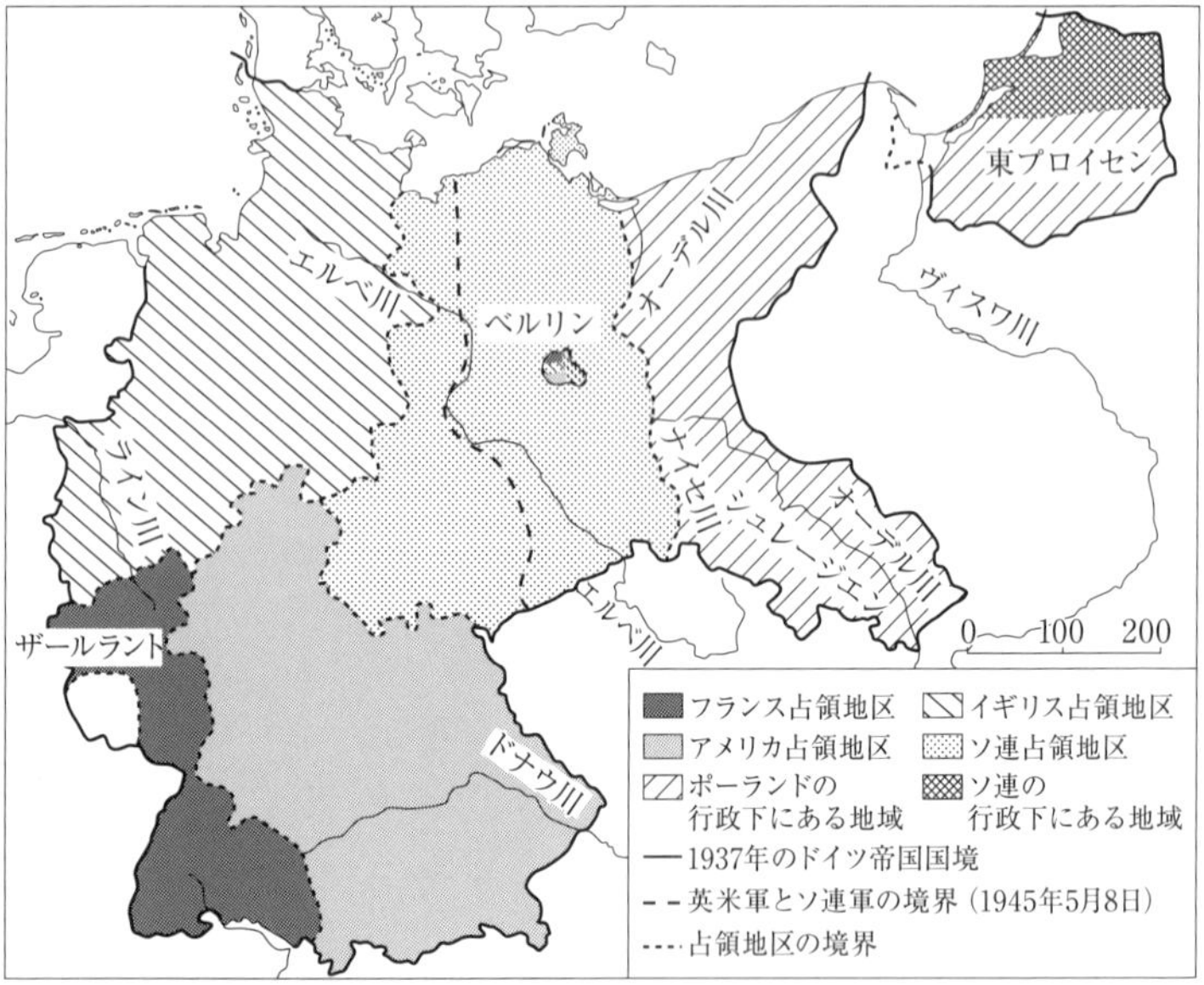

出典：石田勇治（2007）『図説 ドイツの歴史』河出書房新社、89頁をもとに筆者作成。

議論されることになった[5]。西ドイツの歴代政府は、このオーデル・ナイセ線を国境線として受け入れず、戦後ポーランドやソ連の管理下に置かれた領土の回復を主張し続けた。その根拠になったのが、西ドイツが成立した際に制定されたボン基本法における「一九三七年一二月三一日の領土」という規定である。これは一九四四年九月の連合国によるロンドン議定書や四五年六月の「ベルリン宣言」でも明記されており、ドイツが「再統一」した場合の領土にはオーデル・ナイセ線以東も含まれると主張されたのである（佐藤 二〇〇八：第二章、第三章）。

ドイツ分断が確定的でない段階であったポツダム協定においても、「ポーランドの西部国境の最終確定は平和的解決（peace settlement）に委ねられる」とされているように、このオーデル・ナイセ線の承認問題は、ドイツ統一問題と不可分に結びついていた。すなわち、西ドイツにとってオーデル・ナイセ線の承認を拒否することは、将来のドイツ統一の可能性を諦めないことを意味した。しかしポーランドにとっては、事実上管理下に置く領土の「回復」を訴える西ドイツの主張を到底認めることはできず、西側ドイツ国家は「帝国主義」的で「報復主義」的であると非難するのである。

西ドイツは、初代首相コンラート・アデナウアー（Konrad Adenauer, 1876-1967）の下で「西側統合」を推し進め、主権をほぼ回復し北大西洋条約機構（ＮＡＴＯ）への加盟と再軍備を果たした（板橋二〇一四）。一九五四年のパリ諸協定や米英仏と結んだドイツ条約においても、オーデル・ナイセ線以東はあくまで暫定的にポーランドが管理しているのであり、将来の全ドイツ政府との平和条約締結まで国境線は未確定であるとの立場を示した。こうしてオーデル・ナイセ線の承認問題は、西ドイツと東側との「特別な紛争」（Löwenthal 1974）の火種の一つになったのである。

しかしここで注意を要するのは、オーデル・ナイセ線は地理的にポーランドと東ドイツの境界に位置している点である。したがって、そもそもそこを国境線として承認するか否かに関して西ドイツが決定できるのか疑問が生じる。実際に、西ドイツに対抗して成立した東ドイツは、頭越しに国境問題に口出しする西ドイツを批判し、一九五〇年七月にはポーランドとの間でオーデル・ナイセ線を「ドイツとポーランドのあいだの国境」として承認するゲルリッツ条約を締結している。そこでは「両民族を分け隔てるのではなく一体化させる国境」と明言されているが、東ドイツにとっても旧東部ドイツ領の放棄を認めることになるこの内容に全く抵抗がなかったわけではなかった。この問題をめぐってヴァルター・ウルブリヒト（Walter Ulbricht, 1893-1973）とヴワディスワフ・ゴムウカ（Władysław Gomułka, 1905-82）が対立したものの、最終的に東ドイツに同意を決意させたのはソ連の圧力であった（松川 二〇〇六：一〇九～一一〇頁）。

(2) 冷戦初期の西ドイツの「東方政策」——対ポーランド関係を中心に

冷戦下で「西側統合」を推進したアデナウアーは、西側の強化を通じてソ連に対抗して再統一を目指す「力の政策」を掲げた。反共主義者でもあったアデナウアーは、国際社会においてドイツ人を代表する国家は西ドイツのみであるとする「単独代表権」を主張し、東ドイツと国交を結ぶような「敵対的行為」をとる国家（ただしソ連は戦勝国のため例外）とは国交を結ばないとする「ハルシュタイン・ドクトリン」を唱えるなど、東側に真っ向から対決する政策を打ち出した。

したがって、アデナウアーの「東方政策」ではソ連との関係に優先順位が置かれ、ポーランドは二次的に扱われざるをえなかった。この時点では、前述のオーデル・ナイセ線以東の領土を含む一九三七年国境に基づく再統一を掲げる点において、野党であったドイツ社会民主党（ＳＰＤ）もアデナウアー政権と立場を共有していたといえる。たしかに、一九五八年三月に党の有力者カルロ・シュミート（Carlo Schmid, 1896-1979）がポーランドを訪問し、彼は東方政策の「精神的父」と呼ばれることがある。とはいえ党全体としては、一九五九年のゴーデスベルク綱領や六〇年のヘルベルト・ヴェーナー（Herbert Wehner, 1906-80）による「共通の外交政策」によって、従来拒否してきた「西側統合」を基本的に受け入れるなどアデナウアー外交への歩み寄りを見せていた。

一九六一年八月に「ベルリンの壁」が構築され「力の政策」が限界を露呈すると、西ベルリン市長であったブラントやその腹心エゴン・バール（Egon Bahr, 1922-2015）によって「接近による変化」構想が打ち出されるなど、のちのブラント政権の「東方政策」の先駆けとなる東ドイツとの関係構築の試みがなされた。しかしここで留意したいのは、「被追放者」問題に関するこの時期のＳＰＤの態度が強硬であった点である。例えばブラントは、一九六三年六月に旧東部ドイツ領の一部であるシュレージエン人の集会において「領土放棄は裏切り」と叫び（Rehbein 2006: 129-130）、翌六四年の党大会ではヴェーナーが、一九三七年国境の復活を全く要求しないアデナウアーを批判した。与党より急進的ともとれるＳＰＤの姿勢の背景には、一九五七年に設立された「被追放者同盟（Bund der Vertriebenen）」と関係を深めていたことがある。またＳＰＤ内にも旧東部領出身の議員が存在しており、彼らの意向を無視してポーランドとの関係改善に積極的に取り組むことは困難であった。

一方連邦レベルでは、アデナウアーを後継したルートヴィヒ・エアハルト（Ludwig Erhard, 1897-1977）首相とゲルハルト・シュレーダー（Gerhard Schröder, 1910-89）外相によって、「動の政策（Politik der Bewegung）」と呼ばれる「東方政策」が取り組まれた。これはソ連や東ドイツ以外の東欧諸国との経済分野を中心とした関係改善の試みであり、「ハルシュタイン・ドクトリン」を維持しつつ東ドイツを孤立させることを目的とした。その先陣を切ったのが一九六三年三月のポーランドへの通商代表部の設置である。(6) この交渉過程においてポーランド側が、当初オーデル・ナイセ線の承認を要求したもののこれを引き下げ、また東ドイツの反対も押し切った背景には、経済発展のために西ドイツの資金を目当てにしていたことがあった。これに対して西ドイツ側では、領事関係の樹立を目指す声もあがったが、これに伴う治外法権等の外交特権を付与する措置が「ハルシュタイン・ドクトリン」に抵触するため否定的意見が強く、最終的に通商代表部の設置にとどまった。このポーランドを皮切りに、同年一〇月にはルーマニア、一一月にはハンガリーとも通商代表部の設置で合意したのである。一九六六年三月にはエアハルト首相によって東欧諸国に対して、武力不行使に関する交渉を呼びかける「平和ノート」が手交された。これもソ連と東ドイツを対象から外していたが、それ以外の東欧諸国への関係改善の取り組みを「誕生時の欠陥理論（Geburtsfehlerdoktrin）」を根拠に正当化した。この理論では、ポーランドなど東欧諸国が東ドイツと国交を結んでいるのは、東ドイツの成立後間もなくソ連の意向を押し付けられただけであり、したがって「ハルシュタイン・ドクトリン」を適用しないとする。しかしながらこうした「動の政策」は、東側陣営内で東ドイツを孤立させ分裂を図るとして警戒され、この「平和ノート」がかえってソ連や東ドイツの態度の硬化を招くことになった。

このようにエアハルト政権の政策が行き詰まりを見せるなかで、国内では「東方政策」の見直しを求める声があがり始めていた。とりわけポーランドとの関係に関しては、その倫理的歴史的重要性に注目が集まっていたことが特色である。すでに一九六〇年には哲学者カール・ヤスパース（Karl Jaspers, 1883–1969）がオーデル・ナイセ線の無条件の受け入れを語り、ゴーロ・マン（Golo Mann, 1909–94）も六一年頃から旧東部ドイツ領の「放棄」に言及していたが、六二年二月に発表された物理学者カール・フリードリヒ・フォン・ヴァイツゼッカー（Carl Friedrich von Weizsäcker, 1912–2007）ら八人の学者による「テュービンゲン・メモ」が注目を浴びた（Rehbein 2006: 113–121. 佐藤 二〇〇八：一二〇～一二二頁）。これは西ドイツ政府にオーデル・ナイセ線以東の領土の放棄を要求し、各方面から反響があったものの、ブラントらの属するSPDの反応は当初鈍かった。これも前述した「被追放者」への配慮があり、[7] こうした動きに同調することで「祖国なき輩」という批判を回避しようとしたことがある。その後SPDは、一九六五年の連邦議会選挙の敗北後にCDU／CSUとの「差異化」を図るなかで（網谷 一九九四）、ブラントの側近バールの「接近による変化」構想を軸とした新たな「東方政策」を練り上げていくことになる。

こうした政府レベルとは別に独ポ関係で看過できないのは、対話の試みが教会によっても要求された点である。一九六五年一〇月にドイツ福音主義教会（EKD）が発表した『被追放者の状況と東方諸国との関係に関して――福音主義の覚書』は、「東部の隣人との和解」のためにも旧東部領に関する再検討の必要性を指摘した（Rehbein 2006: 160-168. ヴィンクラー 二〇〇八：二二四〜二三〇頁）。これはカトリック教会から批判されたが、同年一二月にはカトリック司教団も、ポーランドの司教団の書簡を受けた形で対話の努力への支持を表明している（Rehbein 2006: 175-180; Boll 2006. ヴィンクラー 二〇〇八：二二七頁、佐藤 二〇〇八：一二二七頁）。これら教会の動きは、政府間関係とは異なるレベルで対話の試みが積極化の兆しを見せていたことを示すものの、[8] それらが実質的な成果を出すにはブラント政権の「東方政策」の本格化を待たねばならなかった。

エアハルト政権が崩壊した後、一九六六年一二月にCDUのクルト・ゲオルク・キージンガー（Kurt Georg Kiesinger, 1904-88）を首班として成立した大連立政権では、戦後初めてSPDが政権に参加し、ブラントが副首相兼外相に、ヴェーナーが東ドイツとの関係を扱う全ドイツ問題担当相として入閣した。大連立政権の「東方政策」は、ソ連や東ドイツに対しても交渉を呼びかけ、六七年一月にはルーマニアとの国交樹立の成果を出したものの、「ハルシュタイン・ドクトリン」がやはり足枷になる。すなわち、交渉の前提条件として東ドイツは「国際法的承認」を掲げるなど強硬な態度を示し、結果としてソ連や東ドイツとの対話の試みは行き詰まってしまう。さらには、いわゆる「プラハの春」を進めようとするチェコスロヴァキア政府と折衝を重ね通商代表部の設置に漕ぎ着けるが、これも六八年八月のソ連をはじめとしたワルシャワ条約機構軍による軍事侵攻によって「プラハの春」が弾圧されたため対話が頓挫した。ソ連や東ドイツは、エアハルト政権下での「平和ノート」に対する反応と同様に、大連立政権の「東方政策」が東側陣営の分断を企図する試みであると強く反発したのである。

したがって大連立政権下ではポーランドとの交渉も進展を見せなかった。ポーランドは、西ドイツとルーマニアの国交樹立を受け、東側陣営内の連携を深めようとする東ドイツとともに、大連立政権にむしろ強硬な態度をとるようになったのである（Jarząbek 2006）。一方大連立政権下では、外務省政策企画室長に着任したバールが、一九六七年一二月に駐墺ポーランド大使とウィーンで会談を行ったが、国境問題に関する西ドイツ側の強硬な態度が原因となってポーランド側から打ち切られてしまう（Stehle 1995; Ruchniewicz 2010: 107）。オーデル・ナイセ線の承認問題の合意なしでの関係改善の試みの限界は明らかであった。

こうしたなかで、この問題に関して踏み込んだ発言を行ったのが外相ブラントであった。一九六八年三月にニュルンベルクで開催されたＳＰＤの党大会で、オーデル・ナイセ線に関して「平和条約的規制まで承認ないし（bzw.）尊重」することを言明したのである。この発言が連立政権内で大きな波紋を呼ぶことになった。首相キージンガーが「平和条約的規制まで尊重」には賛同しつつ、「承認」の文言に苦言を呈したのに対し（Marx（bearb.）2013: Dok. 10a）、ブラントはここでの「承認」は「法的承認」を意味しないと釈明する一方、「政治的な意味」で受容すべき事実があると述べ、CDU／CSUとの相違を浮き彫りにしたのである。

一方ポーランド側の態度は、一九六八年八月のプラハ侵攻を一つの契機として変化を見せていた。プラハ侵攻後にソ連によって発表されたいわゆる「制限主権論（ブレジネフ・ドクトリン）」は、東側陣営の引き締めを図るものであったが、その後六九年三月のブダペスト声明ではオーデル・ナイセ線の承認を交渉の前提条件から取り下げた。さらに同年五月には、ゴムウカが国境問題に関する条約を提案する（Tomala 2000: 271–274; Stokłosa 2011: 154–157）[9]。これはソ連や東ドイツには事前に相談がなく懸念が広がった一方で（Stokłosa 2011: 224–225, 237）、ブラントは次のように積極的に評価した。すなわち、ポーランドとの和解はフランスとのそれと同様の歴史的重要性を持ち、「国境問題を含む武力不行使宣言に関する交渉」の用意があると表明したのである（Ruchniewicz 2010: 108）。

とはいえ、大連立政権内では国境問題に関して慎重な意見が依然として根強かった。例えば、ブラントを後継して西ベルリン市長を務めていたクラウス・シュッツ（Klaus Schütz, 1926–2012）がオーデル・ナイセ線の承認に関して発言したことに対し、キージンガーをはじめCDU／CSUが猛反発したのである。このオーデル・ナイセ線の問題は、前述のように東ドイツの承認問題とも密接に関わっており、政権内の対立を解消できないまま九月の連邦議会選挙を迎えることになる。

2　ブラント政権の「東方政策」とワルシャワ条約調印への道

一九六九年九月の連邦議会選挙の結果、第二党のSPDと第三党の自由民主党（FDP）が組閣してブラントを首班とする内閣が成立した。一〇月の施政方針演説では、自ら「解放されたドイツの首相」であるとして歴代首相との違いを鮮明に打ち出した。「ドイツの二つの国家」の存在を初めて認め「ハルシュタイン・ドクトリン」を事実上放棄したうえで、ソ連や東ドイツを含む東側諸国に武力不行使宣言に関する交渉を呼びかけたのである。

対ポーランド関係については、ブラントは倫理的側面を強調する一方、国境問題に関しては先述のゴムウカ提案への対応を踏襲し、「国境条項」を武力不行使に関する条約のうちに設ける立場であった（Bingen 1998: 116）。一方ポーランド側はCDUよりもSPDに期待を示しており（Jarząbek 2010: 78）、ブラントの交渉への熱意を高く評価した。この両国の接近を警戒したのは東ドイツである。東ドイツは、国境承認問題に関して西ドイツとポーランドが頭越しに条約を結ぶことにあらためて反発した（Stokłosa 2011: 232）。ところがポーランド側は、東ドイツが不安定になり危機に陥ることに関してソ連に注意を促しており（松川 二〇〇六：一一三頁）、このことはポーランドがソ連の影響力の強さを認識していたことを示している。

ブラントが新たに「東方政策」を推進するにあたっては、すでに多くの先行研究が指摘するように、首相府主導でソ連や東ドイツとの交渉に先駆けて取り組まれた。しかしブラントが対ポーランド関係を決して疎かにしたわけではないことは、前政権で外務次官を務めたゲオルク・デュクヴィッツ（Georg Duckwitz, 1904–73）を交渉担当者に据えたことに現れている。デュクヴィッツは、外交官としてナチス政権下でデンマークに勤務していた際に、収容所送り予定だった約七〇〇〇人のユダヤ人のスウェーデンへの脱出を手助けした過去を持っていた。戦後は一九五八年から外務省東方局長（Leiter der Ostabteilung）としてポーランドへのハルシュタイン・ドクトリンの適用に反対している。その後六五年に自身の希望で早期退職したものの、六七年一〇月に大連立政権下の外相ブラントに呼び戻され外務次官として復帰するなど、ブラントの信頼も厚いものがあった。なお、のちのことになるが七一年にはイスラエル政府から「諸国民の中の正義の人（Righteous among the Nations、「正義の異邦人」とも）」を授与されている[10]。

このように新たな「東方政策」を進めようとするブラント政権に対して、野党に転落したＣＤＵからは、対ポーランド交渉に関して三つの要求が掲げられた。すなわち、①被追放者を考慮しない形での交渉には応じないこと、②国境の最終画定は平和条約的規制を通じてのみ行われること、③残留ドイツ人問題も交渉の俎上にのせること、である（Bingen 1998: 118）。そして一九七〇年二月二五日からの連邦議会審議では、とりわけ対ポーランド交渉に関する政府からの情報不足を非難した（Bingen 1998: 124）。ブラント政権は、こうした国内の反対派を常に意識して交渉にのぞむことになる。

両国の交渉は一九七〇年二月からワルシャワで開始された。まず西ドイツ側はデュクヴィッツ、ポーランド側はユゼフ・ヴィニエヴィチュ（Józef Winiewicz, 1905–84）外務副大臣が折衝を重ねた。以下ではその交渉準備から時系列に沿って見ていくことにする。

(1) 交渉開始——第一ラウンドから第三ラウンドまで

ブラント政権の「東方政策」については、前政権時に外務省政策企画室長のバールを中心に政策構想を準備していたことが、政権成立後の迅速な交渉開始を可能にしたと指摘され、前述したように基本的にはまずソ連および東ドイツとの交渉に優先的に取り組まれた。対ポーランド交渉に関しても、政策企画室で交渉案を準備していたものの、交渉開始当初に特に条約草案や国境問題に関する条文が用意されていたわけでなく、前出の六八年三月の党大会でのブラントの発言が基礎になった（Bingen 1998: 122）。ただし国境問題に関して西ドイツがポーランドと合意すると、ドイツ統一問題に関する米英仏の権限を明記したドイツ条約に抵触する可能性が指摘されていた。ブラントがユゼフ・チランケヴィッチ（Józef Cyrankiewicz, 1911–89）首相に送付した書簡で訴えたように、こうした制約の下でいかに「納得のいく」文言を探るかが大きな課題となったのである（*AAPD* 1969, Dok. 414）[11]。一方、離散家族や残留ドイツ人の問題に関しては、当初大連立政権下で準備された交渉案に含まれていなかったが（Bingen 1998: 117）、交渉が進行するなかで「東方政策」に対する国内の批判論に配慮する必要性から、次第に重要性を増すことになる。

そして見逃せないのは並行していた経済協力に関する交渉である。これは一九六九年一〇月に開始され、翌七〇年一月二二日から二四日にはポーランドの大臣として初めて対外貿易相が西ドイツを訪問した（Newnham 2007: 253）。この経済問題に関する交渉の動向は国交正常化交渉に少なからぬ影響を与え続けることになる。

二月五日と六日にデュクヴィッツがワルシャワに赴き、いよいよ交渉が開始された。まず注目されるのは、デュクヴィッツが国境問題をひとまず脇に置き、人的交流拡大などの分野に関する限定協定に関して先駆けて交渉することを提案したことである。しかしポーランド側は、国境問題に優先順位を高く置いていたためこれを拒絶した。ただ西ドイツ側は、既述のように国境線は平和条約によって最終的に画定されるのであり、それまでは戦勝四カ国の権限に服するという立場をとっていた。ポーランドの頑迷な態度は、国境問題について両者の満足する条項で合意することの困難さをデュクヴィッツに知らしめた（Niedhart 2010: 58; Stokłosa 2011: 182）。一方でデュクヴィッツは、西ドイツ国内状況への配慮や残留ドイツ人の出国問題での譲歩を要請することも忘れなかった。交渉自体は友好的な雰囲気のなかで進められたが、人的交流などの問題を重視する西ドイツと、国境問題を優先するポーランドが反目する構図が早くも現れていた。

第二ラウンドは三月九日から一一日にかけて行われた。先だって二月末にポーランド側から条約草案が提示されたのを受け、西ドイツ側も武力不行使を内容とする草案を提示したものの（*AAPD* 1970, Dok. 85）、これは西側三国との意見調整が不十分だったため具体性を欠いたうえに、国境問題をめぐる双方の対立のため進展がなかった（Stokłosa 2011: 197–198; *AAPD* 1970, Dok. 141）。さらにポーランド側は、残留ドイツ人問題が内政干渉にあたると反発した。これに対し一〇日の秘密会談では、デュクヴィッツが再度、ブラント政権が連邦議会の議席数において野党に対し僅差で成立していることへの配慮を求めている（Stokłosa 2011: 199）。しかし交渉に進展が見られないことから、デュクヴィッツは、帰独後のヴァルター・シェール（Walter Scheel, 1919–2016）外相への報告にあるように、従来のポーランド立場を修正しない限り交渉自体失敗に帰すると危機感を募らせた。この国境問題に対するポーランド側のこだわりは、並行していた経済協力に関する折衝にも影を落としており、ここでもポーランド側が政治問題とのリンケージを拒否する一方で（Bingen 1998: 125）、西ドイツ側はポーランド側が明らかにリンケージを意識しているとの見方を示していた（*AAPD* 1970, Dok. 121）。西ドイツ側は、ポーランド側の草案を検討しつつ、とりわけ国境問題を中心に妥協案を模索していくことになる（*AAPD* 1970, Dok. 128）。

こうした交渉の行き詰まりを受けて、ブラントもチランケヴィッチ首相への書簡をあわせて持たせるなど積極的に関与を試みた(12)。西ドイツ国内では、経済関係が深化することでポーランドから安価な輸入品が増加することを危惧する産業界や被追放者団体など、交渉に対する反対意見も目立ちつつあった。政府は、三月二五日にバールとデュクヴィッツがＣＤＵ／ＣＳＵ議員団に交渉状況を報告するなど野党対策に取り組み、野党とのいわば「暫定協定」を経て翌月ブラントは訪米した。ここでブラントはリチャード・ニクソン（Richard Nixon, 1913–94）米大統領からオーデル・ナイセ線の問題に関して了解を得たうえで（*AAPD* 1970, Dok. 153; Bingen 1998: 126–127）、再びポーランドとの交渉にのぞむのである。

第三ラウンドに向けた準備においてまず焦点となったのは、武力不行使と国境問題をどのように関連づけるかであった（*AAPD* 1970, Dok. 155）。ポーランド側の強硬な立場に直面し、当初の武力不行使に関する条約案からの修正を迫られたのである。そこで国境問題に関して、武力不行使に関する条項と併せて、ポーランドの西部国境の不可侵を内容とする条項を準備することが提案された。しかしこの条項において国境を最終画定するのではなく、前述のようにドイツ条約等を通じて将来への可能性の留保を追求することとした。さらに離散家族の再会に関しても、対ポーランド交渉に関する少しでも幅広い理解を国内で得たうえで、条約内で言及すべきであることが改めて確認された。しかし四月一四日の首相ブラントとの協議を経て、外務省内では国境問題に関する条項内において、将来の可能性の確保をより強調する方向性が示された（*AAPD* 1970, Dok. 158）。なぜなら先行して交渉されている対ソ条約と異なり、対ポ条約にはポーランドの西部国境に関する条項が含まれることが確実と考えられたからである。すでに述べたようにブラント政権の「東方政策」では対ソ交渉に優先的に取り組まれたものの、国境問題に関して対ポーランド関係の特殊性が交渉姿勢に反映されたのであった。

そして四月二二日から二四日の第三ラウンドでは、デュクヴィッツが新たに提示した作業文書において、国境問題について踏み込んだ提案を行った（*AAPD* 1970, Dok. 174）。そこではまず、ドイツ条約に代表されるようにドイツ全体およびベルリンに関する戦勝国の権利と責任によって、西ドイツ政府の交渉能力が制約を受けている点を強調し、あくまで国境問題に関する最終決定は将来の全ドイツ政府による平和条約的規制まで棚上げされるという立場を繰り返し伝えた。そのうえで、オーデル・ナイセ線をポーランドの西部国境とすることを明記し、また武力不行使に関する条文と国境問題に関するそれとの順序について、後述するソ連との条約とは異なり、ポーランドとの条約では後者を先に置くなど、ポーランド側のこだわりに配慮した提案を行ったのである（Brandt 1989: 211; Niedhart 2010: 58-59）。この提案に対しては、西ドイツのメディアから西側同盟国の同意がなかったと批判されたが、前述のようにニクソンからはオーデル・ナイセ線問題に関して概ね了解を得ていた。

しかしポーランド側は、オーデル・ナイセ線の「事実上の」承認ではなく「法的」承認を要求し、さらに棚上げでなくこの交渉をもって国境を画定すべきとする強硬な立場を崩さなかった（Stokłosa 2011: 201）。また西ドイツ側の作業文書が離散家族の再会や文化交流、旅行問題等の「二次的な」問題に偏っている点を批判したうえで（Stokłosa 2011: 184–185）、ポーランド国内の世論を考慮し、条約前文でドイツが行ってきた過去の行為に関して言及する必要性も訴えている（*AAPD* 1970, Dok. 180）。ポーランド側がドイツに対して抱えるこうした「トラウマ」を緩和するためにも、国境を画定することで二度とドイツがポーランドに領土回復を求めないという保障を獲得することが重要だったのである。ヴィニエヴィチュは、ゴムウカこそがこのような「トラウマ」の緩和に向けた独ポ和解に熱心であり、六五歳になった彼にとって条約締結が一つの集大成に位置づけられていることを伝えた（*AAPD* 1970, Dok. 183）。

またこの第三ラウンドで明らかになったのは、並行する経済協力に関する交渉の停滞に対するポーランド側の苛立ちである。すでに第三ラウンド直前にヴィニエヴィチュは、西ドイツ側に対して、経済問題に関する交渉で譲歩を示すことで関係改善の意欲を見せるべきと迫っていた（*AAPD* 1970, Dok. 170）。そして第三ラウンドにおいても、七一年から予定される五カ年計画のためにも経済関係の強化を働きかけており、このポーランド側の焦りにデュクヴィッツも気づいていた（*AAPD* 1970, Dok. 178）。こうしたポーランド側の態度は、従来の通商代表部の交換から両国の領事関係に発展させるという提案にも看取できる（*AAPD* 1970, Dok. 191）。最終日にもヴィニエヴィチュは、経済交渉の頓挫が独ポ関係全体に悪影響を及ぼす恐れがあると繰り返している（*AAPD* 1970, Dok. 183）。

なおこの第三ラウンドに際して西ドイツ国内では、オーデル・ナイセ線の承認を受け入れるようにデュクヴィッツに指示が出ているといった報道が出ており、これを受けて連邦議会の外交委員会で特別会議が開催された（*AAPD* 1970, Dok. 181; Dok. 190）。会議では、野党だけでなく与党の議員からも、シェール外相に対してとりわけ国境問題に関する厳しい追及がなされ、シェールも国境問題が最終解決されるわけではないという従来の見解を繰り返すのが精いっぱいであった。第三ラウンドを終えたデュクヴィッツも、国境問題に関する両国間の意見の隔たりは大きく、双方の接近には長い時間を要するとの見解を示している（*AAPD* 1970, Dok. 188）。このようにポーランド側と西ドイツ世論の板挟みに遭う形で、外務省では国境問題に対する交渉姿勢の再検討が進められた（*AAPD* 1970, Dok. 208）。

(2)　「バール文書」の合意から第四ラウンドへ

第三ラウンド終了後、並行していた対ソ交渉で決定的な進展があった。バールとソ連外相アンドレイ・グロムイコ（Andrei Gromyko, 1909–89）の予備折衝の成果であるいわゆる「バール文書」において、オーデル・ナイセ線に関して尊重する趣旨で西ドイツとソ連が合意したのである。合意に至る最終段階でバールは、オーデル・ナイセ線の「承認」について、戦勝国の権限を侵害するとの観点から西ドイツはもちろん西側三国も受け入れられず、あくまで対ポーランド交渉ですでに提案した文言でのみ受け入れ可能であると主張した（*AAPD* 1970, Dok. 214）。ここで注目されるのは、ソ連側はこれに対して、ポーランドがソ連と同様の立場を示すであろうと伝えた点である。これにバールは、オーデル・ナイセ線の問題に関しても決定権を有するのはソ連であるという印象を抱いた（Bahr 1996: 316–317）。

とはいえ、ソ連とポーランドの意見調整も必ずしも円滑だったわけではない。ポーランド側は西ドイツとの交渉で見せていた強硬な主張をソ連に対しても行い、ソ連もこうした同盟国の意向を無視できず、西ドイツとの交渉過程で態度が一時硬化する場面もあった（*AAPD* 1970, Dok. 219）。その際ソ連側は、かつて一九六二年の時点でアデナウアーがソ連大使に対してオーデル・ナイセ線の承認の可能性にまで言及したにもかかわらず、八年後の現在西ドイツの立場が後退していることも非難している。[13] そこでバールは再びソ連側の説得を試み（*AAPD* 1970, Dok. 219）、最終的にはドイツ民族の自決権に関する書簡とのセットで国境問題に関する条項について合意に至ったのであった（妹尾 二〇一一：第二章）。

ただ実際の「バール文書」においてポーランドの西部国境としてのオーデル・ナイセ線に関する言及もあり、ポーランドにとってこれは、西ドイツとの間の最も重要な争点であった国境問題に関してでさえ、ソ連の指導的役割を甘受せざるをえない点で複雑な感情を引き起こすものであった（Niedhart 2010: 60）。[14] この「バール文書」の内容が六月一二日に西ドイツのメディアによって暴露されると、ポーランドはオーデル・ナイセ線の承認問題に関する「頭越し」の合意について、反対しないものの遺憾の意を表している。一方西ドイツ政府内でも、ラルフ・ダーレンドルフ（Ralf Dahrendorf, 1929–2009）外務政務次官がブラントらのソ連重視の姿勢を批判している。しかしこの「バール文書」の合意は、ブラントの「東方政策」にとって、ポーランドとの関係が多くの課題のうちの一つに過ぎないことを端的に示すものであった（Niedhart 2010: 60–61）。そして外務省ではこの合意を受けて、対ポーランド交渉の第四ラウンドに向け、オーデル・ナイセ線の明記をしないよう要求することと同時に、自決権に関する書簡をソ連に対してと同様にポーランドにも手交することまで検討されていたのである（*AAPD* 1970, Dok. 247）。

こうして迎えた第四ラウンドでは、まずポーランド側が改めて西ドイツの作業文書について、国境問題に関する留保等から受け入れ不可能であることを言明した（*AAPD* 1970, Dok. 251）。ここで注目されるのは、ラウンド初日にヴィニエヴィチュがバールと別途会談を行ったことである（*AAPD* 1970, Dok. 253）。ヴィニエヴィチュによれば、ゴムウカはブラントの政策を支持しているものの、ドイツに対する根深い警戒心を持つ国内世論に配慮する必要があり、そのことに対して西ドイツ側に理解を求めた。これにはバールも、残留ドイツ人の出国問題に関して、西ドイツ国内の条約批准のためにも重要であることを強調しており、双方が各々の国内事情を譲歩の困難さの理由に挙げる点で共通していた。

依然として双方の溝が深いなかで、国境問題に関してバールは、ポーランドの西部国境としてオーデル・ナイセ線を認める東ドイツとポーランドの間で締結されたゲルリッツ条約方式での説得を試みた。第四ラウンドの二日目にも、デュクヴィッツが再度ヴィニエヴィチュに働きかけ、西ドイツの作業文書ではゲルリッツ条約の文言を踏襲している点を主張した[15]。すなわち、ポーランドがすでに東ドイツと締結した条約の文言と同様であることを指摘することで、その文言の受け入れを迫ったのである。しかしポーランド側はこの点について検討すると応じたのみであった。

一方デュクヴィッツは残留ドイツ人の問題に関しても働きかけた。そこで彼は、ドイツ赤十字社の試算で二七万にのぼる移住希望（Umsiedlungswünsche）が申請されており、これを認めないことは両国の関係を損なう「人道問題」であると強調した。加えて親類訪問や旅行の制限緩和[16]、両国間の文化交流の促進等も要請したが、ポーランド側はこれらのテーマに立ち入ろうとせず両者の立場は平行線を辿った。ポーランド側からすれば、中心的課題である国境問題を解決して初めて、両国関係の正常化のプロセスを開始できるのであった。

停滞する交渉が打開の糸口を見いだしたのは、二日目午後になってからである（*AAPD* 1970, Dok. 262）。そこで条約草案作成と、他の両国間の諸問題という二つの作業グループに分かれて交渉を進めることが決められたのである（Stokłosa 2011: 201）。国境問題が障害となりこれ以上交渉自体が停滞することを回避する苦肉の策と言えるだろう。そして前者の作業グループでは、両国間で条文に関する検討が重ねられ、共同で取り掛かった条約草案が初めて合意に至ったのである。その草案は、前文、国境問題、武力不行使、関係正常化といったテーマから構成されていた。とりわけ懸案であった国境問題に関して注目されるのは、ポーランド側がポツダム協定への言及を通じてより国境画定を強調する文言を挿入した一方で、西ドイツ側の要求する留保に関しても一定の歩み寄りを見せたことである。これは西ドイツ側では、このラウンドでひとまず中間的な成果を出したいポーランド側の意欲の表れと捉えられた。

この条約草案の合意に加えて注意を惹くのは、西ドイツ側が次のような内容を主とする書簡の交換という手段を提案し、その草案を提示したことである。すなわちその内容は、条約が戦勝四カ国の権利と責任に抵触しないこと、ならびにポーランドの西部国境に関して将来の統一ドイツによる平和条約の枠内で最終画定される必要があることである。これらの内容は、国境問題に関する留保に難色を示すポーランド側に対して、条約本文とは別に書簡交換という手段を通じて説得を迫るものであり、その点で並行していた対ソ交渉での「ドイツ統一に関する書簡」や西側三国への書簡で試みられた措置と軌を一にするものであった。[17]

一方後者の作業グループ（以下、「両国関係（Bilaterale Beziehungen）」グループ）では、ポーランドの出国希望者の許可基準や「自由ヨーロッパ放送」の活動といったテーマに関する交渉が進められた。[18]ただ経済交流の促進を例外として、西ドイツ側が要求する離散家族の再会や文化交流といった実際的な関係改善に関してポーランド側は消極的な態度を崩さなかった。[19]第四ラウンドを終えたデュクヴィッツは、国境問題と並行してこうした争点の重要性を訴えていくことを改めて強調している（*AAPD* 1970, Dok. 262）。

この第四ラウンドで両国が取り掛かった共同草案に関して西ドイツ側では、当初ポーランド側の草案にあったオーデル・ナイセ線のポーランド西部国境としての「最終的な承認」という文言ではなく、西ドイツの四月二二日の作業文書における文言を出発点にできた点が積極的に評価された（*AAPD* 1970, Dok. 287）。外務省では作業文書の内容と比較しながら各条文に関する詳細な検討が進められたが、そこでは被追放者同盟や、将来目標としてドイツ統一を明記する基本法への抵触を回避することにより配慮した条文案も提示された（*AAPD* 1970, Dok. 277）。とりわけ国境問題に関する条項について、戦勝国の権限や将来の平和条約的規制の可能性の確保の要求をより前面に出すことが提言された。さらには書簡交換という手段に関しても、同様の要求をより取り込んだ草案が新たに準備されたのである。[20]そこには、西側三国との協議の場であった「ボン四カ国グループ」を通じて報告した際に、戦勝国の権限に関して事前により相談をしてからポーランド側と交渉するように要請を受けた背景もあった[21]。

独ポ間では、六月二二日に交通や経済技術協力に関する協定が仮調印された。既述のようにポーランド側は経済関係の強化を重視しており、第四ラウンドでも「正常化プロセスの重要な一部」と位置づけていたが[22]、ブラント政権成立以降何度も中断されていた交渉がついに妥結に至ったのである。その背景には、同月一四日のノルトライン＝ヴェストファーレン州議会選挙での与党の苦戦がポーランド側に合意に至るインセンティブを与えたことも指摘される（Bingen 1998: 129–130）。

(3) 第五ラウンドから第六ラウンドへ

第五ラウンドは七月二三日から二五日にかけて行われた。実際の交渉は前ラウンドと同様に条文に関して検討する作業グループと「両国関係」グループに分かれて進められた。前者においてまずヴィニエヴィチュは、前ラウンドの共同草案が「最低ライン」であり、そこからの譲歩はありえないとして、とりわけ国境問題に関する条文修正や書簡交換等を通じて留保を付けようとする西ドイツ側を牽制した（*AAPD* 1970, Dok. 336）。条約の核となる国境問題に関する第一条の修正に加え、書簡交換という手段にも警戒を示し、あくまで両国の主権のもとで条約を締結するのであり、国境問題を大国間の取引の材料とすべきでないと不信感を滲ませたのである。ポーランド側の態度の硬化に直面したデユクヴィッツは、書簡交換よりもさらに望ましい解決策など見いだせないと途方に暮れた。ただポーランド側も、書簡の内容があくまで西ドイツと西側三国の関係を対象とする以上、ポーランドが直接関与しないのであれば、その両者の間で書簡が交換されること自体を否定しなかった。この西ドイツと西側三国の書簡交換は、すでに並行していたソ連との交渉でも考案されていたものであり、西ドイツ側としても妥当な折衷案であった。

また後者の「両国関係」グループでは、人道問題に関連して、まず離散家族の問題について、ポーランド側はドイツ赤十字社が挙げる例や西ドイツ側が用意した覚書を受け取り[23]、この問題に前向きに取り組む姿勢を明らかにした（*AAPD* 1970, Dok. 333）。ただこれも前述のように、ポーランド側は最も重視する国境問題を含む条文の合意こそが解決の前提であると繰り返しており、またデュクヴィッツは、ポーランド側がこれらの諸問題について取り組むこと自体は容認しながらも、最終的には西ドイツ側の一方的な声明という形を望んでいる点も指摘している。なおこの第五ラウンドの最終日には、新たに作成された作業文書に関しても合意に漕ぎつけた。そして七月三〇日の閣議決定後には、条約の前文と四つの条項について両国で合意したことを発表したのである（Bingen 1998: 131）。デュクヴィッツは、交渉の長期化によって国内の反発が高まることを危惧し、次ラウンドでの条約締結を目指すことを提言している（*AAPD* 1970, Dok. 333）[24]。

そして八月に入り西ドイツとソ連の間でモスクワ条約が調印されたことは「東方政策」の決定的な突破口となった。対ポーランド関係に関連して、すでに「バール文書」で合意に至っていたように、このモスクワ条約ではポーランドの西部国境の「不可侵性」が謳われた。またこの条約は、ポーランドを含む他の東欧諸国との諸条約と「統一体」であることも明記された。加えて「ドイツ統一に関する書簡」によって、ドイツ人の民族自決権の行使による将来の統一の可能性が事実上確保された。ただ具体的に国境問題に関してどのように条文に明記するかについては、少しでも将来の変更可能性を残したい西ドイツと、「現状」の固定化を目論むソ連が最後まで激しく対立した。例えば武力不行使と国境不可侵の条文の順序について、西ドイツは前者を先に置き、さらに両者の連関を明示することで後者のニュアンスを弱め、平和的手段による国境の変更可能性をより確実に保持しようとした。当初ソ連側は反発したが最終的にはこれを受け入れたのである。他方で、国境不可侵に関する条文内の「ポーランドの西部国境」を外し、「オーデル・ナイセ線」とのみ表記するという西ドイツの要求は、最後までソ連に拒否された。この具体名の明記は、ソ連にとって事実上の東欧「支配」や東ドイツの承認など「現状」の固定化を確かにするためにも、これ以上譲れないところであった（Schmid 1979: 170-171; Dannenberg 2008: 65, 178. 高橋 一九九一：四九～五〇頁）。

このモスクワ条約の締結は、その後の独ポ交渉に影響を与えずにはいられなかった。早速八月末には水面下で接触が図られたが（*AAPD* 1970, Dok. 409）、そこでポーランド側は七月二五日の作業文書が最大限の譲歩であると改めて言明した。モスクワ条約の調印は歓迎されるべきであるがモデルケースにはなりえず、西ドイツとポーランドの条約はあくまで別の問題であり、条約締結も決して拙速に行われるべきではないと牽制したのである。ここでポーランド側が警戒したのは、モスクワ条約では国境問題に関する条項が武力不行使のそれより後に配置されたため、国境問題の重要性そのものが軽んじられる危険性であった。じじつ西ドイツ側でもこうした解釈を用いようとする意見が出る一方で（*AAPD* 1970, Dok. 426）、ポーランド側が抱く懸念について十分に理解されていた。例えば条文の解釈に関して、ソ連が比較的柔軟な姿勢を示したのに対して、ポーランドにはそれを期待できない。したがってポーランド側の警戒に配慮すると同時に、一九四五年以降の歴史や戦勝国の姿勢を踏まえるならば、条約の批准を念頭に西ドイツ国内向けにも、将来的な平和条約であっても現在の国境を変更することは見込めないことを明言しなければならないという認識が示されていた。さらにはこうした態度こそが、ポーランドを含む周辺諸国の不信感を緩和する点において、長期的にドイツ統一に寄与しうると考えられたのである。

九月下旬の国連総会の際に会談を行ったシェール外相とヴィニエヴィチュは、一一月上旬に最終合意を目指すことを確認した（*AAPD* 1970, Dok. 441）。そこでもポーランド側は、合意に向けて西ドイツ側に配慮する方向での譲歩の用意を示す一方で、独ポ関係と独ソ関係の違いを強調し、主権を持つ国家同士が国境問題に関して締結する条約であることを重ねて主張した。これに対してシェールは、モスクワ条約同様にやはり戦勝国の権利と責任ゆえに西ドイツの立場が制約されていることを訴えた。こうした留保については、第六ラウンドを前にした外務省内の協議において、モスクワ条約と同様に西側三国への覚書の送付という方法を追求していくことで合意が形成された（*AAPD* 1970, Dok. 449）。一方人道問題に関しても、とりわけ離散家族の再会や残留ドイツ人の問題について、単なる声明でなく交渉での合意を形にできるように政府として積極的に働きかけることが確認された。

そして一〇月五日から七日にかけて行われた第六ラウンドでは、新たに条約草案に関して合意に至った（*AAPD* 1970, Dok. 454）。西ドイツ側が条約前文で武力不行使に関する言及の追加を試みたものの、モスクワ条約における「橋渡し」を想起させるとしてポーランド側に強く拒絶される一幕もあった[25]。ここにも国境問題の重要性を相対化するような措置を強く警戒するポーランド側の姿勢が表れている（*AAPD* 1970, Dok. 456）。条文に関する交渉が大詰めを迎える一方で、「両国関係」グループにおいて、人道問題に関する合意内容の公表に消極的なポーランド側の態度を受け、西ドイツ世論での印象が悪化し条約批准を危機に晒すことが危惧された（*AAPD* 1970, Dok. 458）。そのため、一一月の第七ラウンドに向けてこれらの問題の重要性をより強調していく方針が再確認されると同時に（*AAPD* 1970, Dok. 475）、この問題での実質的な成果なしには、首相ブラントによる条約調印自体見合わせる対応策まで検討されていたのである。さらには国境問題に関しても、第一条の文言とポツダム協定との関連性が問題視された（*AAPD* 1970, Dok. 486）。すなわち、既述のように基本法上一九三七年国境による再統一を目標に掲げる西ドイツをはじめ、ポツダム協定自体の解釈は各国ごとで異なるなど論争的であり、それとの関連性の深い文言では将来的に問題が生じかねないと考えられたのである。こうした事情を踏まえ、第七ラウンド前の閣議決定においても、交渉内容の詳細に関する言及は避けられた（*AAPD* 1970, Dok. 483）。

一〇月二七日にブラントがチランケヴィッチ首相に送付した書簡でも、過去の克服と両国の未来に向けた本条約の重要性ゆえに、その内容を両国にとってバランスのとれたものにする必要性を訴えた。ブラントは、ポーランドにとっての国境問題の重要性に理解を示すと同時に、とりわけ残留ドイツ人に言及して人道問題への配慮を要請し、また西側三国への覚書に関しても理解を求めた。そしてブラントは「過去の負債は未来の責任である」と謳い、両国が友好的な関係に踏み出すことを切実に願い書簡を締めくくっている（*AAPD* 1970, Dok. 495）。

一方国境問題に関連して、戦勝国の権限の確認方法等について西側三国との意見調整が並行して進められていた。八月にモスクワ条約が調印された際にも、同内容の覚書が米英仏の駐ソ大使館宛に手交されたが、当時ポーランドとは国交がなくワルシャワに大使館が置かれてなかったため、まずは三国の外相との間での書簡交換を追求しつつ、それが不可能な場合はシェール外相と駐西ドイツの三国大使の書簡交換を目指すことが検討された（*AAPD* 1970, Dok. 491）。この時点でアメリカから対ポーランド交渉に関する報告が不十分との苦情を受けていたからか（*AAPD* 1970, Dok. 500）、一〇月二七日の「ボン四カ国グループ」の場で西側三国に書簡の草案に関する了承を得る機会が設けられた[26]。なおこの戦勝国の権限に関しては、西側三国と同様にソ連にも事前に報告しており、そこではモスクワ条約と同様に、国境条項と将来の留保の間の「均衡（Gleichgewicht）」の必要性を強調したうえで、対ポーランド交渉の頓挫がモスクワ条約をはじめとした緊張緩和全体に悪影響を及ぼす懸念も示している（*AAPD* 1970, Dok. 496）。

ただ西ドイツ国内では、ブラント政権の進める「東方政策」に対する野党ＣＤＵ／ＣＳＵからの批判が次第に激しさを増していた。すでにモスクワ条約調印後、ＣＤＵ／ＣＳＵ議員団は対ポーランド交渉に関する作業文書の作成に別途取り掛かっていた。そこでは、ポーランドとの和解の必要性をアピールしつつも、国境問題で民族自決権の確保をさらに強調することや経済文化交流の重要性を指摘し、基本法違反の疑いのある「見せかけの解決」を試みる政府の立場との違いを際立たせようとした。一方政府側は、超党派的なコンセンサスをもって条約締結を目指し、野党側に交渉への参加や条約調印式への同行を要請したものの[27]、これらは悉く拒否されてしまう（*AAPD* 1970, Dok. 490）。野党側はワルシャワ条約を「国境承認条約」として非難し、対決姿勢を強めるのである（Grau 2010: 174–176）。

(4) 最終ラウンドの攻防

一一月三日から一三日までシェール外相とステファン・イェンドリホフスキー(Stefan Jędrychowski, 1910–96)外相によって行われた第七ラウンドでは、主に国境問題、西ドイツと西側三国の覚書、そして人道問題に関する議論が紛糾した。まず国境問題に関しては、前述した第一条でポツダム協定への関連性を避ける代替案を提示してきた西ドイツ側に対して、ポーランド側は強い衝撃を受けた(*AAPD* 1970, Dok. 512)。既述のように四月の作業文書で西ドイツ側からゲルリッツ条約に即した文言が提示され、それに基づいた内容で合意したにもかかわらず、西ドイツ側がその合意のニュアンスを弱めかねない提案をしたことにポーランド側はショックの色を隠せなかったのである。ポーランド側が撤回を激しく求めた結果、提案は退けられポツダム協定への言及は残されることになったが、この最終盤での「巻返し」の試みに、国境問題で少しでも留保を付けようとする西ドイツのこだわりを改めて確認できる。

これに関連して西側三国との覚書についても、ポーランド側は、戦勝国の権限の問題はそもそも本条約の対象外であるにもかかわらず、すでに西ドイツの要求を受け入れ条約内で同趣旨の内容に関する第四条の挿入について譲歩しており、したがってさらなる措置は不要と批判した。ただそれでも覚書という手段を講じるのであれば、ドイツ条約や平和条約への直接的な言及を外す場合でのみ受け入れ可能であり(*AAPD* 1970, Dok. 512)、ポーランド側から逆に覚書の草案が提示されるまでに至った(*AAPD* 1970, Dok. 518)。一方西ドイツ側は、とりわけドイツ条約への言及については、西側三国の要請もあり直接的な言及を働きかけていたが(cf. *AAPD* 1970, Dok. 538)、こうしたポーランド側の反対に遭い断念することとなった。しかし西ドイツ側は、今度は覚書内で第四条との関連を示す文言を挿入することで、戦勝国の権限と将来の統一可能性をより明確にしようとする。当然ながらポーランド側は拒否し（*AAPD* 1970, Dok. 523）、西ドイツ側はこれも撤回を余儀なくされた。このように西ドイツ側の「巻返し」は不首尾に終わったとはいえ、シェール外相も述べたように、これらの提案とその撤回は、見返りとして人道問題におけるポーランド側の譲歩を期待したうえでのことだったことも見逃せない（*AAPD* 1970, Dok. 546）。

その人道問題こそが最終ラウンドにおいて最も困難を極めたテーマであった。とりわけ残留ドイツ人問題に関して、基本法上ドイツ国籍を有するため法律の適用の対象になるという西ドイツ側の解釈がポーランド側の懸念を招き、ポーランド側が法律の修正すら要求するなど激しく議論されたのである（*AAPD* 1970, Dok. 516）。外相会談とは別途設けられた両国の外務省高官による人道問題に関する作業グループでも、西ドイツ側はこの条約によってドイツ文化や学校でのドイツ語教育の権利保障など、残留ドイツ人の権利の保護を明らかにする必要があると主張した（*AAPD* 1970, Dok. 517）。

さらに両者の溝が顕在化したのが、残留ドイツ人の出国希望の問題である。ポーランド側は該当者が三万人とするのに対し、西ドイツ側はドイツ赤十字社の算出する二七万に及ぶ出国希望者の存在を改めて主張した（*AAPD* 1970, Dok. 516）。この問題に対する西ドイツの熱心な働きかけはポーランド側にも伝わっており、当初は残留ドイツ人の存在すら認めなかったことからすれば前進したと言えるものの、依然として両者の隔たりは大きかった。この問題についてポーランド側は、政府間ではなくむしろ赤十字社を通じて扱うことを要請し、また条約締結後へと解決を先送りしようとした。これに対して西ドイツ側は、条約批准に必要な連邦議会での多数派の獲得のためにも、この問題でできる限り今後の解決に向けた言質をとりたかった（Stokłosa 2011: 202）。西ドイツ側は、人道問題の解決に向けた文書を共同で作成することを提案したものの、これはポーランド側の反対で撤回せざるをえなかった。とはいえ、ポーランド政府による人道問題に関する「情報」の一方的な通達を西ドイツ政府が受け取るという形で、何とか政府の関与を明確にできたのである。

ただその内容や文言の細部を詰める折衝は難航した。一一月九日の外相会談では、西ドイツ側から人道問題に関する一一項目に及ぶ要求を列挙したカタログが提示された（*AAPD* 1970, Dok. 532）。ポーランド側は、自らが示した出国希望者の三万人という数字が決して上限を示すものではないとして今後に含みを残し、一旦ワルシャワを離れるシェールが一一日に再び戻るまでにカタログに関して精査することを約束した[28]。その間作業グループでも意見交換がなされたものの、そこでポーランド側は、西ドイツがカタログで掲げた問題の完全なる解決を望むのは間違いで、必要なのは解決に向けての善処を信頼する「紳士協定（gentleman's agreement）」であると訴えた（*AAPD* 1970, Dok. 537）。加えて、西ドイツの一部のメディアが報じるように国境問題の見返りを人道問題において期待しているのであれば、それは期待外れに終わるだろうと釘を刺すのを忘れなかった。

この出国希望者の問題に関連して、両国間で最後まで最も対立した争点の一つが前記の残留ドイツ人の国籍問題であった。前述したようにそもそも国籍に関する両国の解釈が異なる以上、客観的な基準を設けることは難しく、また次のように該当者の認定作業や出国手続きの管轄等の権限をめぐって激しく衝突した。すなわち西ドイツ側は、先だって締結された経済協定で部分的に実現した通商代表部の権限拡大を、こうした人道問題でも反映させようと試みたが、赤十字社の関与を通じてできる限り政府自体の権限を確保したいポーランド側は、強硬な態度をなかなか崩さなかった。さらにこの国籍問題は、ポーランド側がより警戒を示す親戚訪問の問題にも密接に関わっていた。西ドイツ側は、国内で条約批准に理解を得るためにも、離散家族の再会をより容易にする親戚訪問の条件緩和を要求したが、ポーランド側は、他の諸外国からの訪問者と比べて西ドイツからの訪問者を特別扱いできず、また条約締結後の正常化プロセスで解決を目指すべきであると主張した。こうした作業グループでの意見交換を通じて西ドイツ側は、とりわけこの親戚訪問に関するポーランド側の頑迷な姿勢に困惑しつつも、ポーランド側が人道問題のみを理由として条約締結自体を危機に晒すつもりはないとの感触も得ていた（*AAPD* 1970, Dok. 539）。

シェールがワルシャワに戻り再開された交渉でも、まずイェンドリホフスキー外相は、残留ドイツ人の国籍問題や戦後ポーランドのとってきた出国希望者への対応などを引き合いに、改めて人道問題に関する立場を言明した（*AAPD* 1970, Dok. 540）。これを受けてシェール外相は、ポーランド側の「情報」の文言に関する作業グループの設置を新たに提案した（*AAPD* 1970, Dok. 541）。そのうえでシェールは、両国が合意に至った諸点を公開し、それ以外については非公開にするという妥協案も併せて提示した。ポーランド側は、この公開方法も含め「情報」に関する協議を行う作業グループの設置に同意すると同時に、国境問題および覚書に関しても作業グループを設けることを要請した（*AAPD* 1970, Dok. 542）。

こうして、国境問題と覚書に関して、および人道問題についての「情報」に関しての二つの作業グループにおいて最終調整が取り組まれることになった。前者においては、ポーランド側は前述した覚書におけるドイツ条約への言及など西ドイツの「巻返し」の試みを改めて拒絶した（*AAPD* 1970, Dok. 543）。結局西ドイツ側は、人道問題に関するポーランド側の譲歩を見込み、覚書内における若干の文言の修正等を除いて、新たに掲げていた要求を取り下げた（*AAPD* 1970, Dok. 544; Dok. 549）。

その人道問題に関する後者の作業グループでの議論は難航を極めたが、「情報」について、両国が合意に至った部分に関しては西ドイツ世論やマスコミ向けに公表する一方、ポーランド政府の意向に沿って一部は非公表扱いにする方向で調整が進められた。一一月一三日の深夜から日付をまたいで行われた条約仮調印前の最後の外相会談では、条文や「情報」の文言の細部を詰める息詰まる交渉が展開された（*AAPD* 1970, Dok. 544）。以下に見るその内容は、すでに一一月九日に西ドイツ側から提示されていた一一項目のカタログを土台としつつ、随所にポーランド側の要求も反映されたものになったと言える。

まず公表される箇所は次の五項目からなる。(29) 第一項では、離散家族の再会に関連して、ポーランド政府が同国赤十字社を通じて一九五五年から五九年までに約二五万人、六〇年から六九年には約一五万人の出国を許可してきたことを言明したうえで、政府はあくまで人道的な理由からこうした積極的な態度を示してきたのであって、ポーランド国民の国外移住のためにむやみに利用されてはならないことを強調する。第二項では、ポーランド国内の残留ドイツ人の存在を初めて公式に認め、彼らの出国希望を許可することを定めた。第三項では、ポーランド当局の調査によれば西ドイツまたは東ドイツへの出国希望者は数万人に及ぶが、ポーランド赤十字社に権限を与え、ドイツ赤十字社のリストをもとに西ドイツ側が要請する出国希望者もさらに審査するとした。第四項では、ポーランド赤十字社は、ドイツ赤十字社が提示したリストの審査結果に関してポーランド当局を通じて報告し、また生じうる実務上の諸問題への対応など、ドイツ赤十字社と必要に応じて可能な限り協力するとした。そして第五項では、ポーランド当局は条約発効後に他の西欧諸国と同様の基準で西ドイツからの出入国の管理を行うことを明言した。

次に非公表の箇所は以下の計五項である。第一に、ポーランド政府は西ドイツ政府との調整のもとで残留ドイツ人の出国希望に関する諸問題を詳細に調査する用意がある。第二に離散家族の再会に関連して、親戚や夫婦、そして親類についてあらゆる主観的かつ客観的基準を基にポーランド当局が判断し、第三に条約発効後一年から二年以内に残留ドイツ人の出国に関してこれらの措置が実施される。ポーランド側の見立てではその数は数万になるが、出国を必ずしも二年以内に完了させるという期限を区切ったわけでなく、また西ドイツへの出国希望者は他の諸外国へのそれと同様に扱われなければならない。ただ出国希望者は出国希望の申請によって不利益を被ることはない。第四に、ポーランド政府は在西ドイツのポーランド領事に滞在許可証の発行手数料や強制両替といった手続きの権限を与える。そして第五に、残留ドイツ人の社会保障関係費等の送金に関する問題は両国の関係当局によって精査されることである。

深夜の外相会談で一旦合意に至ったものの、翌一四日の朝方にポーランド側の要請で再度交渉が行われ、「情報」の公表方法について、公式の書面での通知を拒否することが伝えられた（*AAPD* 1970. Dok. 551）。ただドイツ語とポーランド語の解釈の相違や混乱を避けるため、あくまで非公式の補足資料という形式の文書に関しては、後日改めて開催された事務レベル協議で合意に至り、ポーランド側は西ドイツ政府がこの非公式文書を世論向けに公表することを了承した[30]。この朝方の外相会談では、「情報」の公表方法以外にも、西側三国との覚書に関してポーランド側から、条約調印前にポーランド側にも確認を求める一文の削除の要請があり、西ドイツ側はこれを受け入れた。西ドイツ側としては、条約の暫定性を担保するこの覚書の内容に関して、ポーランド側にも同意を得ている点をより明確にすることが望ましかったが、最終局面でその旨を明らかにする文言を削除するという譲歩を行ったのである。ただ同時にポーランド側も、覚書および西側三国の返書をポーランド政府に送付することを約束しており、モスクワ条約の際の覚書と同様に、西ドイツ側としてはこれをもってポーランド側への通達という措置としたのであった[31]。

(5) 条約仮調印から調印へ

こうして一一月一八日に西ドイツとポーランドの関係正常化の基礎に関する条約は仮調印の運びとなった。条約の仮調印を受けてブラント首相は「単なる武力不行使条約でも国境条約でもない」ことを強調したうえで、「歴史の結果」を引き受けると言明している（Brandt 1976: 534）。人道問題に関しては、仮調印時にシェール外相が、条約第三条に掲げる関係正常化の枠内で取り組むことを改めて強調した（*AAPD* 1970, Dok. 551, Anm. 9）。さらに両国の共同コミュニケでは、一二月上旬のワルシャワでの正式な条約調印式にブラントが招待されることが発表されると同時に、人道問題など両国間に残る問題については、条約調印によって開始される正常化プロセスのなかで解決を目指すことも明言された（Presse- und Informationsamt der Bundesregierung（Hg.）1971: 163-165）。

一方ポーランド側の「情報」は、条約仮調印が公表された同月二〇日に付属文書として西ドイツ側が発表したが、結局ポーランド側はこれを公表することはなかった。さらに条約仮調印発表後、人道問題に関する合意に基づきドイツ赤十字社は、ポーランド赤十字社に早速交渉開始を呼びかけたものの、その反応は鈍く西ドイツ側を不安にさせた（*AAPD* 1970, Dok. 569）。条約調印後に先送りされる諸問題の前進をできる限り速やかに望む西ドイツ側は、ポーランド側の煮え切らない態度に苛立ち、ブラントの調印式への出席を取り下げる可能性を示唆する場面もあった（*AAPD* 1970, Dok. 579）。

一二月六日から八日まで条約調印のためにワルシャワを訪れたブラントも、ポーランド指導部との会談で繰り返し人的交流や人道問題の重要性を訴えた（cf. *AAPD* 1970, Dok. 588; Dok. 589; Dok. 595）。例えばゴムウカが出国希望者数に関して、依然として多いドイツ赤十字社の見積もりに懸念を表明したのに対し、ブラントは、ドイツ赤十字社の副代表を務め早くから対ポーランド関係に真摯に向き合ってきたSPDのシュミートに世論対策に当たらせることを提案し、その懸念を払拭しようとした(32)。条約調印後に両国で取り組まれた人道問題に関する交渉はやはり難航することになるが、それはこの時点における双方の意見の相違にすでに暗示されているようであった。一方その後語り継がれるブラントの跪きに関しては、ポーランド指導部との一連の会談で正式な議題に上ることはなかった。

このように西ドイツ側は繰り返し人道問題に関する意欲を示す一方で、仮調印翌日の一九日には西側三国に覚書を送付し、翌二〇日には三国から返書が送られたが、前述のようにポーランド側もこうした措置に反対しない対応を示した（*AAPD* 1970, Dok. 560）。覚書では、ソ連とのモスクワ条約の際と同様に、ポーランドとの条約が戦勝国の有する権利と責任に抵触しないことが確認されたが、ポーランドの直接の関与が明言されていない点等においてはニュアンスをより弱めたものとも言える。

ただこの最終局面においても、西ドイツ側にとって、経済問題がポーランド側から譲歩を引き出す手段になったことは見逃せない。最終ラウンド直前の一〇月一五日には、並行していた経済協力に関する協定が正式に調印され（Newnham 2007: 253）、最恵国待遇によって経済制裁が解除された。そこでは、政府保証の借款に加え、民間貿易も保証の対象にすることでも合意を見た。さらには、例えばその後この協定で決定された両国の代表者で構成される委員会設置を急いだ点にも、ポーランド側の並々ならぬ意欲を看取できる（*AAPD* 1970, Dok. 516）。ブラントと会談を重ねたポーランド指導部も、経済技術分野における協力促進への期待を繰り返し表明していた（*AAPD* 1970, Dok. 588）。この経済協力協定と関係正常化の基礎に関する条約は密接に関連しており、西ドイツとの経済関係深化へのポーランド側の期待が交渉過程に少なからぬ影響を与えたのである（Bingen 1998: 133–134; Tomala 2000: 287–288）。なおブラントとの首脳会談でも経済協力拡大に熱心だったゴムウカは、条約調印から約一週間経った一二月一三日の物価値上げ発表後のストライキに対する鎮圧などの混乱の責任をとって、同二二日に辞任している[33]。

おわりに——戦後独ポ関係改善の土台として

本章では、ブラントの「東方政策」における対ポーランド関係に注目して、ワルシャワ条約の成立過程を西ドイツ側の視点から検討した。独ポ関係改善において重要であった争点は国境問題であり、そこに人道問題や経済問題等が絡み合う形で交渉が進行した。ポーランドがオーデル・ナイセ線の承認を主張する一方で、西ドイツは国境問題に関する譲歩や経済関係の深化を梃子に、将来のドイツ統一の可能性の確保や残留ドイツ人問題等で理解を求めた。その構図は対ソ交渉やのちのＣＳＣＥにおける東西間の「取引」とも重なる（妹尾 二〇一一：第六章）。

まず国境問題に関して注目されるのは、武力不行使と国境不可侵の条項の順序をめぐって、国境不可侵に殊更強い関心を持つポーランドの要求通り、ソ連とのモスクワ条約とは異なり先に国境不可侵条項が位置づけられた点である。これに対してブラント政権は、一方的にポーランド側の主張を受け入れたのではなく、国内の反対論を考慮しながら、国境の最終画定を回避し将来の統一の可能性をいかに確保するかに腐心していたのであり、本章で見てきたように交渉過程で戦勝国の権限を強調するなど様々な働きかけを行った。とはいえ結果として、西側三国への覚書によって同盟国に了解を得つつ、またソ連の影響力の強さを認識しながらも、東側諸国のなかでも国境問題に最もこだわりを見せるポーランドと遂に合意に至ったことは、ブラントが強調するように、独ポ関係のみならず東西緊張緩和の妨害要因からこの問題を除去した点において重要な成果であった（*AAPD* 1970, Dok. 600）。

ただ西ドイツ国内では野党ＣＤＵ／ＣＳＵを中心に激しい批判が展開され、また一九七三年五月の連邦憲法裁判所の判決では一九三七年国境の存続が認められるなど（佐藤 二〇〇八：一九四〜一九八頁）、国境の最終画定を留保する主張はその後も根強かった。そして一九八九年から九〇年の東西ドイツ統一過程においてもオーデル・ナイセ線をめぐる国境問題は争点になり、両ドイツと米英仏ソによる「二プラス四」交渉と並行して、西ドイツとポーランドの間でも交渉が進められることになったのである。最終的に、オーデル・ナイセ線を統一ドイツとポーランドの国境線とする国境条約が両国の間で結ばれたのは九〇年一一月のことであった。

一方西ドイツ側が最もこだわりを見せたテーマの一つが、残留ドイツ人の問題を含む人道問題であった。当初ポーランド側は、自国内にドイツ人のマイノリティが存在すること自体を否定していた。この問題に関しては別途作業グループが設けられるなど交渉は難航を極めたが、最終的に条約とは別にポーランドから西ドイツに「情報」を通達することで妥結が図られた。そこでポーランド政府は、残留ドイツ人の存在を公式に初めて認め、彼らの出国希望の許可に言及したのである。とりわけ国境問題での譲歩によって国内での反対論が激しさを増すなかで、ブラント政権がこの問題で成果を得ないと条約批准が危ぶまれると訴え続けたことが、その背景にあった（cf. Bingen 1998: 143-144; *AAPD* 1970, Dok. 507）。

ブラントの「東方政策」における対ポーランド関係では、他の東西間交渉にはない倫理的重要性が認識されていたが、実際の交渉過程では国内の反対派に配慮しつつ慎重に交渉が進められた。条約調印後にワルシャワにてブラントが、ラジオとテレビを通じて一九三九年以降のポーランドの苦難だけでなく、被追放者の苦難にも言及したことは（*TzD*, VI: 263-265. 佐藤 二〇〇八：一五七～一五八頁）、当時の西ドイツ国内の拘束力の強さを物語ると同時に、ドイツの過去を決して加害の側面だけでは捉え切れないことを如実に表す。ただ見逃せないのは、とりわけ残留ドイツ人の問題等に関する「情報」を引き出すといった譲歩の獲得が、のちに国内で紛糾する与野党対立においても結果として批准の助けになったことである（Newnham 2007: 257）。こうして辛くも国内の反対論を乗り越えながら、国境問題や人道問題に関してポーランドとの合意を実施に移していく土台を築いたのである。

以上見てきた点以外にも、ワルシャワ条約の成立過程では様々な争点に関して議論された。例えば、西ドイツ側がフランスとの例を挙げつつ強く働きかけた青少年交流の促進や、文化協力に関連して当初はポーランド側の方に積極的な態度も見られた共通の歴史教科書の作成に関しても合意しており[34]、両国の過去を踏まえつつより未来志向で関係を構築していくことが話し合われた。ブラント自身、英首相エドワード・ヒース（Edward Heath, 1916–2005）への書簡で伝えたように、ポーランド側には「現実主義（Realismus）」的な態度が顕著に見られ、関係改善に建設的に取り組むとの印象を得ていた（*AAPD* 1970, Dok. 600）。むしろポーランド側から、西ドイツ国内の与野党対立の激しさを受け、条約批准に関する懸念が幾度となく示されていた（cf. *AAPD* 1970, Dok. 589）。結果的に一九七二年五月に与野党の共同決議案によって条約は批准され（佐藤 二〇〇八：一七七〜一七八頁、妹尾 二〇一一：第五章）、同年九月にようやく正式に外交関係が樹立された。ただしこの外交関係樹立は「正常性なき正常化（Normalisierung ohne Normalität）」とも称されるように（Bingen 1998）、解決が先送りされていた残留ドイツ人の出国問題をはじめ人道問題に関する交渉はその後も混迷を極め、七五年一〇月に経済協力の拡大などの問題との連関を通じて何とか解決が図られた[35]。

このように独ポ関係において両国間の諸問題が複雑に絡み合いつつ妥結に至った成果がワルシャワ条約であった。そのなかで、様々な留保を含みながらも国境問題に関して合意したことは、冷戦下で東西緊張緩和に寄与するだけでなく、歴史的に因縁の深い両国関係において大きな意義を持つ。それはまた、より歴史的に長いタイムスパンから東西のはざまにおけるドイツ外交という観点に立ったとき、この国境問題に関して、西側との意見調整の下で交渉が進められ合意したことの重みも浮かび上がる。さらに人道問題に関しても、条約締結およびその後の紆余曲折に見られる限界を孕んでいたものの、人的交流活性化の出発点となりうる成果を得た。本章で扱ったこうした諸側面に目配りすることで、「跪いたブラント」のインパクトに留まらないワルシャワ条約調印の意義に迫ることができるのである。

註

（1）ブラント政権期の独ポ関係を扱う優れた研究は多数存在するが、冷戦終結後に新たに使用可能になった一次史料等を利用した研究として、Stokłosa（2011）; Boll/ Ruchniewicz（Hg.）（2010）; Boll/ Wysocki/ Zimmer（Hg.）（2009）。本章で取り上げるテーマに関連する邦語の代表的な研究に佐藤（二〇〇八）、松川（二〇〇六）。

（2）東方政策の立役者ともいえるバールの構想に注目し対ソ関係や対東ドイツ関係を軸にヨーロッパ安全保障協力会議（ＣＳＣＥ）に至る過程を扱った研究として妹尾（二〇一一）。

（3）筆者がこれまで発表した独ポ関係に関する論考は妹尾（二〇一五）、Senoo（2014）。

（4）本章では西ドイツ側の視点から独ポ交渉で争点になった点をより明確にするため「残留ドイツ人」という用語を使用するがその呼称や定義は様々である（アッシュ 二〇〇九：二八五〜二八六頁）。

（5）オーデル・ナイセ線問題の起源に関しては、例えば松川（二〇〇六：一〇一〜一〇九頁）。「被追放者」については川喜田（二〇〇五ａ、二〇〇五ｂ）、解良（二〇〇〇、二〇〇九）などを参照。

（6）貿易協定自体は西ドイツ成立前の一九四八年に米英仏の占領地区とポーランドの間で締結されていた

(Feldman 2012: 223)。

（7）例えばＳＰＤと被追放者同盟については、Müller（2012）。

（8）本章では教会の役割を詳述できないが、政府間交渉に先駆けて対話に取り組んでいた点に注目した研究は多数あり、例えばフェルドマン（二〇一七）。ただポーランド国内における政府と教会の関係について、のちのワルシャワ条約の調印後においても、政府側が教会を利用して国民の労働意欲の向上を図った側面は看過できない。Emmel an AA, 26.3.1971, *PAAA*, B 42, 245.

（9）この時期のポーランドの姿勢の軟化には、一九六〇年代後半頃の国際環境や六七年の第三次中東戦争後に顕著になった国内の反ユダヤ主義の高揚なども影響を与えていた（松川 二〇〇六：一一六頁）。

（10）ただデュクヴィッツに関して必ずしもユダヤ人救出といった点のみで評価できない複雑な立場にあったことに言及したものとしてコンツェ他（二〇一八：五九二頁）。

（11）この国境問題に関して、バールが一九七〇年初頭の時点で、ドイツ統一のためにはソ連だけでなくポーランドの同意が必要であることをデュクヴィッツに伝えており（Bahr an Duckwitz, 22.1.1970, *DzD*, Nr. 59; Ruchniewicz 2010: 112）、のちに東西ドイツ統一の際に国境問題に関して別途ポーランドと条約を締結したことにもその重要性が表れている。

（12）Brandt an Cyrankiewicz, 13.3.1970, *PAAA*, B 42, 256.

（13）Aufzeichnung von Bahr, 20.5.1970, *DEB*, 429B.

（14）一方バールは、キッシンジャー（Henry Kissinger, 1923–）米大統領特別補佐官への報告のなかで、ソ連が東ドイツやポーランドの反対を押し切った点に注目し、ソ連の指導的役割の重要性を強調している（Bahr an Kissinger, 25.5.1970, *DEB*, 439）。

（15）このゲルリッツ条約の文言は六九年五月のゴムウカの提案にも見られる。

（16）Protokoll über den deutsch-polnischen Meinungsaustausch, 10.6.1970, *PAAA*, B 150, 204.

（17）一九七〇年八月のモスクワ条約調印の際に西ドイツからソ連に手交された「ドイツ統一に関する書簡」の主な

内容については、「バール文書」の合意された同年五月にすでにソ連側に伝えられていた。妹尾（二〇一一：第二章）参照。

（18）自由ヨーロッパ放送に対するポーランドの非難に関しては、Pauls an AA, 8.7.1970, *PAAA*, B 150, 206.

（19）ただ赤十字社を通じた対応に前向きな姿勢も見せ始めていた。Vermerk von Finke-Osiander, 10.6.1970, *PAAA*, B 42, 250.

（20）Aufzeichnung von Staden, 21.7.1970, *PAAA*, B 150, 207.

（21）Aufzeichnung von van Well, 9.7.1970, *PAAA*, B 150, 206.

（22）Böx an Scheel, 13.6.1970, *PAAA*, B 150, 205.

（23）西ドイツ側が用意した覚書に関しては、Aufzeichnung von Boldt, 15.7.1970, *PAAA*, B 150, 207.

（24）当初九月上旬に予定された第六ラウンドは外交日程の関係で一〇月上旬にずれ込むことになった（*AAPD* 1970, Dok. 409）。

（25）Protokoll über die sechste Runde der Gespräche mit Polen, o.D., *PAAA*, B 150, 213.

（26）Aufzeichnung von Richthofen, 30.10.1970, *PAAA*, B 150, 215. 書簡の草案は *AAPD* 1970, Dok. 494.

（27）Scheel an Barzel, 16.10.1970, *PAAA*, B 150, 214.

（28）シェール外相は一一月九日にボンに戻りブラント首相に交渉内容を報告し、翌一〇日にブリュッセルで開催されたEC外相会議に参加後、一一日にワルシャワに戻って交渉が再開された。シェールはボンでバールに対して、対ソ交渉と異なり相手側の指導部への接触ルートがないことを交渉が難航する要因に挙げ、先行きの不透明さを嘆いていた（Aufzeichnung von Bahr, 10.11.1970, *DEB*, 436）。

（29）この「情報」の全文は、*TzD*, VI: 262. 以下も参照。佐瀬 一九七三：一三六〜一三七頁、佐藤 二〇〇八：一六五〜一六六頁、アッシュ 二〇〇九：二八七頁。Newnham 2007: 249-250, 257-258.

（30）Schenck an AA, 17.11.1970, *PAAA*, B 150, 217. ただ西ドイツ側では、「情報」の非公開部分ではドイツ語のニュアンスがほぼポーランド語に反映されている一方、公開部分にはポーランド語の表現がニュアンスとして断定を幾分弱めているという指摘もあった。

（31）*AAPD* 1970, Dok. 551; Finke-Osiander an AA, 17.1.1971, *PAAA*, B 42, 304.

（32）*AAPD* 1970, Dok. 595. 一二月一〇日付の独ポ関係に関するシュミートへのインタビュー記事は、*TzD*, VI: 278–290.

（33）西ドイツとの条約によって国民に苦しい経済状況からの脱却に対する期待を持たせるという目論見が外れ、ポーランド指導部は失望を隠せなかったという。Emmel an AA, 18.12.1970, *PAAA*, B 42, 245.

（34）*AAPD* 1970, Dok. 595. ポーランド側による西ドイツ歴史教科書の修正要求は、*AAPD* 1970, Dok. 518. 歴史教科書に関する研究は多数あるが、代表的なものに近藤（一九九三）。

（35）残留ドイツ人の出国者数は一九七一年に二万五二四一人、七二年に一万三四八二人だったのが、ワルシャワ条約が西ドイツ国内で批准された後、七三年には八九〇三人、一九七四年は七八二五人に激減していた（佐藤 二〇〇八：一九八～一九九頁）。この合意は補償問題とも併せて議論されたが、本章では紙幅の都合上詳述できないため別稿で論じたい。

参考文献一覧

未公刊史料

Archiv der sozialen Demokratie der Friedrich-Ebert-Stiftung, Bonn: Depositum Egon Bahr（*DEB*）.

Politisches Archiv des Auswärtigen Amts（*PAAA*）, Berlin.

公刊史料集類

Bundesministerium für innerdeutsche Beziehungen（Hg.）, *Texte zur Deutschlandpolitik*（*TzD*）IV, Bonn: Vorwärts-

Druck, 1970.

Bundesministerium des Innern unter Mitwirkung des Bundesarchivs (Hg.), *Dokumente zur Deutschlandpolitik VI/1 (1969/70)* (*DzD*), München: Oldenbourg, 2002.

Institut für Zeitgeschichte (im Auftrag des Auswärtigen Amts) (Hg.), *Akten zur Auswärtigen Politik der Bundesrepublik Deutschland* (*AAPD*), München: Oldenbourg.

Marx, Stafan (bearb.), *Der Kreßbronner Kreis. Die Protokolle des Koalitionsausschusses der ersten Großen Koalition aus CDU, CSU und SPD*, Düsseldorf: Droste, 2013.

Presse- und Informationsamt der Bundesregierung (Hg.), *Die Verträge der Bundesrepublik Deutschland mit der Union der Sozialistischen Sowjetrepubliken vom 12. August 1970 und mit der Volksrepublik Polen vom 7. Dezember 1970*, Bonn, 1971.

参考・引用文献

Behrens, Alexander (Hg.) (2010), *"Durfte Brandt knien?" Der Kniefall in Warschau und der deutsch-polnische Vertrag. Eine Dokumentation der Meinungen*, Bonn: Dietz.

Bingen, Dieter/ Janusz Józef Węc (1993), *Die Deutschlandpolitik Polens 1945–1991*, Krakau: Nakladem Uniwersytetu Jagiellonskiego.

Bingen, Dieter (1998), *Die Polenpolitik der Bonner Republik von Adenauer bis Kohl 1949–1991*, Baden-Baden: Nomos.

Bingen, Dieter (2009), "Versöhnung, Aussöhnung, Normalisierung. Perspektiven der Entspannungspolitik in den 1960er- und 1970er-Jahren aus deutscher und polnischer Sicht," in Boll/ Wysocki/ Zimmer (Hg.), a.a.O.

Boll, Friedhelm/ Wiesław Wysocki/ Klaus Zimmer (Hg.) (2009), *Versöhnung und Politik. Polnisch-deutsche Versöhnungsinitiativen der 1960er-Jahre und die Entspannungspolitik*, Bonn: Dietz.

Boll, Friedhelm（2009）, “Der Bensberger Kreis und sein Polenmemorandum（1968）. Von Zweiten Vatikanischen Konzil zur Unterstützung sozial-liberaler Entspannungspolitik,” in ebenda.

Boll, Friedhelm/ Krzysztof Ruchniewicz（Hg.）（2010）, *Nie mehr eine Politik über Polen hinweg. Willy Brandt und Polen*（Willy-Brandt-Studien Band 4）, Bonn: Dietz.

Brandt, Willy（1976）, *Begegnungen und Einsichten. Die Jahre 1960–1975*, Hamburg: Hoffmann und Campe.

Brandt, Willy（1986）, *Erinnerungen*, Frankfurt a. M.: Propyläen.

Feldman, Lily Gardner（2012）, *Germany's Foreign Policy of Reconciliation: From Enemy to Amity*, Lanham, MD: Rowman & Littlefield.

Grau, Andreas（2010）, “Willy Brandt und Polen aus Sicht der CDU/CSU-Opposition,” in Boll/ Ruchniewicz（Hg.）, a.a.O.

Jarząbek, Wanda（2010）, “Deutsche（Neue）Ostpolitik aus polnischer Perspektive, 1966–1972,” in Boll/ Ruchniewicz（Hg.）, a.a.O.

Jarząbek, Wanda（2006）, “‘Ulbricht-Doktrin’ oder ‘Gomułka-Doktrin’? Das Bemühen der Volksrepublik Polen um eine geschlossene Politik des kommunistischen Blocks gegenüber der westdeutschen Ostpolitik 1966/67,” *Zeitschrift für Ostmitteleuropa-Forschung*, 55.

Lind, Jennifer（2010）, *Sorry States: Apologies in International Politics*, Ithaca/ London: Cornell University Press.

Löwenthal, Richard（1974）, “Vom kalten Krieg zur Ostpolitik,” in ders./ Hans-Peter Schwarz（Hg.）, *Die zweite Republik. 25 Jahre Bundesrepublik Deutschland – eine Bilanz*, Stuttgart: Seewald.

Müller, Matthias（2012）, *Die SPD und die Vertriebenenverbände 1949–1977. Eintracht, Entfremdung, Zwietracht*, Münster: Lit.

Newnham, Randall（2007）, “Economic Linkage and Willy Brandt's Ostpolitik: The Case of the Warsaw Treaty,” *German Politics*, Vol.16, No.2.

Niedhart, Gottfried (2010), "'Phase widerspruchsvollen Wandels'. Willy Brandts Entspannungspolitik und die deutsch-polnischen Beziehungen," in Boll/ Ruchniewicz (Hg.), a.a.O.

Pick, Dominik (2010), "Die gesellschaftliche Dimension der westdeutsch-polnischen Beziehungen in der Zeit der Neuen Ostpolitik," in Boll/ Ruchniewicz (Hg.), a.a.O.

Rehbein, Klaus (2006), *Die westdeutsche Oder/Neiße-Debatte. Hintergründe, Prozeß und das Ende des Bonner Tabus*, Münster: Lit.

Rother, Bernd (1999), "Willy Brandt. Der Kniefall von Warschau," in Claudia Fröhlich/ Michael Kohlstruck (Hg.), *Engagierte Demokraten. Vergangenheitspolitik in kritischer Absicht*, Münster: Westfälisches Dampfboot.

Ruchniewicz, Krzysztof (2009), "Ostpolitik and Poland," in Carole Fink/ Bernd Schaefer (eds.), *Ostpolitik, 1969–1974: European and global responses*, Cambridge: Cambridge University Press.

Ruchniewicz, Krzysztof (übersetzt von Adam Peszke) (2010), "Deutsch-polnische Beziehungen und das Problem der Entschädigung der polnischen NS-Opfer zur Zeit der Neuen Ostpolitik," in Boll/ Ruchniewicz (Hg.), a.a.O.

Schmid, Günther (1979), *Entscheidung in Bonn. die Entstehung der Ost- und Deutschlandpolitik, 1969/1970*, Köln: Verlag Wissenschaft und Politik.

Schneider, Christoph (2006), *Der Warschauer Kniefall. Ritual, Ereignis und Erzählung*, Konstanz: UVK.

Senoo, Tetsuji (2014), "Lessons from the German Policy of Reconciliation: Willy Brandt's *Ostpolitik*, German-Polish relations and its implications for regionalism," in Duško Dimitrijević/ Ana Jović-Lazić, / Ivona Lađevac (eds.) *Regionalism and Reconciliation*, Belgrade: Institute of International Politics and Economics/ Doshisha University.

Stehle, Hansjakob (1995), "Zufälle auf dem Weg zur Neuen Ostpolitik. Aufzeichnung über ein geheimes Treffen Egon Bahrs mit einem polnischen Diplomaten 1968," *Vierteljahrshefte für Zeitgeschichte*, 43/1995.

Stokłosa, Katarzya (2011), *Polen und die deutsche Ostpolitik 1945–1990*, Göttingen: Vandenhoeck & Ruprecht.

Tomala, Mieczysław (2000), *Deutschland – von Polen gesehen. Zu den deutsch-polnischen Beziehungen 1945-1990*, Marburg: Schüren.

Wolffsohn, Michael/ Thomas Brechenmacher (2005), *Denkmalsturz? Brandts Kniefall*, München: Olzog.

アッシュ、ティモシー・ガートン（二〇〇九）『ヨーロッパに架ける橋』（上・下）、杉浦成樹訳、みすず書房。

網谷龍介（一九九四）「「転換」後のドイツ社会民主党（一九六一～一九六六）」『国家学会雑誌』第一〇七巻第三／四号。

石田勇治（二〇〇二）『過去の克服——ヒトラー後のドイツ』白水社。

板橋拓己（二〇一四）『アデナウアー——現代ドイツを創った政治家』中公新書。

伊東孝之（一九八八）『ポーランド現代史』山川出版社。

ヴィンクラー、H・A（二〇〇八）『自由と統一への長い道 II——ドイツ近現代史 一九三三－一九九〇年』後藤俊明／奥田隆男／中谷毅／野田昌吾訳、昭和堂。

川喜田敦子（二〇〇五a）「20世紀ヨーロッパ史の中の東欧の住民移動——ドイツ人「追放」の記憶とドイツ＝ポーランド関係をめぐって」『歴史評論』第六六五号。

川喜田敦子（二〇〇五b）『ドイツの歴史教育』白水社。

川喜田敦子（二〇一九）『東欧からのドイツ人の「追放」——二〇世紀の住民移動の歴史のなかで』白水社。

解良澄雄（二〇〇〇）「第二次大戦後のドイツ人「追放」問題——ポーランドにおけるその現在」『現代史研究』第四六号。

解良澄雄（二〇〇九）「ドイツ人「追放」問題とポーランド」『歴史評論』第七一六号。

コンツェ、エッカルト／ノルベルト・フライ／ピーター・ヘイズ／モシェ・ツィンマーマン（二〇一八）『ドイツ外務省〈過去と罪〉——第三帝国から連邦共和国体制下の外交官言行録』稲川照芳／足立ラーベ加代／手塚和彰訳、えにし書房。

近藤孝弘（一九九三）『ドイツ現代史と国際教科書対話――ポスト国民国家の歴史意識』名古屋大学出版会。

佐瀬昌盛（一九七三）『西ドイツの東方政策』日本国際問題研究所。

佐藤成基（二〇〇八）『ナショナル・アイデンティティと領土――戦後ドイツの東方国境をめぐる論争』新曜社。

妹尾哲志（二〇一一）『戦後西ドイツ外交の分水嶺――東方政策と分断克服の戦略、一九六三～一九七五年』晃洋書房。

妹尾哲志（二〇一五）「国境をめぐる国際紛争――冷戦期の西ドイツとポーランドを事例として」『専修大学法学研究所所報』第五〇号。

高橋進（一九九一）「西欧のデタント――東方政策試論」犬童一男／山口定／馬場康雄／高橋進編『戦後デモクラシーの変容』岩波書店。

フェルドマン、リリー・G（二〇一七）「冷戦期における西ドイツとの和解の機会と限界」菅英輝編『冷戦変容と歴史認識』晃洋書房。

松川克彦（二〇〇六）「ポーランド・西ドイツ関係正常化基本条約と国境画定問題」『京都産業大学論集』社会科学系列第二三号。


【付記】本研究はＪＳＰＳ科研費（課題番号：24530177, 15K03332, 16H03594, 16K17073）による研究成果の一部である。

第5章　東ドイツ外交の成果と限界
――両独基本条約交渉（一九六九〜七二年）を例に――

河合　信晴

はじめに――東ドイツ外交はドイツ外交の逸脱例なのか？

日本のドイツ政治外交史研究では、これまで戦後の東ドイツ外交に触れられる機会は少なかった[1]。むろん、ドイツ本国においてはすでに、占領期からドイツ統一に至るまで、この国の外交について詳細に論じられている。一九九〇年に、東ドイツが国家として消滅したことをもって、分断国家の失敗事例と評価し、ソ連がこの国の外交政策の重要な局面で影響力を行使していたことを強調するならば、東ドイツ外交を検討することに研究の意義を見いだすことは困難となる。第二次世界大戦以前のドイツや西ドイツが地理的、政治的な理由で制約を課されていたとしても、外交の自立性を失ったことがないことと比較すれば、東ドイツの外交はドイツ政治外交史における逸脱例であるといえなくもない。

しかし、今までのところ、東ドイツの政権政党であった「社会主義統一党」（以下、ＳＥＤ）に、外交上、どれほど行動の余地があったのかについては、一概には判断できない状況にある（Kuppe 2003: 326）。東ドイツ外交の通史として、広く参照されているヴェントカーの研究によれば、一九五〇年代から六〇年代前半はともかくも、それ以降においては、ＳＥＤ指導部はソ連に対して限定的ながら自立性を享受できていたとも論じられている（Wentker 2007）[2]。東ドイツ外交はソ連の影響下にありつつも、東西の狭間にあって、独自の政策を展開する可能性をもっていたといえなくもない。となれば、この国の事例もドイツ外交における「伝統」のなかに、位置づけることも不可能ではない。

東ドイツの外交政策は、第三世界との外交関係の推移もさることながら、ドイツ国家の分断が直接問題となる両独関係や、ソ連を含む戦勝四カ国との関係のなかにこそ、その本質を見ることができる。早くは一九五〇年代において、ソ連が提案したドイツ中立化提案である「スターリン・ノート」をめぐって、ＳＥＤ指導部は自らの存在意義が問われる事態に直面したこともある[3]。また、六一年、ベルリンの壁を建設した際には、この都市が置かれた特別の地位のために、彼らはソ連の了解と支援を必要とした[4]。

東ドイツはその反面、ソ連の影響力を前提にしながらも、一九六〇年代後半以降については、自らの国家の存続が関わる最重要問題について、行動の余地を一定程度確保したとも評価できる。東ドイツが七二年一二月に締結された両独基本条約の当事者であることを軽視することはできないのである。この条約の締結によって、東ドイツは西ドイツとの間で事実上の国家承認を相互に行い、その結果、西側諸国との国交樹立や、国際連合への加入を果たした。このことは西ドイツ・ブラント外交にとってのみならず、東ドイツ外交にとっても成果といえるものだった。また、東ドイツが一九七〇年代から八〇年代にかけて、中欧地域における冷戦の緊張緩和や、戦後のヨーロッパの国際秩序の安定に貢献したとみることも不可能ではない。

だとすれば、東ドイツ側からこの条約の意義を探ることは、ドイツ政治外交史の一側面を見るうえで、重要な課題と位置づけられよう。

両独基本条約締結までの外交交渉については、西ドイツのブラント外交を検証する観点から、すでに多くの研究が提出されており、その成果と問題点とが詳細に分析されている。そのうち、妹尾の研究は日本語でもっとも詳しく西ドイツ側から交渉過程を追ったものである。それによれば、両独基本条約に結実するブラント外交は、アデナウアー以来の西ドイツ外交との分水嶺をなし、米ソ冷戦の緊張緩和に影響を与えたものと評価される（妹尾 二〇一一）。これに対して、イギリスの現代史家アッシュは、西側のみならずソ連を含めた東側の交渉過程についても言及する。そして、この外交は、冷戦の緊張緩和により、国際的な枠組みを変化させることに寄与したものの、東ドイツ内部の反体制運動を抑制する効果を持ったとされる（Garton Ash 1993）。

なお、東側、特に東ドイツから両独基本条約交渉を扱った研究は、これまでのところ日本においては、ほとんど存在しない。むろん、ドイツにおいては東ドイツ側について言及した研究の蓄積は進んでいる。ヴェントカーの通史では、ソ連の圧倒的な力を前にして、ＳＥＤ指導部がいかに交渉を進めていたのか、最新の研究を踏まえ概観することができる（Wentler 2007）。

具体的な研究では、両独基本条約締結に先立つ一九七〇年三月と五月、エアフルトとカッセルにおいて開催された両独首脳会談に着目したものがある。この会談は欧州の緊張緩和のきっかけとなったために、九〇年のドイツ統一以前にも目立たないながらも、国際秩序を根本的に変化させるものであったと見なされたこともあった（Craig/ George 1983: 252）。しかし、従来一般的には、この二度の両独首脳会談は、両者の国家や外交認識についての相違が確認されただけであって、成果はなく、失敗であったと考えられてきた（Scholtyseck 2003）。なお近年では、一次史料の公開によってこの会談の内幕が明らかになり、再評価が進んでいる（Nakath 1998: 196 ff.）。

両独基本条約の交渉過程における東ドイツ外交を扱った研究は、ＳＥＤ指導部における対西ドイツ政策の違いが権力闘争を招き、ウルブリヒト（Walter Ulbricht）からホーネッカー（Erich Honecker）へ、最高指導者の交代が生じた理由を探ろうとする。体制転換以前の研究においては、当時、党第一書記であったウルブリヒトが、西ドイツに対する自国の脆弱性を認識していたため、両独関係の改善には消極的であったと考えられた。これに対して次世代の指導者と目されていたホーネッカーが、経済関係の強化を図る必要性から、関係改善に熱心であったとみなされていた（Jacobsen/ Leptin/ Scheuner/ Schulz 1979: 435 f.; Croan 1976; Asmus/ Brown/ Crane 1991）(5)。

この評価はドイツ統一後の研究において一八〇度変化する。ＳＥＤ幹部へのインタビューや、一次史料調査が進められた結果、東ドイツの脆弱性を危惧していたのはむしろホーネッカーであって、逆にウルブリヒトは関係改善に熱心であったと論じられることとなったのである（Kaiser 1997; Stelkens 1997）。

ドイツにおける議論がＳＥＤ内部での権力闘争を絡めて論じる傾向が強いのに対して、サロッテは外国人の立場を活かして、両独基本条約の交渉を一九六〇年代末から七〇年代における多極化と、米ソの緊張緩和が進む国際情勢のなかに位置づけ、東西ドイツのみならず、戦勝四カ国の政策決定過程も含めて詳しく検討している（Sarotte 2001）。彼女によれば、ＳＥＤ指導部内での対立は、政策内容の相違というよりも、むしろどうやって西ドイツとの関係を調整するのか、その手法の違いによって生まれたと評価される。また、この研究では東ドイツは対西ドイツ交渉において、ソ連の期待する役割を担わざるをえなかったとされる。すなわち、ブレジネフ（Leonid Iljitsch Breschnew）とウルブリヒト両者の目標は、西側との交渉と和解を進めることについては一致していたものの、ソ連側は自らの交渉のために、東ドイツには強硬路線を指示し、自国の交渉を優先させたと見なされているのである。

なお、カイザーによれば、ウルブリヒトは東西ドイツ間の経済関係強化を重視していたと見なされ、経済状況の改善を図った後、東西ドイツ相互の国家承認を経て、東ドイツ主導のドイツ統一を考えていた。それに対して、ホーネッカーは東西ドイツを明確に分離することによって国家承認を取り付け、東ドイツの独自性を確保しようとしたとされる（Kaiser 1997）。

これらの研究によって、東ドイツの両独基本条約交渉は、国内の権力闘争と深く結びつくと同時に、ソ連との関係や当時の国際政治状況によっても影響を受けるものであったことが認識されるようになった。くわえて、東ドイツ側から条約交渉を検討した研究からは、この国の外交の限界と特殊性が強調されることとなったのである。

確かに、西ドイツとの間の外交関係は正式な国家間関係ではないとされたことや、西ドイツが東西ドイツの国籍を分離することを承認しなかった点を考慮すれば、この条約は、東ドイツが脆弱性を抱える原因を生み出したともいえる。その反面で、従来の研究は両独基本条約の締結が、東ドイツにとって、西側各国から国家承認を得るきっかけとなった点を軽視している。さらには、東ドイツ外交をドイツ政治外交史全体のなかで位置づけることが可能かどうかについては未だに検討の余地がある。

そこで本章は、ウルブリヒトとホーネッカーの対立が根本的に異なる（東西）ドイツ観ゆえに生じたのか否かをふりかえりつつ、東ドイツが求めた国家承認問題が、いかなる推移をたどったのかを追う。そして、東ドイツが目指した目標は果たして達成されたのかどうかを再検討する。さらに、西ドイツが交渉の目標とした、東西間における往来の拡大を意味する「分断によって人びとが負った苦痛の軽減」（menschliche Erleichterungen）に対する要求は実現しえたのかどうかという点に着目する。東西ドイツ間の外交を双方向で検討することにより、東ドイツの特殊性のみを強調する議論とは一線を画す。そのうえで、東ドイツ外交が、ドイツ政治外交史全体から逸脱したものであったのか否かを明らかにする。

本章はまず、一九六〇年代末に国際環境が変化し、東ドイツが西ドイツによる東側陣営への新たな外交攻勢にどのように対応したのかを扱う。そのうえで、東西両国による対話のきっかけについて、西ドイツ側からの接近のみならず、東ドイツ側からの提案内容にも触れて、七〇年の二度にわたる両独首脳会談の経過を追い、それがＳＥＤ指導部の国内秩序安定に関して、いかなる影響をもたらしたのかを検討する。第三には、両独交渉再開以降、基本条約が締結されるまでの交渉過程を述べる。

1　一九六〇年代後半の東ドイツをめぐる国際環境

(1)　国際的地位の改善

東ドイツは外交的には一九五〇年代まで、東側諸国以外の戦勝三カ国を含む西側諸国、アジア・アフリカ諸国との間に国交を正式に締結することが困難な状況にあった。これは一般に、アデナウアー(Konrad Adenauer)政権による東ドイツ不承認政策、「ハルシュタイン・ドクトリン」の影響を被っていたからである。(6) しかしながら、六〇年代に入って、ベルリンの壁の構築以降、彼が主張してきた西側統合を推進し、東側に強硬路線をとることこそが、ドイツ統一に向かうための唯一の方策と見なす「力の政策(Politik der Stärke)」の限界が徐々に明らかになってきた。

というのも、東ドイツは第二次世界大戦後独立した第三世界の国々との間で、国交樹立、領事館や通商代表部開設に次第に成功していったからである。シリアやエジプトをはじめとしたアラブ諸国は、西ドイツがイスラエル寄りの立場をとっていたことから、その対抗策として東ドイツに接近を図ることに利益を見いだした。(7)

事実、西ドイツは一九五七年には、「ハルシュタイン・ドクトリン」を、東ドイツと国交を回復したユーゴスラビアに対して発動したものの、東ドイツがさらに外交攻勢をかけるなかで、むしろこのことが、西ドイツ外交の足枷になっていった。(8)

ただ、東ドイツは外交上の成果をあげるだけでなく、東側陣営の結束の乱れにも悩まされることになった。この時期、中ソ論争をはじめとして東側陣営内においても、ソ連の圧倒的な影響力に陰りが生じ、多極化が進んでいた。最初にその影響が現れたのがルーマニアであり、この国は一九六七年に西ドイツとの間で国交を樹立したのである。その際、西ドイツは東ドイツとの国交を問題視することはもはやなく、「ハルシュタイン・ドクトリン」は存在意義を失った。この事態を受けて、SED指導部は、西ドイツが今後、ポーランドやチェコスロバキア、ハンガリーといった国々と国交を樹立した場合、東側陣営内で孤立しかねないと危惧した。また、国内治安維持の面においても、国境を越えて電波を受信できる東ドイツの人々が、西ドイツの経済的豊かさに憧れを持つことで、支配の正統性に疑問を抱かせる状況になりかねないとの不安を抱いたのである。そこで、彼らは両独間の人間の接触を制限しようとした。とりわけ、七〇年代に入りホーネッカーが主導したこの「遮断政策」(Abgrenzungspolitik)は、すでに六〇年代から強化されつつあったのも事実である。いわばこの時期、東ドイツは外交上成果をあげつつも、西ドイツとの経済競争にさらされたことで、脆弱性をも抱えることになった。

ただ、東ドイツだけでなく、ソ連やポーランドも、ルーマニアと西ドイツとの国交樹立について、東側陣営の結束を乱すことになるものと見なして警戒した。ソ連は戦勝国として第二次世界大戦の成果を確実なものとすることを重視し、当時はヨーロッパの現状固定化を図ることを外交方針としていた。そのなかで、西ドイツのエアハルト政権が、経済力を高めながらも、現状の国境線を承認せずに、核武装の可能性を探っていたことは脅威であった(津崎 二〇一六)。ポーランドは第二次世界大戦後、東部領土をソ連に引き渡した代償に、シュレジエン・後ポメルンといった旧プロイセン領を自国に編入していた。当時、西ドイツはこの「オーデル・ナイセ線」を国境であるとは承認しておらず、旧東部領土を正式には放棄していなかった。将来の統一ドイツ国家とポーランドの国境線が未確定という状況は、ポーランドにとっては自国の存立を脅かすものと捉えられた。

そこで、一九六七年二月、ソ連、ポーランドの意向を踏まえて、東ドイツが「ウルブリヒト・ドクトリン」と呼ばれることになる外交原則を発表することで、東側陣営内での共通認識を確立した。それによれば、東欧諸国は今後、西ドイツとの間で国交を樹立する場合、西ドイツに核兵器放棄の明確化と並んで、ヨーロッパの現状承認、すなわち「オーデル・ナイセ線」と東ドイツを国家として承認することを求めることとした(9)。これは東側の結束を確認し、現状維持への強い決意を示すものであったが、同時に、この条件さえ整えば、西ドイツとの関係改善へ向かう可能性をも示していた。

一九六〇年代末期になると、中国との紛争を抱えていたソ連は、西ドイツのキージンガー（Kurt Georg Kiesinger）大連立内閣による東ドイツを含めた東側諸国への外交接触を踏まえて、ヨーロッパにおいては緊張緩和を促す方針をとった。そこで、東側は六九年三月、ワルシャワ条約機構の政治諮問会議において、「ブダペスト声明」を発表した。これは、欧州における国境の現状と東ドイツの存在を承認し、西ドイツがドイツ人全体を代表するとの主張を放棄することを前提としたうえで、欧州規模での安全保障会議を開催し、経済面を含めた東西の協力関係強化を提案するものであった(10)。さらにソ連は、同年九月に西ドイツに対して、武力不行使に関する条約を締結するための外交交渉を提案した（Falin 1993: 57. 妹尾 二〇一一：五六頁）。ソ連の意図は、西ドイツと自らの二国間交渉と、西側との多国間交渉を同時に進めることで、ルーマニアが行ったような他の東欧諸国による抜け駆け的な関係改善を防止することにあった。ソ連は、東ドイツを含めた他の東欧諸国と西ドイツとの間で交渉が進み、経済協力が進展することで、自らは置き去りにされることを恐れた。そこで、彼らは東ドイツに対して、情報を伝達するものの、相互の協議は行わないまま、自らの交渉を進めた。その一方で、ソ連は東ドイツと西ドイツとの交渉については細部まで管理しようとする姿勢をとったと言われる（Sarotte 2001: 170; Wentker 2007: 321）。

(2) 東ドイツによる両独交渉の呼びかけ

東西間の交渉は、一九六九年一〇月、西ドイツで新たに発足したブラント（Willy Brandt）政権が、「一民族二国家論」を所信表明で明らかにして本格化した（妹尾 二〇一一：五一—五二頁）[11]。この演説は、東ドイツへの事実上の譲歩を含んでおり、彼らに交渉を呼びかけるメッセージであった。SED首脳部内では、SPD／FDP連立政権とこのブラントの呼びかけについて、評価が分かれた。緊急に開催された政治局会議において、第一書記ウルブリヒトは、西ドイツの政権交代とブラントの所信表明を「どうして我々は西ドイツにおいて、何か新しいことが生じていると考え始めないのか。この政府は進歩なのだ。我々は、この政府がまさに長期に渡って持続できる政策を実行しなければならない。〔…〕東ドイツの存続を認めるということ、このことはボンの方針の確かな変化なのである」と述べ、ブラント政権に肯定的な評価を下した。そして、西ドイツの新しい「東方政策」に対して、東ドイツ側においても、新しい「西方政策」が必要であると表明したのである[12]。これに対して、ホーネッカーは、西ドイツの出来事はあくまで政権交代であって、権力交代ではないとし、「ブラント・シエール政権はキージンガーの路線とは、本質的にそれほど離れているわけではない。〔…〕独占資本の意図はＳＰＤと他の社会民主主義諸政党を援助して、社会主義諸国に復讐的思考を持ち込むことにある。〔…〕また、彼らの意図は、東西双方のドイツ人に対して、西ドイツ政府が全ドイツ人の利益にかなうものであると表明することにあり、東ドイツ国内の統一を揺るがせることにある」と否定的な見解を述べた[13]。

彼らは指導部の足並みが乱れるなかで、独自の条約案を準備せざるをえなかった。当初の案はウルブリヒトの妥協的な態度に沿って作られており、東西ドイツ相互に設置する出先機関を「外交使節」(Mission）と定義して、必ずしも大使館の設置を求めるものではなかった[14]。

ソ連のブレジネフはこの草案を受け取り、一九六九年一二月二日から四日にかけて、モスクワにおいてＳＥＤ政治局とソ連共産党政治局との協議を開催し、さらに東欧諸国首脳会議を招集した。ホーネッカーのメモによれば、協議の席上、ブレジネフはこの条約提案に関して、「政府間での条約ではなく、国家間の条約となるのは当然である」と述べて、草案にある「外交使節」の意味が不明確であると指摘した[15]。また、彼は東欧諸国との会議においては、「我々が武力不行使に関する西ドイツとの交渉において重視するもう一つ別の課題は、東ドイツについて国際法上の根拠を有した形での承認をえることであり、独立と主権に注意することである」と述べ、東側の交渉方針が「ウルブリヒト・ドクトリン」以来の路線となんら変更がないことを確認した[16]。

ウルブリヒトはこの会議を経て、これまで「外交使節」となっていた箇所を、国際法に則った大使館の設置を呼びかける形に改めた。そして、彼は一二月一七日、これを条約交渉の出発点として提起する書簡を、西ドイツ大統領ハイネマン（Gustav Heinemann）に宛てて送付した[17]。ハイネマンは大統領が直接、外交交渉を主導することは西ドイツのボン基本法の立場からできないとして、首相であるブラントにこの書簡を転送した。このとき連邦議会では、与党SPDならびにFDPと、東側との交渉に対して否定的な立場をとる野党CDU／CSUとの間の議席数は伯仲していた。この政治情勢を反映して、ブラント政権は西ドイツがドイツを代表する国家であるとする従来の立場を維持し、東ドイツの提案を交渉の出発点としては認めなかった。逆に、一九七〇年一月一四日、ブラントは東西ドイツ間の現状を連邦議会において報告するなかで、「はじめに条約ありきではなく、それは交渉の終わりにあるはず」と述べ、東ドイツの条約提案には難色を示した[18]。ただ、彼は同時に東ドイツのカウンターパートナーとなるシュトーフ（Willi Stoph）首相に対して、東西ドイツがそれぞれ主権国家であるという前提をとらずに、武力不行使宣言に関する交渉を行うことを呼びかけたのである[19]。

両ドイツ間の交渉が始まるか不透明な状況のなか、ソ連のグロムイコ（Andrei Andrejewitsch Gromyko）外相は、西ドイツの交渉代表を務めるバール（Egon Bahr）と、一九七〇年一月から二月にかけて、武力不行使条約に関する予備交渉をモスクワで行っていた[20]。そのなかで、バールは全ヨーロッパ安全保障会議への賛同を表明するなど、東側が提案した六七年の「ブダペスト宣言」に沿った譲歩の姿勢を見せた。ブラント政権はその際、東ドイツや東欧諸国との交渉を行うため、改めて、ソ連の東側諸国に対する影響力の大きさに気づかされたのである（Garton Ash 1993: 84）[21]。西ドイツはそればかりか、ソ連との間で経済協定に調印し、経済・技術協力の拡大に関するテーマについても交渉のテーブルに載せた。両者は西ドイツの銀行連合による借款を通じて、西ドイツへ天然ガスパイプラインを敷設することに合意した（Bark/ Gress 1989: 169–170; Sarotte 2001: 39. 妹尾 二〇一一：五九頁）。サロッテはこのソ連の西ドイツに対する交渉姿勢を、犯罪の被疑者に対して厳しい態度をとる警官と、同情的な態度をとる警官の二人の共同作業によって、自白を引き出す技術である「良い警官と悪い警官」のやり方を適用したものであると説明する。すなわち、ソ連は西ドイツに対して好意的な役割を果たす「良い警官」として、逆に、東ドイツは絶えず「悪い警官」として厳しい立場をとったとされる（Sarotte 2001: 34）。

むろん、このとき東ドイツが、ブラント政権との交渉を忌避するホーネッカーの立場に立って、交渉そのものを停止したならば、ソ連としても自らの西ドイツとの交渉に東ドイツを利用することはできず、有利な立場を築くことはできない。逆に、彼らがウルブリヒトの交渉姿勢を認めることは、両独交渉が先に進んでしまうことになり、やはり、自らの立場は不利になる。ソ連にしてみれば、両独が交渉の舞台に立つことは必要であるものの、先にその交渉が進んでしまうことは避けねばならなかった。そのために、彼らは東ドイツ指導部内の対立を利用する必要があったのである。

2　両独首脳会談の開催と「冷却期間」（Denkpause）

(1)　エアフルトとカッセル

東ドイツは、ブラントからシュトーフ宛てに送られた両独交渉開始の呼びかけに対して、一九七〇年二月一一日、首脳会談開催を提案する返書を出し、ブラントもそれに肯定的返事をした[22]。ただ、この両首脳の直接会談を実施するためには、ソ連の同意が必要であった。そのソ連は七〇年一月三〇日から二月一七日に開催された「モスクワ条約」の第一回予備折衝において、西ドイツの交渉担当者バールに対して、ソ連との交渉がまとまれば、対東ドイツとの交渉が進むことになると、東側諸国に持つ彼らの影響力の大きさを信じさせようとしたといわれる（Sarotte 2001: 39）。

この予備折衝終了後、グロムイコはウルブリヒトに対して、西ドイツとの交渉についての情報を提供し、西ドイツはドイツ再統一方針は放棄しておらず、東ドイツの完全な国家承認は不可能とする従来の立場を維持していると伝えた。ただ、彼はこのときは交渉に否定的な態度をとりかねないＳＥＤ指導部に対し、「われわれが引き出すことができた国境問題や、ほかの問題についての成果をもすべて放棄すべきだとでもいうのか」と述べて、東ドイツが西ドイツとの交渉に際して、妥協的な態度をとる必要性を強調した。そのうえで、ソ連は自らの交渉において、ヨーロッパにおける境界線について現状承認を求め、東ドイツの存在を否認するような条約を締結することはないと、東ドイツ側に確約した[23]。

ただ、一九七〇年三月に開催された「モスクワ条約」に関する第二回予備折衝では、西ドイツがヨーロッパにおける現状の境界線を尊重すると述べたことから、ソ連は東西ドイツの最大の論争点である、東西ドイツ相互の国際法に基づく国家承認を明確には要求しなかった。この対応が「モスクワ条約」の交渉を加速させることになるが、東西ドイツ間の交渉には、この合意内容はなかなか反映されなかった。

東西ドイツ首脳会談は会談場所の設定に関して紆余曲折があったものの、一九七〇年三月一九日にエアフルトで開催されることとなった[24]。この会談は合意に達することができなかったという事実よりも、むしろＳＥＤ指導部を驚愕させるハプニングが生じたことで後々まで注目されることとなった。ブラントがエアフルト中央駅に到着し、真向いのホテル「エアフルター・ホーフ」に入ると、彼を一目見ようと市民が多く集まり、「ヴィリー・ブラント、窓に姿を見せてくれ」、「ヴィリー」と声をあげた。ブラントは東ドイツ当局の弾圧を心配して躊躇しながらも、バルコニーから手を振った（Brandt 1976: 491）。また、彼が東西の境界線を越えて、東ドイツ領内に入ると、土手に彼の名前の最後の一文字であるＹの文字が書かれているのを見ることもできた（Naumann/ Trümpler 1991: 45）。翌日それに対して、ＳＥＤ日刊紙『ノイエス・ドイチュラント』は、ヴィリーとは西ドイツの首相のブラントではなく、東ドイツ首相のシュトーフであると抗弁せざるをえなかったのである[25]。

サロッテが当時の東ドイツ代表団に法律顧問として参加した人物とのインタヴューでえた情報によると、彼が抱いた印象では、東ドイツの人々は自国の国家承認という問題に関心があるわけではなく、単純に両独間で話しあいができることを喜び、ブラントが人権状況の改善に乗り出すのではないかと期待していたとされる（Sarotte 2001: 48）。この出来事は、ＳＥＤの長年のプロパガンダにもかかわらず、東ドイツの人々にとって、西ドイツへのシンパシーがいかほど強いものであるのかを示すものであった。逆にホーネッカーはＳＥＤの支配体制を強固にするために、必要な措置を実施すべきと認識したのである。

シュトーフの会談での発言は、東ドイツの人々の期待を裏切るばかりか、東西ドイツの直接交渉が困難であることを示すものであった（Nakath 1995: 19–30）。彼は「我々はみなが「ドイツ人」であると述べて、公式な国際法上の関係を拒否しようと、ごまかそうとするのは無意味なことだ。前世紀のはじめから、進歩と労働者階級の側にいるドイツ人、反動と資本主義の側に立つドイツ人がいた。〔…〕東ドイツ市民は自らの労働によって自身と社会主義社会の福祉を増やしている。それに対して西ドイツでは、わずかばかりの階層が勤労者の労働から利益を受けている」と述べて、ドイツ人であることの一体性を否認した[26]。そして、彼は西ドイツに対して、「ハルシュタイン・ドクトリン」を正式に放棄すること、東西ドイツ相互による武力の不行使、両ドイツの国連加盟、ABC兵器不使用についての明確な約束と、「第二次世界大戦の残滓」に関する問題の処理、さらには西ドイツから東ドイツへの借款と賠償を行うことを要求した[27]。なお、交渉開始以前から問題となっている両国間の関係をいかに規定するかについては、「平等原則による国際法上の関係に基づいて」条約を締結することが提案された[28]。これは東ドイツが以前から主張している最大限の要求であった。

ブラントはこの東ドイツの要求には直接返答せず、ドイツに関する戦勝四カ国の権利を確認しつつ、あくまでドイツ統一を目指すとする旧来の外交方針を堅持することを表明し、両国の事実上の関係強化と相互のコミュニケーションの拡大を訴えた[29]。エアフルト会談は、両者の交渉目標の違いや妥協の難しさを示すことになり、共同声明が出されることはなかった。

この会談は、SED指導部と住民との間のドイツ観、ならびにドイツ統一に対する認識の隔たりを白日の下にさらすことになった。SEDは、東ドイツ人と西ドイツ人の違いを強調することで、東西ドイツの国家としての相違を際立たせ、ドイツ統一の可能性を放棄した。これに対して、東ドイツの住民はブラントを熱烈に歓迎することによって、東西間の交流が活発になり、親戚との交流の可能性が広がって、西側からの経済的な援助をえられるかもしれないと考えた。彼らは自らが置かれている状況が改善することを期待したのである。

なお、ＳＥＤがドイツ統一への方針を放棄することは、この国に暮らす人々の想いを無視するのみならず、実は、東ドイツこそがドイツ統一の主導権を握るとこれまで訴えてきた宣伝が破たんすることをも意味する。しかもこの方針は、国家としての国際法上承認が問題となるのは、今後、西ドイツではなく東ドイツに対してだけであることを、ＳＥＤ自ら認めることになる。まさに、シュトーフがこの会談において表明した「東ドイツの側からは、平和共存の関係には何の障害も存在しない。東ドイツと西ドイツは平等な立場に立つ国際法上の主体である。我々は、国際法上の主体として西ドイツの国家としての存在に疑いを抱いていない」とする発言は、東ドイツと西ドイツが平等だということを表向きは主張しながらも、知らず知らずに、西ドイツに対して不利な立場に自らを追い込むことになったといえよう[30]。また、ＳＥＤはこれまでのドイツの一体性を訴えかけていた方針転換が正当であると、人々に説得しなければならない状況を、自ら生み出したのである[31]。

両独首脳会談の内幕を理解しており、ソ連の動向にも注意を払っていたシュタージの責任者ヴォルフ（Markus Wolf）によれば、このエアフルト会談を受けて、どのように西ドイツとの関係を調整するかについて、ホーネッカーとウルブリヒト間の意見の相違は拡大したとされる（Sarotte 2001: 55）。ＳＥＤがソ連との協議を五月四日に実施した際、シュトーフは次のカッセル会談では、国際法上の国家承認については譲歩しない方針を維持しつつ、西ドイツがすぐには同意できないことを見越して

「東ドイツは、西ドイツ政府が現実的な立場を採るならば、政府首脳同士の対話を継続する意思がある旨を説明する。西ドイツ政府には一定の「冷却期間」(Denkpause)が必要であるのは明らかである」として、西ドイツ側の軟化を促すため、いったん交渉を止めるとの方針を述べた[32]。ブレジネフは西ドイツSPDの東ドイツへの影響力が拡大することを危惧し、SED指導部から示されたこの「冷却期間」を設定するという方針に同意した[33]。

一九七〇年五月二一日、西ドイツ側のカッセルにおいて開催された二度目の首脳会談では、ブラントは今後の東ドイツとの交渉の基礎となる「二〇項目」提案を行った。この内容は、東ドイツの国家承認を引き続き問題とするよりも、西ドイツにとって最優先の課題である東西間での人と人との接触の自由を確保することを目指すものであった。彼は当時問題となっていた東西ドイツ間の交通路の使用や、経済協力といった個別具体的な課題を解決する方向へと交渉の論点を移そうとした[34]。東ドイツ代表のシュトーフは、それに対して、「我々は西ドイツ政府がこれまでの間、我々の具体的かつ建設的提案を根本的に検討し、東ドイツ政府と平等かつ国際法の関係を受け入れた条約を締結するか否か、明確な答えを受け取ることを期待して、カッセルまでやってきた。東ドイツの条約案は、すでに六九年一二月一七日、ボンに提出されており、解説も理由付けも欠いたものではないのだから、いまやそれを実行に移すときなのだ」と、東ドイツが出した条約草案への解答を要求した[35]。東ドイツ側の当初の見込み通り、この会談では両者の歩み寄りはなく、シュトーフはブラントに対して、「あなたの政府、連邦首相が「冷却期間」において、東ドイツの提案が両国の平和共存をもたらすうえで、最善の道であることを認識するようになることを望む。東ドイツ政府は、西ドイツ政府がこの基本問題について現実的な立場をとりうるならば、対話を継続する用意がある」と述べて、会談は終了した[36]。ＳＥＤ指導部は、西ドイツとの交渉を一旦終わらせることにしたカッセル会談について、当初の計画通りに推移したと、肯定的な評価を下したのである（Sarotte 2001: 63）。

(2)　ＳＥＤ指導部内での亀裂拡大

ただ、「冷却期間」を置くという党の方針とは異なり、最高指導者のウルブリヒトの思惑は違っていた。彼は二度にわたった首脳会談が進展しなかったにもかかわらず、一九七〇年六月九日に開催されたＳＥＤ第一三回中央委員会総会において、「我々は東ドイツと西ドイツとの三度目の会談が、外交関係を樹立する交渉となることを期待する」と再度の会談について言及した[37]。くわえて、彼は例年夏に開催されるバルト海沿岸諸国との平和を訴える祭典である「オストゼー週間」に合わせて、七月一六日、ロストックにおいて、西ドイツ政府の外交姿勢を評価する演説を行った[38]。シュタージの責任者ヴォルフや政治局員のアクセン（Hermann Axen）らによれば、ウルブリヒトは、このとき、両ドイツが経済的利益と「科学技術」面での利益を手に入れられる方策として、国家連合構想を抱いていたとされる（Wolf 1997: 254; Axenn 1996: 311–312）[39]。彼は両独交渉にあたっては、自分の見解を公にすることで、主導権を握ろうとしたのである。

これに対して、西ドイツとの接近を危険と判断するホーネッカーは、政治局内で反対派を糾合しつつ、ソ連と自らの関係を強化することで、交渉の再開を押しとどめようとした。なお、両者の対立が政治局内で表立って激化したのは、この時期、ウルブリヒトの健康状態が悪化して、彼が政治局会議に出席できなかったことに一因がある。ホーネッカーはウルブリヒト不在の間、議長を務め、西ドイツに非妥協的な決定を下した（Kaiser 1997: 460）。そこでは、西ドイツは貿易関係を強化することで、「東ドイツの社会主義経済を西ドイツの国家独占経済に従属させる関係に陥らせようとしており」、これは「トロイの木馬」になるとして、西ドイツへの経済的な依存に対する危機感を示すと同時に、両独関係改善を批判する通達を決定した[40]。

ウルブリヒトは、この対応に対して、その後の政治局会議において、「借款を受けた国へと、新しい工場で作られる機械の一部を輸出しなければならない」と述べ、経済の依存を避けるためには、むしろ積極的に西側との取引が必要であるとの態度を示し、自らが欠席したときに決定された通達を差し止めたのである（Sarotte 2001: 79–80）[41]。

両者の対立が先鋭化するなか、ウルブリヒトは一九七〇年七月一日の政治局会議において、ホーネッカーの行動を批判し、彼を政治局員から解任しようとした。ただ、このときはソ連からの介入があって、ホーネッカーは追放を免れたといわれる（Kaiser 1997: 372–374）。逆に、ホーネッカーは七月二八日、モスクワにおいてブレジネフと会談し、「東西ドイツ接近について、いかなる交渉もする必要はない〔…〕我々にとっては、東ドイツの現状を確定すること、さらなる経済的な発展、それに伴う住民、東ドイツ労働者階級の生活条件の向上が重要である」との発言を聞き、ウルブリヒトの方針がソ連のそれとは正反対であるとの印象を抱いた[42]。それればかりか、ブレジネフは、「私は君に率直にいうのだが、彼〔ウルブリヒト〕は我々ぬきで統治することはできない。我々は東ドイツに駐留しているのだ。我々なしでは東ドイツは存在しない」とも述べ、この国がソ連の影響下にあることを強調した[43]。ただ、それと同時にこの発言は、ソ連が東ドイツの存在を保証するとも読み解くことができる。それゆえ、ホーネッカーは、西ドイツへの非妥協的な態度を崩さない自らの方針に確信を持つことができたのである。

さらに、ブレジネフは「一九六四年のドルンゼー山荘でのことを思いだしてほしい。彼〔ウルブリヒト〕は、我々の使節団を押しのけて、私を小さな部屋に押し込め、我々の側において間違いとされるものすべてについて、君たちの側で模範となると考えられるものについて、私は何度も聞かされた。あれは暑い日だった。私は汗をかいたものだ。彼は遠慮がなかった。我々がどのように活動し、統治するのか私に指図をしたのだよ」とウルブリヒトのソ連指導部に対する尊大な態度を批判したとされる[44]。

ただ、ソ連共産党指導部は、この時点でウルブリヒトの解任には同意しなかった。というのも、いまだ西ドイツと自らの交渉が妥結する前であり、東ドイツの自立的な行動を妨げる必要があったからである。このことは東ドイツ指導部を説得するのは容易でないと西ドイツ側に誤解させる効果を持った。事実、西ドイツ側は、ウルブリヒト指導部は両独関係改善には後ろ向きであるという判断を下しており、それが、体制転換以前の先行研究におけるウルブリヒト観を規定することになったのである。

3　権力交代と両独交渉の進展

⑴　ソ連の影響力とウルブリヒトの抵抗

ソ連はSED政治局内での対立を維持させ、両独間の交渉を停滞させるように仕向けながらも、この間、西ドイツとの交渉を進めていた。ソ連は、自らの利益である戦後ヨーロッパの現状秩序を西ドイツに承認させるため、両独交渉の停滞を利用したのである。ソ連と西ドイツの両者は、交渉のなかで東ドイツ政府の態度よりも、むしろエアフルト会談の際に生じた東ドイツの一般住民の反応が、コントロールできないものになることを恐れた。バールの言葉によれば、「我々は共通の利益が、物事の成り行きを管理できる状態にしておくことにあると、モスクワでグロムイコと確認した」と、彼らはSED体制の不安定化を回避することに意義を見出した（Bahr 1996: 308）。西ドイツは東ドイツに対するソ連の影響力を期待し、東ドイツ社会が安定するなかで、両ドイツ間の関係改善は可能になると判断した（Potthoff 1999: 90-91. 妹尾 二〇一一：七四～七五頁）。この点、アッシュは、一九八九年の東欧の政治変動における市民運動の役割を重要視するため、ブラント政権であっても、東ドイツ体制の安定化を通じて自由化をもたらすことはできず、さらにはポーランドの連帯に見られるような市民運動を、東ドイツでは抑圧する結果を招いたと批判的に捉えている（Garton Ash 1993: 367）。

ソ連のブレジネフにしても西ドイツのブラントにしても、東ドイツに暮らしている人々を外交駆け引きのうえでの阻害要因としてみなし、東ドイツ政府をソ連に従属するものとして見なしていたといえるかもしれない。ソ連は「スターリン・ノート」以来、西ドイツとの国交樹立の際など、これまでも東ドイツを国際政治の駆け引き材料として利用してきたが、それがここでも繰り返されたと見ることもできる。

西ドイツとソ連は、一九七〇年八月一五日、「モスクワ条約」に調印した。両国はヨーロッパの現状の国境線を承認し、東西ドイツ間の境界線とポーランドの西部国境について「オーデル・ナイセ」線と明記することで、東ドイツの存在を認めることとなった（Auswärtiges Amt, 1995, 337-338)。ただ、両者は東ドイツの国際法上の立場については、明確な合意に至ることができなかった。そのため、条約によって定めるのではなく、西ドイツがソ連に対して一方的に、武力の行使によらないドイツ人の自決権を確保しているとする「ドイツ統一に関する書簡」を送付するという形で決着をつけた。こうして、西ドイツはドイツ統一への努力を続ける旨を表明した(45)。

結果として、ソ連は関係改善の条件である東ドイツの国際法上の国家承認を求めないで、西ドイツとの交渉を妥結した。また、条約の調印式に最高指導者のブレジネフが出席したことは、ソ連が西ドイツと本格的に関係改善に取り組むことを国内外に広く示すものでもあった。SED指導部、とりわけホーネッカーはこの事態に驚愕した。というのも、彼は「モスクワ条約」締結直前にも、西ドイツとの関係について憂慮することをブレジネフに伝えていたからである。ホーネッカー個人にとって、西ドイツからの「遮断」を確かにすることは、演技ではなくどうしても必要なことであった。こうして、東ドイツは不利な状況下で、今後の交渉に臨まねばならない立場に陥ったのである。この点について、ソ連外務省ヨーロッパ第三局（ドイツ担当）局長であったファーリン（Valentin Michailowitsch

Falin）によれば、ホーネッカーは七〇年八月二〇日、モスクワでブレジネフと会談した際、この条約を激しく批判したといわれる（Sarotte 2001: 71）。その際、ブレジネフは「肯定的な側面だけなく、否定的な側面も存在する。特に東ドイツにとっては。〔…〕ブラント政権の政策は東ドイツを動揺させることにある」と、ホーネッカーに同意する見解を述べて、彼を安心させようとした(46)。ブレジネフの発言は、「モスクワ条約」を締結したからといって、それは必ずしもウルブリヒトの望む両ドイツ間の接近を促すものではないことを示す意味があった。

というのも、「モスクワ条約」が発効するためには、西ドイツ連邦議会の批准が必要だったからである。西ドイツ政府は、その際、ベルリン問題の沈静化、すなわち、東側がこれ以上ベルリンを東西対立の道具として利用しえない状況を作り出すため、「戦勝四カ国によるベルリン協定」が調印されることを批准のための条件としてリンケージさせた(47)。したがって、ソ連は東ドイツに両独関係の改善を促す状況にはなかった。「モスクワ条約」の批准とベルリンをめぐる四カ国協議の妥結が相互に関連することになったために、この条約の批准は、遅々として進まなかった(48)。

一九七〇年八月末、SEDが今後の方針をソ連指導部とすり合わせるためにモスクワで協議した際、ブレジネフは両独交渉を進めようとするウルブリヒトに対して、「我々は西ドイツとの交渉を進める必要はないと決断した。我々はまず、〔モスクワ条約の〕批准、それからポーランドとの交渉がどのように進むのかを見届けたい」と述べ、この時点での両独関係交渉の促進は、ソ連と東側全体にとって悪影響を及ぼすとの判断を伝えた。そのうえで、彼はSED政治局内部で生じている対立を承知していると発言し、東ドイツが独自の行動をしないように念を押した(49)。ただこの発言に対して、ウルブリヒトは、「我々は白ロシアではない。我々はソ連の一共和国ではない」と述べ、激しく反発している。[50]

ソ連はこのとき、東ドイツが国際法上の主権について西ドイツに譲歩することによって、自らの交渉カードを失うことを危惧した。くわえて、両ドイツの関係改善は、東ドイツにおけるソ連の経済面での影響力を低下させることにもつながるため、ウルブリヒトの独自行動を許容することはありえなかったのである。ただ、この時点でホーネッカーが東ドイツの権力者に代わることは、「モスクワ条約」批准もベルリン交渉のどちらも、彼の強硬路線によって水泡に帰す可能性があった。また、当時、西ドイツはホーネッカーを交渉推進派と誤解していたことから、実はそうではない彼を指導者にすることは難しかった。[51]それゆえ、ウルブリヒトは非難されつつも、SED指導部内の権力バランスは保たれることになったのである。

(2)　両独交渉の本格化と西ドイツのリンケージ戦術

東西ドイツ間の膠着《こうちゃく》状況は、一九七〇年五月のカッセル会談以降、一〇月まで続いた。モスクワからファーリンがベルリンを訪問し、再開への指示を伝えたことで東西ドイツの交渉再開の可能性が生まれた。ただ、東ドイツがまとめた西ドイツに対する交渉提案では、西ドイツと西ベルリンとの間のトランジット交渉を呼びかけることとし、その際、「東ドイツの主権に注意を払う」ないしは「ヨーロッパの中心部における緊張緩和に寄与する意見交換を外交的な方法で行う」と、あくまでも従来からの交渉姿勢を維持するものとした。[52]ブラントは東ベルリンからボンに使節が派遣されて、交渉再開を呼びかけられると、それに応えて、西側の交渉責任者としてバールを指名した。東ドイツは外務省の法務局長であったミヒャエル・コール（Michael Kohl）を担当者とし、両者の間で協議を続けることになった（Wentker 2007: 331）[53]。

第一回会合は一九七〇年一一月二七日に東ベルリンで開催され、その際、両者はそれぞれの立場を表明した。東ドイツ側のコールは西ベルリンに関するトランジット協定を締結する必要があると述べ、この協定によって西側の「現実的立場をとっている人々を励まし、極右やCDU／CSU勢力とあなた方との対立を可能な範囲で軽減したい」と述べて、西ドイツにも歩みよることを求めた。これに対して、バールは東ドイツを正式に国際法上承認するものではないものの、ブラントの考えは東ドイツを事実上の分離した国家として扱うものであると発言し、法律よりもむしろ事実上の関係を重視していると強調した[54]。バールは「シュトーフもブラントであっても、ひとつのことについては同意できる。彼らには通訳は必要ではないし、また我々もそうなのだ」と述べて両独関係のもつ特殊性を示しつつも、この特殊な関係は事実上外国間の関係とは異なるものではないと、交渉の場で再度強調したのである[55]。

両ドイツ交渉の進展が「モスクワ条約」の批准とリンケージするなかで、この会合は、双方が原則論を確認するにとどまった。むろん、交渉再開を指示していたブレジネフは両独交渉を促進させる必要性を認識していたものの、この条約の批准に寄与しない形で、両ドイツ交渉が進むことを避けたかった。サロッテに即せば、彼はこのとき、「まさに、SED政治局の従順さを必要としていた」のである（Sarotte 2001: 98）。

ソ連はこれまでは、独自行動を志向するウルブリヒトを抑えるために、ホーネッカーを利用してきた。しかし、ホーネッカーが他の政治局員からの支持を固めるなか、ＳＥＤ政治局の内部対立はもはや修復できない状況にまで陥った。これが露わになったのが、一九七〇年一二月に開催された党第一四回中央委員会総会の場であった。ウルブリヒトは中央委員会報告の結論において、「モスクワ条約」批准と「ワルシャワ条約」締結が現実となるなか、今こそヨーロッパ規模での平和条約を結ぶときではないのではないのかとする、東側ではこれまで発言をすることがタブーとなっていた「平和条約」という言葉を用いた。しかし、多くの政治局員から、従来の外交政策のみならず経済政策全般に及ぶ批判が提出されたことで、この報告書の結論は公表されない事態となった（Kaiser 1997: 430–431; Sarotte 2001: 99–100）。

ウルブリヒトのこれまでの政治姿勢が党内で批判にさらされるなか、一二月二三日に行われた、第二回の両独会合は、非公式の場でバールがコールに対して、東西間、さらには東西ベルリン間の電話線網設置が合意されていないながらも、実現されていないと不満を述べた。ただ、彼はもし敷設がなされれば、西ドイツは金銭を支払う用意があると、東ドイツに経済的利益をもたらす発言をしている。[56]公式会合においては、コールは東ドイツにとって長年の懸案事項である、西ドイツ政府が西ベルリンで行う政府関係の集会に見られるプレゼンスの誇示が、両国の関係改善を妨げており、この行動をなくすことが関係改善と、西ベルリンへのトランジット協定交渉にとって必要であると主張した。[57]バールは西ドイツと西ベルリンのつながりを強調しつつ、ベルリンをめぐる戦勝四カ国協議が終了するまでトランジットについて議論することはできないと反論した（Sarotte 2001: 101）。[58]

この会合においても、交渉は進展することがなかった。しかし、このときソ連は中国との対立関係が解消しないことから、西ドイツとの交渉において譲歩する必要を感じていた。そこで翌年一月一二日、ファーリンがコールと協議をした際、これまでの態度を一変させて、「東ドイツ指導部は国際法上の承認の概念を非常に狭く、おそらくは公式的に見すぎている」と発言し、西ドイツの西ベルリンでのプレゼンスの誇示についても、政治的なものでなければ、敏感に反応しなくてもよいと助言した。(59)

ボンで開催された第三回会合は、コールが西ドイツの西ベルリンにおける活動についてソ連の助言に沿った発言をしたうえで、東ドイツはトランジット協定の進展を望んでいると発言をして態度を軟化させた。ただ、この会談もSED内部が不安定な状況であったことから、ほとんど交渉に進展はなかった。

(3) ウルブリヒトの解任

ソ連の態度が微妙に変化するなかで、ウルブリヒトの存在が問題となる瞬間が訪れた。ソ連は両独関係を進展させる必要を認識するようになったものの、ウルブリヒトの独自行動を容認するつもりはなかった。SED内部においては、一九七一年一月二一日、ホーネッカー以下、一二人の政治局員がブレジネフに宛てて、ウルブリヒトが党の統一を乱していると批判した書簡を提出する事態となっていた（Przybyski 1991: 297-302; Kaiser 1997: 433 ff.）。ブレジネフは、四月に彼に対して辞任勧告をすることで事態の収拾をはかり、表向きは自発的に引退することで決着をみたのである（Kaiser 1997: 436-438; Stelkens 1997: 511）。

ブレジネフがSED指導部に対して抱いていた懸念は、ホーネッカーがこの年の五月一八日訪ソして、ソ連の意向に沿って両独交渉を進めると発言したことで解消した。ホーネッカーはこの場で、ソ連、ポーランドと西ドイツとの条約批准が絶対的に優先すること、必要とあれば、国際法上の承認について柔軟に対応するし、逆に、なんらかの新しい交渉を勝手に始めたり、原則的な問題について妥協したりするつもりはないと確約している[60]。

なお、両独交渉が本格化するには、戦勝四カ国によるベルリンをめぐる協議の妥結を待つ必要があった。一九七一年九月三日、この協定が締結され、ベルリンにおける戦勝国の権利と義務が再確認された。そのなかで、ソ連は西ベルリンと西ドイツとの間のトランジット交通を容易にする措置をとることに責任を負うことになった（Wentker 2007: 333）[61]。この協定を実施するためには、東西ドイツ間で西ベルリンへのトランジットの詳細についての取り決めを必要としたため、両者の間で交渉が本格化し、一二月一七日、コールとバールはベルリンに関するトランジット協定に調印した[62]。東ドイツはこの交渉においても、西ドイツからの明確な国際法上の国家承認を引き出すことができなかった。しかし、トランジットを認めることによって、金銭的な対価を確保することには成功した。

また、西ドイツはこの協定とならんで、東西ドイツ間の往来に関する交通協定を結ぶことを主張した。この時、ソ連ならびにポーランドと西ドイツとの条約批准手続きが完了していない状況のなか、ブラントに対する不信任投票が迫っていた。そこでソ連は彼を支援するために、協定の締結を必要としていた（Wentker 1997: 333）。東ドイツは不利な立場に置かれることを認識しながらも、交渉に臨まざるをえなかったのである。そこでも、コールは、内容もさることながら行政協定ではなく、正式の条約を締結しようと試みた。これは、東ドイツを国際法上の主体として西ドイツに認めさせようとする努力であったが、バールが拒否したことで、「通常の善隣関係」を前文で謳う形での妥協を強いられた（Seidel 2002: 128 f.）。

また、この協定では、東西間の人間の往来を容易にすることも合意されており、これはホーネッカーにとっては、本来もっとも避けたいものであった。ただ、彼はこの正反対の外交姿勢を示すにあたって、国内に向けて両独関係の遮断を意図するこれまでの方針を維持していることを明らかにするため、西ドイツとの境界に地雷を敷設するなど、両ドイツ境界の厳格な管理を打ち出した（Winters 1996; Sarotte 2001: 125.）[63]。くわえて、東ドイツでは「国家保安省」の正規職員の数が増大し、国内の監視体制が整備された。いわば、ホーネッカーが企図する「遮断化政策」は強化された（Gieseke 2011:72, 87–89）[64]。SEDは東ドイツ国内において西ドイツとの関係改善への期待が膨らむことを避けようとしたのである。彼は、それまでの自らが唱えた政策との整合性を図るために、ソ連に従って西ドイツに妥協的な姿勢を示せば示すほど、国内社会において締め付けを強化し、西ドイツとの遮断を確実なものにしようとしたのである。

4　両独基本条約交渉と東ドイツ外交

(1)　国家承認問題

交通協定を含む東ドイツとの交渉の成果を掲げて、ブラント政権は一九七二年四月二七日、建設的不信任案を否決することに成功した。そして、五月一七日には、野党ＣＤＵ／ＣＳＵは造反者を伴いながらも、投票の棄権を選択したため、「モスクワ条約」、「ワルシャワ条約」は批准された（Link 1986: 213）。この成功を見届けたうえで、東ドイツは交通条約に調印することとなった。その後、コールとバールは、両者の根本的な関係を規定しうる基本条約の交渉を開始することに合意した(65)。

ブラント政権による「東方政策」全体の意図は、東側陣営との間で「暫定協定」（Modus Vivendi）という形でヨーロッパの現状を承認し、関係改善を図りつつも、ドイツ統一の可能性を確保し続けることにあった。「東方政策」の中心的な課題となる東ドイツとの関係改善にあたっては、まずは東西ドイツ間の接触の可能性を追求し、人と物の往来を盛んにして、「分断によって人びとが負った苦痛の軽減」を図ることを直接の目標としていた（Garton Ash 1993: 137. 妹尾 二〇一一：七三、七七頁）。これに対して、東ドイツは、両独基本条約の本交渉が始まるこの時点では、西ドイツによって国際法上の国家としての承認を得ることを達成すべき目標として、交渉に臨んだ。そして、西ドイツが東ドイツに国家承認を与えないで、「特別な関係」ないしは「両独関係」といった表現をとることには否定的な態度をとった（Sarotte 2001: 139–140）。

しかし、ホーネッカーはこの基本条約交渉においても、西ドイツへの譲歩を三度求められることになった。というのも、西ドイツではこのとき、政権の安定を確実なものにするため、ブラントが連邦議会を解散し、選挙戦に突入していたからである(66)。ホーネッカーは、一九七二年七月三一日、クリミア半島で開催された東欧諸国の首脳会議において、これまでの外交交渉において、東ドイツは目標を達成しておらず、連邦議会選挙日程が固まっていない状況にある以上、西ドイツに譲歩をすることは避けたいと発言した。これに対して、ブレジネフは、「我々はCDU／CSU、シュトラウス／バルツェルではなく、ブラントと関わりあわねばならないのだから、どのようにしたら、彼を助けることができるのだろうか」と述べて、西ドイツへの譲歩を促している。[67] サロッテによれば、この時のソ連の介入は単なる一般的な内容の指示にとどまらず、日程や詳細な内容の調整まで踏み込むものであったとされる（Sarotte 2001: 140）。

コールとバール、二人の実務担当者の交渉において、最大の懸案となったのは、ドイツ分断から二〇年以上を経たなかで、いまだに共通のドイツ国民（ネイション）が存在しているかどうかについてであった。SED指導部がコールに与えた指示は、ドイツ国民（ネイション）の一体性を否定するものであった。そこでは、ドイツ分断の不可逆性が主張され、両ドイツの国境は、他の東側諸国との国境線と同様、変更不可能なものであることが強調されていた。[68] コールはバールに向かって、両独間においても、他の国の外交関係と同様、大使を派遣して、大使館を設置すべきであると主張した。[69] これは相互の主権を承認することを意味している。バールはこの東ドイツの要求に反論する形で、東ドイツ憲法にもドイツ国民の存在が謳われていると述べ、この点で両者の間には根本的な違いがあるとは思えないと主張した。[70] コールはバールのこの見解に対して、「もはや国民の（ナショナルな）統一など存在しない。それは二度の世界大戦によって失われたのだ。歴史はすでに国民に関する（ナショナルな）問題について、決定を下している」と、東ドイツの立場を繰り返し表明した。[71]

SED指導部は、バールの見解に対して東ドイツの交渉姿勢は憲法にあるのではなく、第八回党大会の決定に基づくものであると、次の会議では表明するようにコールに指示している。[72] 一九六八年に作られた東ドイツの憲法は、ウルブリヒト時代のものであり、いまだ東ドイツの側もドイツ統一を前提にした外交姿勢をとっていた。しかし、ホーネッカーは、統一ドイツ国民（ネイション）の存在を否定する方向に転じた。いわば、SEDは西ドイツのSPDやCDU／CSUとは異なり、政権政党であり続けたため、方針を変える必要がなかったにもかかわらず、現状の固定化を性急に求めたのである。このドイツ国民（ネイション）に言及するか否かという問題は、なかなか解決できない状況にあった。この点でも、東ドイツが両独交渉の進展には、消極的であったことが理解できよう。

バールは交渉の停滞が生じかねない事態を回避すべく、ソ連が東ドイツに影響力を行使するように、働きかけを行った。ただ、SEDは両独基本条約の交渉を打ち切る選択をすることはなかった。というのは、このとき東ドイツは、条約交渉とは別に、西ドイツの経済省から、信用供与を増加させ、彼らが希望する物資の貿易量を増大させる考えがあることが伝えられていたからである[73]。

一〇月一〇日に開催されたコールとバールの交渉では、バールが妥協案として、条約において国民（ネイション）という言葉を用いず、両者は「ナショナルな問題について」見解を異にすると表現することを提案した。ソ連は後になって、ホーネッカーにバールと同様の妥協案を示唆した[74]。その後、SED指導部がコールに与えた指示は、このソ連の提案を受けた立場をとることであった[75]。サロッテはこの点について、国民（ネイション）の一体性に言及するか否かについては、ソ連は妥協的な姿勢であったのに対して、東ドイツはあくまでも強硬的な姿勢を崩さず、東西両ドイツには見解の相違があるという認識で交渉をまとめることになったと見ている（Sarotte 2001: 143）。

なお、西ドイツは平和条約が結ばれていないということを基本条約で確認することで、ドイツ統一への可能性を示そうとしたのであるが、ソ連が明確に拒否したこともあり、東ドイツは妥協することはなかった。(76)これには、もし両独基本条約が平和条約の不在を認めると、ブラント政権とソ連やポーランドが結んだ条約で解決されたはずの領土問題が、再度、暫定的な性格を持つことになってしまうという事情があった。最終的にはこの点については、戦勝四カ国の存在を強調することで、両独関係条約はこれまでに結ばれた条約や、外交関係になんら影響を与えるものではないことを確認した。(77)

住民相互の接触や交流を防ぐ「遮断政策」をとりたい東ドイツにとって、国民（ネイション）の共通性とならんで、ドイツ共通の国籍の存在を否定することも、この交渉における重要な目標のひとつであった。というのも、西ドイツはこれまで、国民（ネイション）の一体性を主張する立場であることから、東ドイツの国籍を認めることはなく、西側へ移住や逃亡してきた東ドイツの住民に対して、自国の国籍を自動的に付与していたからである。事実、一九八九年、ベルリンの壁が崩壊する直前に、多くの東ドイツ住民がこの制度を利用して、ブダペシュトの大使館で西ドイツ旅券を手に入れて脱出するという事態が生じている。

それゆえ、本来であれば東ドイツは自国の国籍を持つものには、西ドイツの国籍を保有できないとする確約を得ることが必要であったはずだが、この交渉ではソ連の指示に従い、国籍について条約本体で言及することを避けた。(78)その代わり、東ドイツは、両者が他方の住民に関しては自国の国籍法の適応を慎むとの声明を出すにとどめようとした。(79)西ドイツはこの問題について、さらに条約で言及することを主張したものの、最終的には、自己の立場を記した声明を追加議事録において発表することで決着した。(80)

(2)「分断によって人びとが負った苦痛の軽減」について

国際法上の承認問題とは異なり、東ドイツが容易には譲歩しなかった事案がある。それは、ブラント政権がこの交渉の目標として重視していた、東西間の人間の接触の拡大、西ドイツに移住を求める人々の人権状況の改善についてであった。条約の本交渉が始まるとすぐに、バールはこの点についても交渉議題にのせた。[81] 彼は東西で分断状況にある七〇〇〇の家族を一緒に生活できるようにする手段を提供する用意があると発言し、くわえて、両独間の結婚と旅行の機会を増加させるようにコールに求めた。[82] しかしながら、東ドイツ側はこの提案を拒否し続け、コールは八月の会談の際には、この問題はできる限りSED内部の高いレベルで議論しているものの、解決するのは難しいとの立場を表明した。[83] バールはさらに人権に関わる問題として、両独境界での東ドイツ側の発砲命令についても議題にするように迫ったが、コールはこの件については当初から無言を貫いた。それに対して、バールは具体的な譲歩案を東ドイツに示したものの、コールは逆に西ドイツの内政干渉ともとられかねないこの提案について、「東ドイツは停戦を命じられた敗戦国ではない」と強烈に反発した。[84] この国境管理に関わる問題は、先にホーネッカーとブレジネフの間でも譲歩すべきでない事項と確認されていたこともあって、東ドイツは西ドイツの要求を拒否した。

ただ、東ドイツはこの人権問題については、金銭補償という条件次第で交渉に応じる用意があることを示すため、一〇月七日の建国記念日に際して政治犯に恩赦を与える意思を表明した。[85] さらに、コールはバールに対して三〇〇名の子供について西側家族の下に送ることを認めると表明した。[86] その際、どのタイミングで子供たちを西側へと出国させるかが問題となった。バールは、リストに載っているすべての人々が移住を許可されたわけではないと不満を述べて、実際に移住をするまで補償金の支払いをしないと述べた[87]。西ドイツ側の抗議はそれにとどまらず、すでに移住が許可されている出国希望者が足止めされていることについても向けられた（Tessmer/ Wiegrefe 1994: 606 ff.）。コールはそれに対して、未払いの補償金があることを指摘し、両者の間の溝は埋まらなかった。

移住や人権に関わる問題をはじめとして未解決の事案が存在するなかで、一九七二年一二月二一日、両ドイツはそれぞれの認識の違いを確認しながらも、基本条約に調印した。西ドイツはこの点に鑑みれば、人的な接触を促し「分断によって人びとが負った苦痛の軽減」を図ろうとする最重要目標については、必ずしも十分な成果をえることはできなかったといえよう。事実、移住問題が解決するのは、ソ連が東ドイツに解決のため方針を示唆しただけでなく、七三年五月、ＳＰＤ院内総務のヘルベルト・ヴェーナー（Herbert Wehner）がホーネッカーを個人的に訪問し、支払方法について東ドイツに妥協をすることで可能となったのである（Tessmer/ Wiegrefe 1994）。

おわりに——東ドイツ外交の成果とその位置づけ

一九七三年五月一一日、両独基本条約は西ドイツ連邦議会の批准を終えて、正式に発効した。この条約が発効した後、東西両陣営の緊張緩和はさらに進み、交渉時からの懸案事項であった両ドイツの国連加盟についても実現の見込みがついた。

では、東ドイツが目指した目標が達成されたかどうかを確認する。この条約では、両ドイツ間の関係は完全な外交関係ではない特殊な関係として位置づけられ、それぞれベルリンとボンに、大使館ではなく「常駐代表部」が設置されることとなった。さらには、東ドイツは東西ドイツ別々の国籍をそれぞれに適応するように迫ったものの、これについては、西ドイツは書簡の形で、従来通りドイツ全体の国籍が存在することを主張し、東ドイツは書簡を受け取ることで、西ドイツの立場を黙認することになった。

その後の体制崩壊を踏まえれば、このときの東ドイツ外交は失敗であったと評価できなくもないものの、当時、ＳＥＤがこの外交交渉の目的の先に見ていたものは、西ドイツと国家としての相違を明確にすることで、国内の政治的支配体制の安定を確保することであった。また、彼らは西ドイツ以外の西側を含む諸外国との国交を樹立することで、国際的承認を受けることを目指した。条約調印当時から一九八〇年代後半までの認識では、この条約は東ドイツ外交の成果であると見なされた。この点に即せば、東ドイツは外交的に妥協を強いられたとは言うものの、本来の目的を一時的とはいえ、実現できたと評価できる。

両独基本条約は、ウルブリヒトとホーネッカーの政策の違いが、ソ連の介入によって調整され、西ドイツと妥協することによって初めて可能になった。ウルブリヒトは一九六〇年代半ば以降の東ドイツの経済改革に自信を持っており、さらなる経済建設のために西ドイツから借款を手に入れることを視野に入れていた。彼は社会主義と資本主義それぞれのドイツ間での競合においても、社会主義の優位を信じていた。それゆえ、西ドイツと国家承認問題における妥協は、最終的には、ドイツ統一の際に、東ドイツにとって有利に作用すると考えられたのである。逆に、ホーネッカーは東ドイツ社会の西ドイツに対する経済的ならびに心理的な脆弱性を認識していた。当時の彼にとっては、二つの国は別の国でなければならなかったのである。

両者の間の対立は具体的には、譲歩するタイミングならびに、ソ連との調整も含めた外交手法の違いに見られる。ウルブリヒトは、国際法上の承認について譲歩する姿勢を早くから示したが、これはソ連にとっては、緊張緩和をめぐってアメリカとも交渉する必要があるために、受け入れられるタイミングではなかった。逆に、ホーネッカーはソ連による東ドイツの体制保障を確保しつつ、国内の締め付け策を強化することも可能な状況で譲歩することになった。ホーネッカーが権力を掌握した後、ウルブリヒトが考えていた譲歩案を事実上受け入れたことからして、両者のドイツ観は将来像においては違いがあったとはいえようが、東西ドイツ双方の存続を自明と見なしていた点では共通していた。

ただ、このとき東ドイツにとっては、国民（ネイション）や国籍に関して、西ドイツが終始「ドイツ」を代表するという姿勢を崩していない点が厄介であった。東ドイツは本来ならば、西ドイツが「ドイツ」を僭称していることを批判し、統一のドイツ国民（ネイション）とドイツ国籍が存在するとしても、西ドイツのそれとは別物であるという理論を組み立てることができたはずである。しかしながら、SEDはウルブリヒトからホーネッカーへの権力交代のなかで、統一的なドイツ国民（ネイション）の存在を否定したことで、西ドイツの主張を否定する根拠を自ら失ってしまったのである。この点にこそ、両独基本条約をめぐる東ドイツ外交の限界が現れているといえよう。

翻ってみて、西ドイツは、東西間の「分断によって人びとが負った苦痛の軽減」を図るというブラント政権が掲げていた目標を、一定程度、基本条約交渉から引き出した。この条約と西ベルリンと西ドイツとをつなぐトランジット協定、さらには、両ドイツ間の交通協定によって、西側から東側へという限定的かつ一方的ながらも、東西ドイツ間の往来は安定することになったのである。

西ドイツはこれらの目標を達成し東側からの譲歩を引き出すにあたって、自らの政権が不安定であることを意図的に利用した。彼らは「モスクワ条約」の批准を先送りし、建設的不信任案を乗り越えるために、ソ連からの譲歩を手にすることができた。東側諸国は、ブラント政権の崩壊を食い止める役割を担わざるをえなかったのである。この点では、ブラント政権は対東側について、アデナウアー政権の掲げた「力の政策」ならぬ「弱さの政策」(Politik der Schwäche) を展開し、その成果を手に入れたといえよう。

ただ、西ドイツは条約締結にあたっては、「分断によって人びとが負った苦痛の軽減」の成果を容易には享受できなかった。西ドイツが批判した東ドイツの国境管理体制は、この条約以降強化されることはあっても、弱められることはなかった。また、西ドイツは条約交渉時に政治犯や分断家族の西ドイツへの移住を、従来の枠組みを変更して基本条約において解決を図ろうといったんは試みるも、東ドイツの出国制限戦術によって譲歩を強いられたのである。

両独基本条約は、東西ドイツ双方にとって成果であると同時に、それぞれの外交の限界をも示している。それゆえ、東ドイツ外交の限界のみを一方的に主張することはできない。確かに、東ドイツ外交はソ連からの影響力の下で展開され、自立した外交を展開する余地は限られていた。しかし、彼らはその限られた条件のなかで、しかも国内の権力闘争すらもソ連の意向に左右されながらも、国内体制の安定と西ドイツから金銭的見返りを取り付けた。このことを、過小評価することはできないだろう。

東ドイツのみならず西ドイツも、戦勝国からの影響力を絶えず被らざるをえなかった。この条件は、本書でいうヨーロッパの中心部にあって、単独では自由に政策を展開できないドイツ政治外交史の特色から、東ドイツも逃れられるものではなかったことを示している。東ドイツは分断国家であり、ベルリンの存在ゆえにヨーロッパにおける冷戦の中心にあり続けた。それと同時に、この国の外交は、ソ連に占領された単なる社会主義の衛星国としてではなく、自立性を模索するものであった。ヴェーナーはホーネッカーを訪問した際、バールの交渉姿勢を批判して、ソ連との交渉さえうまくいけば、東ドイツの存在を無視することができると見るのは誤りであると指摘した。ヨーロッパの政治秩序を考えるうえでは、東ドイツも無視できない存在であることを西ドイツの当事者の一人が認めているのである。(88)

くわえて、両独基本条約の交渉では、国民（ネイション）の範囲が絶えず問題となった。その範囲が不明確であるという状況も、それまでのドイツ政治外交を引き継いだものであると捉えることもできよう。これらの点から見て、東ドイツ外交も、やはり、ドイツ政治外交の逸脱例ではなく、その「伝統」に拘束された存在だったのである。

註

（1）ＳＥＤ体制崩壊後の一九八九年から九〇年にかけてのドイツ統一に関する外交交渉について統一後に出された

ものとして、高橋（一九九九）があるものの、ソ連および西側首脳の行動に焦点があてられており、東ドイツ首脳は行動主体として扱われていない。

（2）東ドイツ外交に関する研究状況全般については、Scholtyseck (2003)。

（3）最新の「スターリン・ノート」をめぐる議論については、Wettig (2015)。
なお日本において、東ドイツ側から「スターリン・ノート」を扱った研究として、清水（二〇一五）があげられる。ただ、この研究では、二〇〇〇年以降にドイツ内外で深められた当該分野の研究について、十分な検討がなされていない。くわえて、先行研究で言及されているこれまでのスターリン・ノート成立過程におけるモロトフやソ連外務省欧州第三局の役割にも十分触れられてもいない。さらに同研究は、東ドイツ研究における社会史研究の発展が今後重要な課題となるとの展望を示しているものの、ここ二〇年にわたってすでに指摘されている分野で多くの個別研究の蓄積が進んでいる（二〇八頁）。例えば、すでにドイツにおいては、労働者層の動向については、これまでの社会史の個別研究の成果を踏まえた通史とも呼べる研究も出版されている。Vgl. Kleßmann (2007). Hübner (2013). 日本においても、斎藤（二〇〇七）に代表される研究がすでに公表されている。以上のことからして、同研究は近年急速に進展している東ドイツ研究の成果を十分に吸収したうえで、独自の見解を打ち出したものとして評価することはできない。

（4）ベルリンの壁建設に際して、SED第一書記ウルブリヒトが、フルシチョフに窮状を訴えて、同意を求めたことがわかる一次史料としては、DY30/3709, Bl. 120: Information über die Ursachen der wirtschaftlichen Schwierigkeiten der DDR, 4. 8. 1961.

（5）両独関係条約締結過程におけるソ連と東ドイツの間の交渉がわかる史料を提供しているものとしてはシュミットの研究が有用である。Schmidt, 1998.

（6）「ハルシュタイン・ドクトリン」とは、一九五五年一二月に決定された西ドイツの外交原則であり、ドイツを代表する国家はドイツ連邦共和国のみであるという立場をとることから、ドイツ民主共和国（東ドイツ）を正式に国家と認める国々との間とは国交を結ばない、ないしは国交を断絶するというものである。当時の外務次官、ヴァルター・ハルシュタインにちなんで名前が付けられている。なお同年、アデナウアーは戦争抑留者を解放するという国内事情を抱えていたため、フルシチョフの要請により訪ソし国交を結んだ。このことについては、戦勝国に対するものでもあり、唯一の例外と見なされていた。

（7）西ドイツとイスラエルとの関係については、本書第3章を参照。

（8）ユーゴスラビアでは第二次世界大戦中、チトーを中心とした地元の共産主義者が自らの手で国土回復を成し遂げたことから、ソ連軍が駐留していなかった。一九四〇年代後半には、ソ連との間で対立が生じ、後には非同盟諸国の代表的な国として、外交的にも独自の立場をとっていた。

（9）Rede des ersten Sekretärs des Zentralkomitees der sozialistischen Einheitspartei Deutschlands und Vorsitzenden des Staatsrates der Deutschen Demokratischen Republik, Walter Ulbricht vor dem Berliner Parteiaktiv am 13. Februar 1967 zu Frage der europäischen Sicherheit und der Normalisierung der Beziehungen zwiscen beiden deutschen Staaten（Auszug）, in: *Dokumente zur Außenpolitik der Deutschen Demokratischen Republik 1969, Bd. XV 1. halbbd.*（Berlin/Ost, 1970）, S. 56 ff.; Kaiser（1997: 260）; Selvage（2004）.

（10）Apell der Teilnehmerstaaten des Warschauer Vertrages aller europäischen Länder vom 17. März 1969, in: *Dokumente zur Außenpolitik der Deutschen Demokratischen Republik 1969*, Bd. XVII 1. halbbd. S. 45 ff.; Garton Ash,（1993: 57）.

（11）ブラントの所信表明演説の全文については、Bundeskanzler Brandt: Regierungserklärung, in: Bundesministerium für innerdeutsche Beziehungen（Hg.）, *TzD*, IV, S. 9-40.

（12）SAPMO-BArch, DY 30/2118, Bl. 12-23: Nr. 9, Notizen des Politbüromitgliedes Honecker über die außerordentliche Sitzung des Politbüros des Zentralkomitees der SED, 30. Oktober 1969, in: *DzD*, VI. 1, S. 24 f.

（13）SAPMO-BArch, DY 30/2118, Bl. 28-37: Nr. 7, Disposition des Politbüromitglieds Honecker für die außenordentliche Sitzung des Politbüros des Zentralkomitees der SED, ohne Datum, in: *DzD*, VI. 1, S. 20 f.

(14) SAPMO-BArch, DY 30/3525, Bl. 253-259: Nr. 23B, „Entwurf eines Vertrages über die Aufnahme gleichberechtigter Beziehungen ohne jegliche Diskriminiserung zwischen der Regierung der DDR und der Regierung der Bundesrepublik Deutschland, in: *DzD,* IV. 1, S. 70.

(15) SAPMO-BArch, DY 30/2118, Bl. 42-57: Nr. 33, Notizen des Politbüromitglieder Honecker über die Besprechung der Führung der SED mit der Führung der KPdSU, Moskau, 2. Dezember 1969, in: *DzD,* VI. 1, S. 96.

(16) SAPMO-BArch, DY 30/J IV 2/201/826: Nr. 35, Treffen der Führer der kommunistischen und Arbeiterparteien der Teilnehmerstaaten des Warschauer Vertrages（Auszug）, Moskau, 3./4. Dezember 1969, in: *DzD,* VI. 1, S. 132.

(17) Vertrag über die Aufnahme gleichberechtigter Beziehungen zwischen der Deutschen Demokratischen Republik und der Bundesrepublik Deutschland –Entwurf–, in: *Dokumente zur Außenpolitik der Deutschen Demokratischen Republik 1969,* Bd. XVII, 1. halbbd., S. 815.

(18) Bundeskanzler Brandt: Bericht zur Lage der Nation, 14. 1. 1970, in: *TzD,* IV , S. 219.

(19) Schreiben von Bundeskanzler Brandt an den Vorsitzenden des Ministerrates der DDR, Willi Stoph, 22. 1. 1970, in: Bundesministerium für innerdeutsche Beziehungen（Hg.）（1980）, *Zehn Jahre Deutschlandpolitik: Die Entwicklung der Beziehungen zwischen der Bundesrepublik Deutschland und der Deutschen Demokratischen Republik 1969–1979,* S. 121. 妹尾（二〇一一：六八頁）。

(20) ソ連と西ドイツとの交渉については、妹尾（二〇一一：五五頁以下）参照。

(21) なお、アッシュは、エアハルト政権期、シュレーダー外相が唱えた「動の政策」（Politik der Bewegung）がソ連の影響力の大きさを無視して、東欧に接近しようとしたものであったがゆえに失敗したと評価する。

(22) Schreiben des Vorsitzenden des Ministerrates der DDR, Willi Stoph an Bundeskanzler Willy Brandt, 11. 2. 1970, Schreiben von Bundeskanzler Willy Brand an den Vorsitzenden des Ministerrates der DDR, Willi Stoph,

18. 2. 1970, in: *Zehn Jahre Deutschlandpolitik*, S. 121-123. 妹尾（二〇一一：六八頁）。

（23）SAPMO-BArch DY 30/3526, Bl. 77-163.: Nr. 86, Gespräch des Ersten Sekretärs des Zentralkomitees der SED Ulbricht mit dem sowjetischen Außenminister Gromyko Bertlin (Ost), 24. Februar 1970, in: *DzD*, VI. 1, S. 303, 305 f.

（24）当初、この会談は東ドイツの首都である東ベルリンで開催されることが考えられていたが、元ベルリン市長であるブラントは訪問にあたって、西ベルリンを経由して東側へ入ることを考えた。東ドイツがこの行動を認めることは、「独立の政治単位」としてきた西ベルリンが西ドイツの一部であることを追認することになりかねない。このため、ベルリンでの会談は流れたものの、ソ連は両国の境界線近くの都市、エアフルトかマクデブルクでの首脳会談開催を提案した。ソ連は国際世論を考慮して会談の開催を望んだといわれる。SAPMO-BArch, DY 30/3526, Bl. 208: Ohne Titel [Vorgespräche für das Treffen von Willi Stoph und Willy Brandt], 11. 3. 1970.

（25）ＳＥＤはブラントの名前の最後の文字がＹであるのに対して、シュトーフの名前の最後の文字がＩであると言い換えた。しかし、土手に描かれたＹの印からは、東ドイツの住民がシュトーフではなくブラントを歓迎していたことがわかる。Vgl. „Demonstration des Vertrauens zu Partei und Regierung“, in: *Neues Deutschland*, 20. 3. 1971, S. 2. なお、東側の代表がウルブリヒトではないのは、西ドイツの首相に相当する東ドイツの行政職が閣僚評議会議長、すなわち首相のシュトーフであることによる。

（26）BArch, DC 20 I/2/1345: Nr. 111, Gespräch des Ministerpräsidenten der DDR Stoph mit Bundeskanzler Brandt Erfurt, 19. März 1970, in: *DzD*, VI. 1, S. 406.

（27）*Ebd.*, S. 410.

（28）*Ebd.*, S. 409.

（29）*Ebd.*, S. 427, 433.

（30）*Ebd.*, S. 407.

（31）東ドイツの住民がドイツについての一体性を抱いていることに対するホーネッカーの恐れは、一九八一年一二月、西ドイツ首相シュミットをロストック近郊の町、ギュストローに迎えたときの様子に明らかに確認できる。住民数がそれほど多くない小さな町に、彼は大量の警備の警察官とシュタージの職員を投入し、エアフルトでのブラント歓迎と同じ事態が繰り返されることを防いだ。

（32）SAPMO-BArch, DY 30/J IV 2/1281, Bl. 63–68: Nr. 134A, Konzeption für die Erklärung des Vorsitzenden des Ministerrates der DDR zum Abschluß der Gespräche in Kassel vom 28. April 1970, in: *DzD*, VI. 1, S. 509.
（33）SAPMO-BArch, DY 30/2118, Bl. 60–80: Nr. 139, Notizen des Politbüromitglieds Honecker über Besprechung führender Vertreter der SED und der DDR mit der Führung der KPdSU, Moskau, 15. Mai 1970, in: *DzD*, VI. 1, S. 519–522.
（34）カッセルでの首脳会談の状況については、妹尾（二〇一一：七三～七四頁）。ブラントの二〇項目提案については、BArch, DC 20 I/2/1407: Nr. 143, Delegationsgespräche des Ministerpräsidenten der DDR Stoph mit Bundeskanzler Brandt, Kassel, 21. Mai 1970, in: *DzD*, VI. 1, S. 554.
（35）*Ebd.*, S. 556.
（36）*Ebd.*, S. 586.
（37）Walter Ulbricht, Bemerkungen zu den Beziehungen zwischen der DDR und der BRD, in: *Neues Deutschland*, 16. 6. 1970, S. 5; Kaiser（1997: S. 367）.
（38）Den Rechtsblock in der Bundesrepublik gemeinsam schlagen!, in: *Neues Deutschland*, 17. 7. 1970, S. 3.
（39）Wolfgang Berger „Als Ulbricht an Breshnew vorbeiregierte“, in: *Neues Deutschland*, März 1991, Ausgabe B. 13, S. 23–24.
（40）SAPMO-BArch, DY 30/J IV 2/2 A/1250: „Instruktion zur Durchsetzung der politischen und ökonomischen Interessen der DDR in den Außenwirtschaftsbeziehungen der DDR mit der BRD und der selbstständigen politischen Einheit Westberlin“, 19. Juni 1970.
（41）BArch, DE 1（Bln）VA-Nr. 56128: „Niederschrift über die Beratung des Genossen Walter Ulbricht mit

Genossen Tichonow am 25. Juni 1970", zitiert nach Sarotte（2001: 79–80).

（42）SAPMO-BArch, DY 30/2118, Bl. 88–118: Nr. 167, Notizen des Mitglieds des Politbüros des Zentralkomitees der SED Honecker über das Gespräch mit dem Generalsekretär des Zentralkomitees der KPdSU Breshnew, 28. Juli 1970, in: *DzD* VI. 1, S. 671.

（43）*Ebd.*, S. 670.

（44）*Ebd.*, S. 674.

（45）「ドイツ統一に関する書簡」に関するバールのソ連との交渉について詳しくは、妹尾（二〇一一：六〇〜六四頁）参照。

（46）SAPMO-DY 30/2118, Bl. 137–159: Nr. 191, Notizen des Mitglieds des Politbüros des Zentralkomitees der SED Honecker über Gespräche mit dem Generalsekretär des Zentrtalkomitees der KPdSU Breshnew, Moskau, 20. August 1970, in: *DzD*, VI. 1, S. 757–760.

（47）この交渉過程を詳述することは、紙幅の都合上割愛する。詳しくは、Sarotte（2001: 114 ff.)、村上（一九八七）参照。

（48）外交上の駆け引きの必要性だけでなく、西ドイツの連邦議会では、与党が採決に必要な安定した議席数を占めてはおらず、確実に批准をえる保証はなかった。それゆえ、西ドイツとしても安易な妥協ができないだけでなく、国内政治の膠着《こうちゃく》状況を打開する手段として利用するためにも、手続きを長期化させる理由があった。

（49）SAPMO-BArch, DY 30/2118, Bl. 169–179: Nr. 192, Gemeinsame Besprechung der Delegationen des Zentralkomitees der SED und des Zentralkomitees der KPdSU, Moskau, 21. August 1970, in: *DzD*, VI. 1, S. 762.

（50）*Ebd.*, S. 765.

（51）例えば、バールがウルブリヒトを強硬派とみなしていたことについては、Bahr（1996: 316).

（52）SAPMO-BArch, DY 30/3529, Bl. 102, 109: „Vermerk über ein Gespräch mit dem Leiter der 3. europäischen Abteilung des sowjetischen Außenministeriums, Genossen Falin, am 27. 10. 1970.

（53）以下の第四回までのコールとバールの両独会合については、Sarotte（2001: 94-106）.

（54）SAPMO-BArch, DY 30/J IV 2/201/1165: Nr. 236, Gespräch des Staatssekretärs beim Ministerrat der DDR Kohl mit dem Staatssekretär im Bundeskanzleramt Bahr, Berlin（Ost）, 27. November 1970, in: *DzD*, VI. 1, S. 885 f.

（55）*Ebd.*, S. 894.

（56）SAPMO-BArch, DY 30/J IV 2/2 J/3270: Nr. 259, Niederschrift des Staatssekretärs beim Ministerrat der DDR Kohl über interne Gespräche mit dem Staatssekretär im Bundeskanzleramt Bahr, Berlin（Ost）, 23. Dezember 1970, in: *DzD* VI. 1, S. 1011 f.

（57）SAPMO-BArch, DY 30/J IV 2/2 J/3270: Nr. 260, Gespräch des Staatssekretärs beim Ministerrat der DDR Kohl mit dem Staatssekretär im Bundeskanzleramt Bahr Berlin（Ost）, 23. Dezember 1970, in: *DzD*, VI. 1, S. 1017. 西ドイツ政府は長年、西ベルリンで大統領選挙を行うなど、西ドイツと西ベルリンとのつながりを強調してきた。この点については、妹尾（二〇一一：八四頁、註一四）を参照。

（58）*Ebd.*, S. 1020 f.

（59）SAPMO-BArch, DY 30/3531, Bl. 29: Vermerk Kohls über ein Gespräch mit Falin, 12. 1. 1971.

（60）SAPMO-BArch, DY 30/2375, Bl. 97–112: Nr. 55, Ausführungen des Ersten Sekretärs des Zentralkomitees der SED Honecker während der Beratung mit der Führung der KPdSU（Auszug）Moskau, 18. Mai 1971, in: *DzD*, VI. 2-1, S. 254; Wentker（2007: 332）.

（61）この四カ国協定の正本はドイツ語ではないため、東西ドイツ両国で解釈に差が出る可能性があった。ドイツ訳については、Viermächte-Abkommen（mit den Anlagen I, II, III und IV）, in: *Zehn Jahre Deutschlandpolitik*, S. 158 ff.

（62）トランジット協定の本文については、Vgl. Abkommen zwischen der Regierung der Bundesrepublik Deutschland und der Regierung der Deutschen Demokratischen Republik über den Transitverkehr von zivilen

Personen und Gütern zwischen der Bundesrepublik Deuschland und Berlin（West）（mit Anlage und Protokollvermerken）in: *Ebd.*, S. 169 ff.

（63）SAPMO-Arrch, DY 30/J IV 2/2/1344, Bl. 19 f.: „Maßnahmen zur Erhöhung der Sicherheit und Ordnung an der Staatsgrenze der DDR zur BRD", 6. 7. 1971.

（64）「国家保安省」（シュタージ）の規模は正式職員だけでも、ホーネッカーが権力掌握した後に急速に拡大している。ベルリンの壁が建設された一九六一年の段階では約二万人、七一年には、四万五〇〇〇人と倍以上に増加しており、さらに、八一年には、約八万一〇〇〇人を擁する組織となり、この間で四倍以上の規模になった。

（65）Erklärung von Staatssekretär Kohl bei der Unterzeichnung des Vertrages zwischen der Bundesrepublik Deutschland und der Deutschen Demokratischen Republik über Fragen des Verkehrs, 26. 5. 1976, in: *Dokumente des geteilten Deutschland*, Bd. II, S. 261 f.

（66）西（統一）ドイツの基本法では、ヴァイマル時代の教訓を踏まえて、政権の安定を図り、議会の解散を困難にする制度設計がなされている。典型的には、議会は政権を不信任する場合、代わりの首相を指名しなければならない。この「建設的不信任」の制度は、次期政権の枠組みが整っている場合にのみ、政権交代を可能とする制度である。それゆえ、議会の不信任に対して、政権側は解散権を行使することはできない。しかしながら、政権側が自ら信任投票を議会にかけることは否定されていない。この場合、与党議員に投票を棄権させることで、意図的に信任を否決することができる。ＳＰＤ院内総務であったヴェーナーはこの奇手を使って、東方政策によって支持率が高い状況下で議会の解散を主導した。

（67）Treffen der Ostblockführer am 31. 7. 1972 auf der Krim, in: Potthoff（1977: 216）; Wentker（2007: 339）.

（68）SAPMO-BArch, DY 30/ J IV 2/2/1399, Bl. 9-11: Nr. 151, Direktive des Politbüros des Zentralkomitees der SED für das Auftreten des Staatssekretärs beim Ministerrat der DDR Kohl beim Meinungsaustausch mit dem Staatssekretär im Bundeskanzleramt Bahr, Berlin, 14. Juni 1972, in: *DzD*, VI. 2-1, S. 541; BArch, B137/16345, 9 S.: Nr. 294B, Anlage 2: Grundsatzerklärung der Regierung der Deutschen Demokratischen Republik bei

Aufnahme des Meinungsaustauschs zur Herrstellung normaler Beziehungen zwischen er DDR und der BRD, in: *DzD*, VI. 2-2, CD-ROM, S. 4 ff.

(69) SAPMO-BArch, DY 30/J IV 1/201/1145, 87 S.: Nr. 298, Stenografische Niederschrift des Meinungsaustausches zwischen Staatssekretär Kohl und Staatssekretär Bahr über die Herstellung normaler Beziehungen zwischen der DDR und der BRD, Berlin, 15. Juni 1972, in: *DzD*, VI. 2-2, CD-ROM.

(70) *Ebd*., S. 73.

(71) *Ebd*., S. 82.

(72) SAPMO-BArch, DY 30/J IV 2/2 A/1605, Bl. 9: „Vorlage für das Politbüro," 26. Juni 1972.

(73) SAPMO-BArch, DY 30/ J IV 2/2/1417, Bl. 11f.: Nr. 185, Gespräch des Leiters des Düsseldorfer Büros des Ministeriums für Außenwirtschaft der DDR Haubold mit dem Leiter der Treuhandstelle für den Interzonenhandel Kleindienst, 10. Oktober 1972, in: *DzD*, VI. 2-1, S. 639 f.

(74) SAPMO-BArch, DY 30/ J/IV 2/20.1/30: „Überlegungen der sowjetischen Seite zur Interpretation der sog. Frage der Nation bei den Grundlagenvertragsverhandlungen zwischen der DDR und der BRD," am 26. Oktober 1972, zitiert nach, Sarotte（2001: 143）.

(75) SAPMO-BArch, DY 30/ J IV 2/2A/1635: „Vorlage für das Politbüro des ZK der SED", am 30. Oktober 1972.

(76) SAPMO-BArch, DY 30/ J 2 J/4339: Nr. 186, Information der sowjetischen Führung an die Führung der DDR, Moskau, 11. Oktober 1972, in: *DzD*, VI. 2-1, S. 640.

(77) Vertrag über die Grundlagen der Beziehungen zwischen der Bundesrepublik Deutschland und der Deutschen Demokratischen Republik, Artikel 9, in: *Zehn Jahr Deutschlandpolitik*, S. 206.

(78) SAPMO-BArch, DY 30/J IV 2/2J/4339: Nr. 186, in: *DzD*, VI 2-1, S. 641.

(79) SAPMO-BArch, DY30/J IV 2/2 J/4321, 8 S.: Nr. 368A, Anlage 1: Stand ver Verhandlungen zum Vertrag über die Grundlagen der Beziehungen zwischen der Deutschen Demokratischen Republik und der

Bundesrepublik Deutschland, Berlin, 26.–28. September 1972, in: *DzD,* VI. 2–2, CD-ROM, S. 6.

(80) „Vorbehalte zu Staatsangehörigkeitsfragen durch die Bundesrepublik Deutschland," in: *Zehn Jahre nach Deutschlandpolitik*, S. 207.

(81) 東西ドイツ両国は、一九六〇年代、特にベルリンの壁建設以降、東ドイツ国内の政治犯や出国希望者を西ドイツに出国させる代わりに、東ドイツ政府に金銭を支払う非公式的な「法律顧問」間のやり取りが存在した。当時、西ドイツは約三万四〇〇〇人の政治犯を釈放し、約二万五〇〇〇人の東西で離ればなれになった家族を再び一緒に生活できるようにするために、三五億マルクを支払った（Hertle 1999: 45）。

(82) SAPMO-BArch, DY 30/J IV 2/2 J/4148, 7 S.: Nr. 300, Zusammenfassender Bericht über den Meinungsaustausch zwischen Staatssekretär Kohl und Staatsekretär Bahr, Berlin, 15. Juni 1972, in: *DzD,* VI. 2–2, CD-ROM, S. 6.

(83) BArch, B 137/16346, 6. S.: Nr. 330, Vermerk des Staatssekretärs Bahr, Berlin, 16–17. August, in: *DzD,* VI 2–2, CD-ROM, S. 5.

(84) SAPMO-BArch, DY 30/J IV 2–2 J/4289, 20 S.: Nr. 341, Niederschrift aus dem Gedächtnis über personliche Unterredungen mit Staatsekretär Bahr, Bonn, 30.–31. August 1972, in: *DzD,* VI 2-2, CD-ROM, S. 14.

(85) BArch, DC 20/5592, 5. S.: Nr. 364, Vermerk des Staatsekretär Kohl über das personliche Gespräch mit Staatssekretär Bahr, 26.–28. September 1972, in: *DzD,* VI 2–2, CD-ROM, S. 4.

(86) BArch, DC 20/5596, 4 S.: Nr. 399, Niederschrift aus dem Gedächtnis über eine persönliche Unterredung mit Staatssekretär Bahr, Bonn, 25. Oktober 1972, in: *DzD,* VI. 2–2, CD-ROM, S. 2–3.

(87) SAPMO-BArch, DY 30/2/2J/4455, 19 S.: Nr. 435, Niederschrift aus dem Gedächtnis über persönliche Unterredungen mit Staatsekretär Bahr, Bonn, 12. Dezember 1972, in: *DzD,* VI. 2–2, CD-ROM, S. 16.

(88) SAPMO-BArch, DY 30/J IV 2/2A/1688: „Information über das Gespräch des Genossen E. Honecker mit H. Wehner", in: Tessmer/ Wiegrefe（1994: 619–627）; Potthoff（1977: Dokumente Nr. 14, Gespräch Wehner/

Mischnick-Honecker am 31. Mai 1973 (Schorfheide): 284).

参考文献一覧

本章で取り上げたドイツ連邦公文書館の史料請求記号は、二〇一七年以前のものであり、現在では大幅に変更がなされている。

未公刊史料

SAPMO-BArch, DY 30/3529, Bl. 102, 109: „Vermerk über ein Gespräch mit dem Leiter der 3. europäoschen Abteilung des sowjetischen Außenministeriums, Genossen Falin, am 27. 10. 1970.

SAPMO-BArch, DY 30/3531, Bl. 29: Vermerk Kohls über ein Gespräch mit Falin, 12. 1. 1971.

SAMPO-BArch, DY30/3709, Bl. 120: Information über die Ursachen der wirtschaftlichen Schwierigkeiten der DDR, 4. 8. 1961.

SAPMO-Barch, DY 30/J IV 2/2/1344, Bl. 19 f.: „Maßnahmen zur Erhöhung der Sicherheit und Ordnung an der Staatsgrenze der DDR zur BRD“, 6. 7 1971.

SAPMO-BArch, DY 30/J IV 2/2 A/1250: „Instruktion zur Durchsetzung der politischen und ökonomischen Interessen der DDR in den Außenwirtschaftsbeziehungen der DDR mit der BRD und der selbstständigen politischen Einheit Westberlin,“, 19. 6 1970.

SAPMO-BArch, DY 30/J IV 2/2 A/1605, Bl. 9: „Vorlage für das Politbüro,” 26. 6 1972.

SAPMO-BArch, DY 30/ J IV 2/2A/1635: „Vorlage für das Politbüro des ZK der SED“, am 30. 10 1972.

公刊史料

Dokumente zur Außenpolitik der Deutschen Demokratischen Republik, 1969, Bd. XVII 1. halbbd. hg. vom Institut für Internationale Beziehungen der Deutschen Akademie für Staats- und Rechtswissenschaft „Walter Ulbricht“, Berlin (Ost): Staatverlag der Deutschen Demokratischen Republik, 1971.

Dokumente zur Deutschlandpolitik, hg. vom Bundesministerium des Innern unter Mitwirkung des Bundesarchivs, VI. Reihe/Bd. 1 (21. Oktober 1969 bis 31. Dezember 1970); VI. Reihe/Bd. 2 (1. Januar 1971 bis 31. Dezember 1972, Die Bahr-Kohl-Gespräche 1970–1973), München: R. Oldenbourg, 2002–2004. (*DzD*)

Texte zur Deutschlandpolitik, hg. vom Bundesministerium für innerdeutsche Beziehungen, IV, Bonn: Deutsche Bundes-Verlag, 1970. (*TzD*)

Zehn Jahre Deutschlandpolitik: Die Entwicklung der Beziehungen zwischen der Bundesrepublik Deutschland und der Deutschen Demokratischen Republik 1969–1979, hg. vom Bundesministerium für innerdeutsche Beziehungen, Bonn: Bundesministerium für innerdeutsche Beziehungen, 1980.

Münch, Ingo von (Hg.), *Dokumente des geteilten Deutschland*, Bd. II, Stuttgart: Kröner, 1974.

参考・引用文献

Asmus, Ronald D./ Brown J. F./ Crane, Keith (1991), *Soviet Foreign Policy and the Revolutions of 1989 in Eastern Europe,* Santa Monica: Rand Corporation.

Auswärtiges Amt (Hg.) (1995), *Außenpolitik der Bundesrepublik Deutschland. Dokumente 1949 bis 1994*, Köln: Verlag Wissenschaft und Politik.

Axenn, Hermann (1996), *Ich war Diener der Partei, autobiographische Gespräche,* Berlin: Edition Ost.

Bahr, Egon (1996), *Zu meiner Zeit*, München: Karl Blessing Verlag.

Bark, Dennis L./ Gress, David (1989), *Democracy and Its Discontents 1963–1988,* Oxford: Basil Blackwell.

Brandt, Willy (1976), *Begegnungen und Einsichten: die Jahre 1960–1975*, Hamburg: Hoffmann und Campe.

Craig, Gordon/ George, Alexander (1983), *Force and Statecraft: Diplomatic Problems of Our Time*, New York/

Oxford: Oxford University Press.

Croan, Melvin (1976), *East Germany: The Soviet Connection*, London: Sage Publications.

Falin, Valentin (1993), *Politische Erinnerungen*, München: Droemer Knaur.

Garton Ash, Timothy (1993), *In Europe's Name: German and the Divided Continent*. London: Vintage.（ティモシー・ガートン・アッシュ（二〇〇九）『ヨーロッパに架ける橋——東西冷戦とドイツ外交』（上・下）、杉浦茂樹訳、みすず書房）

Gieseke, Jens (2011), *Die Stasi 1945-1990*, München: Pantheon.

Hertle, Hans-Hermann (1999), *Chronik des Mauerfalls: die dramatischen Ereignisse um den 9. November 1989*, Berlin: Ch. Links.

Kleßmann, Christoph (2007), *Arbeiter im „Arbeiterstaat" DDR: Deutsche Traditionen, sowjetisches Modell, westdeutsches Magnetfeld* (*1945 bis 1971*), Bonn: Dietz.

Jacobsen, Hans-Adolf/ Leptin, Gert/ Scheuner, Ulrich/ Schulz, Eberhard (Hg.) (1979), *Drei Jahrzehnte Außenpolitik der DDR*: Bestimmungsfaktoren, Instrumente, Aktionsfelder, München: Oldenbourg.

Kaiser, Monika (1997), *Machtwechsel von Ulbricht zu Honecker: Funktionsmechanismen der SED-Diktatur in Konfliktsituationen 1962 bis 1972*, Berlin: Akademie Verlag.

Hübner, Peter (2014), *Arbeit, Arbeiter und Technik in der DDR 1971 bis 1989: Zwischen Fordismus und digitaler Revolution*, Bonn: Dietz.

Kuppe, Johannes L. (2003), „Die Außenpolitik der DDR", in: Eppelmann, Rainer/ Faulenbach, Bernd/ Mählert, Ulrich, *Bilanz und Perspektiven der DDR-Forschung*, Paderborn: Schöningh, S. 318-327.

Link, Werner (1986), „Außen- und Deutschlandpolitik in der Ära Brandt", in: Bracher, Karl Dietrich/ Jäger, Wolfgang/ Link, Werner (Hg.), *Geschichte der Bundesrepublik Deutschland*, Bd. 5/I, Stuttgart: Deutsche Verlags-Anstalt.

Nakath, Detlef (1995), *Erfurt und Kassel: zu den Gesprächen zwischen dem BRD-Bundeskanzler Willy Brandt und dem DDR-Ministerratsvorsitzenden Willi Stoph im Frühjahr 1970 : Vorbereitung, Verlauf, Ergebnisse,* Berlin: Gesellschaftswissenschaftliche Forum.

Nakath, Detlef (1998), „Gewaltverzicht und Gleichberechtigung. Zur Parallelität der deutsch-sowjetischen Gespräche und der deutsch-deutschen Gipfeltreffen in Erfurt und Kassel im Frühjahr 1970", in: *Deutschland Archiv (DA)*, 31-2, S. 196 ff.

Naumann, Gerhard/ Trümpler, Eckhard (1991), *Der Flop mit der DDR-Nation 1971*, Berlin: Dietz.

Potthoff, Heinrich (1999), *Im Schatten der Mauer: Deutschlandpolitik 1961 bis 1990,* Berlin: Propyläen.

Potthoff, Heinrich (1997), *Bonn und Ost-Berlin, 1969-1982: Dialog auf höchster Ebene und vertrauliche Kanäle; Darstellung und Dokumente*, Bonn: Dietz.

Przybylski, Peter (1991), *Tatort Politbüro: Die Akte der Honecker*, Bd. 1, Reinbek bei Hamburg: Rowohlt,.

Sarotte, Mary Elise. (2001), *Dealing with the Devil: East Germany, Détente, and Ostpolitik, 1969–1973*, Chapel Hill/London: The University of North Carolina Press.

Seidel, Karl (2002), *Berlin-Bonner Balance: 20 Jahre deutsch-deutsche Beziehungen ; Erinnerungen und Erkenntnisse eines Beteiligten*, Berlin: Edition Ost im Verlag Das Neue Berlin.

Selvage, Douglas (2004), "Poland, the GDR and the "Ulbricht Doctrine", in: Biskupski, Mieczysław B. B. (ed.), *Ideology, Politics and Diplomacy in East Central Europe,* Rochester University of Rochester Press, p. 227–241.

Schmidt, Karl-Heinz (1998), *Dialog über Deutschland: Studien zur Deutschlandpolitik von KPdSU und SED (1960–1979)*, Baden-Baden: Nomos.

Scholtyseck, Joachim (2003), *Die Außenpolitik der DDR*, München: Oldenbourg.

Stelkens, Jochen (1997), „Machtwechsel in Ost-Berlin: Der Sturz Walter Ulbrichts 1971", in: *Vierteljahrshefte für Zeitgeschichte,* 45–4, S. 503–533.

Tessmer, Carsten/ Wiegrefe, Klaus (1994), „Deutschlandpolitik in der Krise: Herbert Wehners Besuch in der DDR 1973“, in: *DA*, 27-6, S. 606-616.

Wentker, Hermann (2007), *Außenpolitik in engen Grenzen: die DDR im internationalen System 1949-1989*, München: Oldenbourg.（ヘルマン・ヴェントカー（二〇一三）『東ドイツ外交史――１９４９‐１９８９』岡田浩平訳、三元社）

Wettig, Gerhard (2015), *Die Stalin-Note: Historische Kontroverse im Spiegel der Quellen*, Berlin: be. bra Wissenschaft Verlag.

Winters, Peter Jochen (1996), „Wie souverän war die DDR?“, *Deutschland Archiv*, 29-2, S. 170-172.

Wolf, Markus (1997), *Spionagechef im geheimen Krieg: Erinnerungen*, München: List.

板橋拓己（二〇一四）『アデナウアー――現代ドイツを創った政治家』中公新書。

斎藤哲（二〇〇七）『消費生活と女性――ドイツ社会史（一九二〇～七〇）の一側面』日本経済評論社。

清水聡（二〇一五）『東ドイツと「冷戦の起源」一九四九～一九五五年』法律文化社。

妹尾哲志（二〇一一）『戦後西ドイツ外交の分水嶺――東方政策と分断克服の戦略、一九六三～一九七五年』晃洋書房。

高橋進（一九九九）『歴史としてのドイツ統一――指導者たちはどう動いたか』岩波書店。

津崎直人（二〇一六）「多角的核戦力（ＭＬＦ）に関する西ドイツ外交」『ドイツ研究』五〇、八五～一〇〇頁。

村上和夫（一九八七）『ベルリンの法的地位論』有斐閣。

第6章　「回帰」する歴史？
――統一ドイツ外交政策論争における「覇権国」の位相――

葛谷　彩

はじめに

二〇〇九年のギリシャ債務危機に端を発するユーロ危機以降、ＥＵにおけるドイツの存在感が増している。それは一方では危機に瀕するＥＵ(1)においてさらなるドイツのリーダーシップを期待する声を生み、他方ではユーロ危機におけるドイツのギリシャへの高圧的な態度に象徴されるように、自国の財政緊縮策の正しさを高唱してギリシャにその導入を要請しておきながら、財政支援やＥＵにおける財政移転統合には消極的であったドイツに対する反発や批判を招いている。かかるドイツに対する近年の相反する見方の背景には、ＥＵ内でドイツのいわば「独り勝ち」状態が出現し、かつドイツが自己主張を強めていることがある。こうした状況を受けて注目されたのが、現在のドイツを「覇権国」と見る議論である。従来からこうした見方はあったものの、専らドイツ国外の識者から提示されており（Paterson 2011; Economist 2013; Paterson & Bulmer 2014など）、ドイツ国内では歴史的・政治的タブーから「覇権国」が使われることはほとんどなく、代わりに用いられたのが「責任大国」もしくは「パートナー」という表現であった。しかし、近年ドイツ国内でもドイツについて「覇権国」が用いられるようになり、それをめぐる論争も生じている。(2)

これまで統一ドイツの外交政策は、西ドイツ時代の外交政策の基本路線からの「変化」と「継続」の観点から論じられることが多かった。西ドイツの外交政策の基本路線は一方で敗戦とナチ・ドイツによるホロコーストに至った過去を克服し、他方で戦後の西ドイツが直面した冷戦の最前線に位置する分断国家という国際環境に対応するなかで確立された。それは①西ドイツの外交政策を安全保障におけるＮＡＴＯと政治・経済における欧州統合（欧州石炭鉄鋼共同体（ＥＣＳＣ）―欧州経済共同体（ＥＥＣ）―欧州共同体（ＥＣ））という多国間枠組みに組み込むという西側統合路線、②国際的に孤立した過去への反省に由来する多国間主義、③同様に軍事大国化した過去の反省に基づくもので、軍事力の行使を自制し、相互依存の推進や国際法の強化など非軍事的手段による平和への貢献を目指す「シビリアン・パワー」志向から成る。このような西ドイツの外交政策が克服しようと努めてきたのは、一八七一年から一九四五年までの過去のドイツが直面したディレンマであった。それは、「ドイツ問題」とよばれる大国としてのドイツの微妙な立場（ドイツはヨーロッパの勢力均衡を維持するには強すぎるが、単独でヨーロッパを支配して覇権を確立するには弱すぎる）をさす。かかるディレンマに対して、戦前のドイツがヨーロッパにおける覇権の確立を通じて解決しようとした試みは、二度の世界大戦を引き起こした。結果は、ドイツの敗北のみならずヨーロッパ全体の壊滅であった。先述した戦後の西ドイツの外交政策の基本路線は、まさにこのような「ドイツ問題」に対する過去の応戦に対する反省を踏まえた解答であった。それは戦後本格化した東西冷戦の分断に対する解答でもあり、西ドイツの「国家理性」（Hans-Peter Schwarz 1975）と称されるまでに正当化された。他方で、「覇権国」という概念は否定すべき過去を象徴する言葉としてスティグマを押され、タブー化されていく。なるほどベルリンの壁の崩壊に象徴される冷戦の終焉と東西ドイツの統一は、次のような懸念を欧米諸国に一時的に呼び覚ました。いわく、統一ドイツがこれまでの西ドイツの外交政策の基本路線を「変化」させるのではないか。すなわち、統一ドイツが国益の追求に際し、自己主張を強めていき、再び軍事大国としてヨーロッパの平和と安定の脅威になるのではないかと。しかしコール首相を始めとする当時のドイツの政治指導者たちは、西ドイツの外交政策の「継続」を強調し、そうした懸念の払しょくに努めた。じじつ、その後のＥＵの東方拡大と深化の進展は、ドイツがかかるディレンマを克服した成功の証として受けとめられていった。しかし先述したように、ユーロ危機を機に再びドイツの「覇権国」論が語られ、その関連で「ドイツ問題」の再来をめぐって論じられるなか（Ash 2013）、かかるディレンマを分析し、今後のドイツ外交政策の行方を展望するに際して、「変化」と「継続」を超える視点、すなわち歴史への「回帰」という第三の視点が必要とされないであろうか。また、ドイツ国外（主にアメリカ）における議論で用いられる「覇権国」と、ドイツ国内で用いるそれは同じ意味なのか。違うのならそれはどの点においてか、またその理由は何か。

本章では、近年のドイツ外交政策論における主要なドイツ＝「覇権国」についての議論を取り上げる。それぞれの特徴を明らかにし、そこから得た知見を踏まえたうえで、ドイツ＝「覇権国」論が今後のドイツ外交政策を展望する際に与える示唆を考察する。本章で取り上げる四人の識者による「覇権国」論に焦点を当てる意義は二つある。一つは、冒頭で述べたように、EUの大国としてのドイツの行方が注目されるなか、主にドイツ人自身によるドイツ＝「覇権国」をめぐる論考がドイツやEUのみならず、世界政治に持つ影響の大きさである。しかしそれは大きいがゆえに、ともすればEU＝ドイツ帝国論（トッド 二〇一五）などといった形で、言葉だけが一人歩きするきらいがある。したがって、かかる議論の内容を客観的に吟味し、識者たちの問題意識や議論の特徴を明らかにすることには意義があろう。もう一つはこれらの議論の共通の特徴として、覇権国の定義をアメリカで主流の「覇権安定論」ではなく、戦前のドイツの知的伝統に準拠している点である。戦前のドイツの知的伝統はともすれば、過去の負の遺産として戦後の（西）ドイツの言説空間において否定的に捉えられがちであった。しかし、近年ドイツ国内でこうした伝統に着目されるようになったことは、「ドイツ問題」の再来という問題設定に象徴されるように、先述した第三の観点としての歴史の「回帰」の有効性を浮き彫りにしていると言えよう。

本章の構成として、まず四人の識者によるドイツ＝「覇権国」をめぐる議論を取り上げ、①ドイツが「覇権国」であるという言説が浮上した背景についての言及、②覇権国の定義、その準拠している戦前ドイツの知的伝統ならびにドイツ＝「覇権国」論についての立場、③今後のドイツ外交政策についての処方箋という三つの観点からそれぞれの特徴を明らかにする。第1節では、ドイツの公法学者クリストフ・シェーンベルガー（Christopf Schönberger）の「意に反した覇権国」をめぐって展開された論争を、第2節では、近代史家のドミニク・ゲッペルト（Dominik Geppert）の「半覇権国

(Halbe Hegemonie)」論を取り上げる。両者の議論は二〇一〇年の欧州債務危機・ユーロ危機を契機としており、前者がドイツ＝「覇権国」論に肯定的な立場をとるのに対し、後者は否定的である。第3節では、イギリスのドイツ専門家であるハンス・クンドナニ（Hans Kundnani）の「地経学的半覇権国」論を、第4節ではドイツの政治学者ヘルフリート・ミュンクラー（Herfried Münkler）の「中央に位置する大国」論を取り上げる。前者がドイツ＝「覇権国」論に対して批判的なのに対し、後者は覇権国という表現を回避しつつも、事実上それを従溏する。にもかかわらず、両者はドイツ問題を歴史的に考察している点で共通する。本章では、両者の議論を欧州債務危機・ユーロ危機を超えて二〇一五年の難民危機に関する論考にまで対象を広げて考察する。最後に、以上の考察から得られた知見を比較・整理し、エピローグとしてその後に起きた二〇一六年のEU脱退をめぐるイギリスの国民投票での離脱派の勝利、アメリカ大統領選でのドナルド・トランプ（Donald Trump）の当選と翌年の政権成立といった危機を踏まえた最新の「覇権国」をめぐる議論を簡単に紹介したうえで、ドイツ＝「覇権国」論が今後のドイツ外交政策を展望する際に与える示唆を現実政治と知的営為の二つの位相から考察する。

1　シェーンベルガー「意に反した覇権国」をめぐる論争

二〇一二年、公法学者のクリストフ・シェーンベルガーが論考「意に反した覇権国――欧州連合におけるドイツの立場」を一般誌『メルクーア』の一月号に発表した。ドイツ人自身が明示的に「覇権国」という表現を用いたこともあり、大きな反響を呼んだ。これに対し同誌一一月号で国際政治学者のヴェルナー・リンク（Werner Link）が反論を寄稿し、翌年にはシェーンベルガーがリンクをはじめとする批判への再反論を同誌上で行った。以下において、シェーンベルガーの「覇権国」論をめぐる一連の論争を見ていく。

(1) シェーンベルガー「意に反した覇権国」（二〇一二年）

まず、「覇権国」をめぐる議論が浮上した背景について、シェーンベルガーも冒頭で言及しているのが二〇一〇年の欧州債務危機である。それは一九四五年以降西欧諸国が発展させてきた欧州統合自体を危機に陥れた。シェーンベルガーによれば、それは同時にドイツがＥＵの中における自らの位置づけの変容、すなわち、いまやかつてないほどにまで欧州の覇権的大国になったことを認識させられることを意味した。「ドイツは、仮にこれまで指導されていたとしても、いまや指導しなければならない」。しかし、ドイツの政治も世論もこうした事態に対して明らかに心の準備ができていないとシェーンベルガーは批判する（Schönberger 2012: 1）。

もっともシェーンベルガーは、ドイツが覇権国であるか否かというテーマが周辺国のみならず、歴史的理由からドイツ自身にとっても不快であり続けてきたことは認めている。しかし、いまやＥＵにおいて人口や経済面で最強の加盟国となったドイツは、自らの立場から目を逸らすことはできない。

さらにシェーンベルガーは「ドイツの覇権について語らなければならない。それは欧州におけるドイツの支配を擁護することを意味しない。まずはそれが何であるかを認識することを意味する」

（Schönberger 2012: 1）と述べ、ドイツが欧州の覇権的大国になったことを明確に認めたうえで、覇権の定義を明らかにしていく。覇権について、シェーンベルガーは戦前活躍したドイツの公法学者・国際法学者のハインリヒ・トリーペル（Heinrich Triepel）に準拠して以下のように定義する。

〔本稿では〕覇権を、グラムシ的な反帝国主義的言説の拡散的キーワードと同義で用いてはいない。覇権とはむしろ連邦・連盟システムにおいて少なからず出現する現象を示す、まずは的確な憲法学上の概念である（Schönberger 2012: 2）。

ここでシェーンベルガーが強調しているのは覇権が支配を意味するものではないこと、それが連邦制的構造を前提としている法的概念であることである。例えば、歴史上、連盟的結合において、個々の加盟国がその大きさ、国力や影響力によって突出し、公式・非公式の特殊な指導的機能を行使することがあったとし、例として古代アテネ、オランダ共和国におけるホランド州や二〇世紀ドイツにおけるプロイセンを挙げる。このような覇権の態様が生じる理由として、シェーンベルガーは覇権が連盟・連邦と各加盟国の間の根本的な緊張関係に基づくものであるためと説明する。すなわち、連盟・連邦を形成する各加盟国は形式的には対等であるが、加盟国間の大きさにおいて明確な相違が生じると、前者が制度や実践において形骸化する事態となる。このような形式と実際のギャップを埋めるものとして加盟国から独立した連邦権力の存在があり、これが形成されたのがアメリカ合衆国やスイスである。しかしこうした連邦権力が形成されない場合は、加盟国のなかで突出した力を持つ覇権国がその役割を果たすことになる。その代表例が一九世紀から二〇世紀初めのドイツ帝国におけるプロイセンであった。この点でEUはアメリカ合衆国ではなく、むしろ過去のドイツ連邦に近いとシェーンベルガーは論じる。なぜなら、一九世紀のドイツ連邦においてフランクフルト議会や連邦参議院を通じて各加盟国が連邦権力に対して影響力を行使していたのと同様に、EU権力もまた加盟国から明確に独立しているわけではなく、むしろ閣僚理事会や欧州理事会を通じて、加盟国政府の意向の影響を受けているからである。すなわち、EUは依然として政府間主義的な特徴が強い組織であり、それはとりわけ二〇一〇年の債務危機において、緊急サミットが相次いで開催されたことにより劇的な形で露呈した（Schönberger 2012: 2-3）。

そして、まさにかかる政府間主義的な組織としての特徴が強い連邦的構造をもつEUにおいてこそ、覇権的大国の役割が必要とされるとシェーンベルガーは述べる。なぜなら、EUの理事会において各国間で展開される事実上の外交交渉プロセスでは、〔ドイツのような〕圧倒的なまでに最強の加盟国の重みがものを言うからである。またEUの理事会の決定は全会一致による決定がしばしば目的とされ、法的には多数決による決定が可能な場合でも前者が実践されていることが少なくない。この点において覇権的大国はとりわけ困難な任務に直面する。すなわち、自らの利益を定義するだけでなく、全会一致が可能な解決策を促すために、他のパートナー国の利益についても知悉することが求められる。それは一方的に自国の利益を主張するという振る舞いを許さず、むしろ指導的加盟国の自覚的な自己抑制を前提とするとシェーンベルガーは論じる（Schönberger 2012: 3-4）。

こうしてシェーンベルガーは、自らの圧倒的な力を背景とした一方的な自己利益の貫徹という、覇権に対する一般的イメージを修正していく。それでは、なぜ覇権はとりわけドイツにおいては否定的に捉えられてきたのか。またドイツがＥＵの覇権的大国になったということは、今後ドイツが欧州を支配する危険性を意味しないのか。こうした問いに対して興味深いのは、彼がそのような支配を行うにはドイツは依然として弱い存在であると述べ、その根拠として、ドイツが欧州における中央の位置にある大国であることがもたらすディレンマを指摘した歴史家ルートヴィヒ・デヒーオ（Ludwig Dehio）の議論を引証していることである（Schönberger 2012: 5）。すなわち、先述したようにドイツはどの近隣諸国よりも強大だが、それらの国々全体を支配するほどには強くないという「ドイツ問題」として知られるディレンマである。(3) それは周辺諸国のドイツへの警戒とドイツの孤立を招き、そうした状況を打破するために、力による覇権の追求を目指したドイツは二度の世界大戦で敗戦を喫し、欧州は壊滅的打撃を被った。戦後の欧州統合のプロジェクトはドイツにとっては、かかるディレンマの克服を目指すものに他ならなかった。それゆえ、ドイツでは現在にいたるまでドイツの覇権的立場について語るのはタブーとされてきた。にもかかわらず、シェーンベルガーはＥＵへの連邦的組み込みという枠組みのなかで慎重に運用される覇権こそが、かかるディレンマに対する唯一の成功を約束する解答であるとし、それを「賢明な覇権」と呼ぶ（Schönberger 2012: 5）。ここには、いまやドイツが覇権国的立場ではないと言い続けることがそれを認めることよりもＥＵにとって、ひいてはドイツの国益にとってデメリットになるというシェーンベルガーの判断が反映されているように思われる。この点については、後で詳述する。

ここまで覇権（国）の定義とその根拠、ならびに現在のドイツが覇権国であるか否かについてのシェーンベルガーの議論を見てきた。最後に今後のドイツの外交政策に対する処方箋について、彼はどのような提言をしているのか。シェーンベルガーはたとえそれが意図しなかったことであったとしても、ドイツのEUにおける役割が覇権的立場であることをエリートや世論が直視し、自らが欧州統合の最大の受益者であることを自覚する必要があると述べる。そして、EUが崩壊すべきでないとするなら、ドイツは覇権国としての任務を困難な状況のなかで引き続き履行していかなければならないとし、「ドイツは覇権の重荷を担わなければならない。たとえ〔それにより〕肩に痛みをよりいっそう覚えたとしても」と結ぶ（Schönberger 2012: 8）。ドイツがEUにおける覇権的立場という役割を果たすべきとする彼の主張には、欧州債務危機に直面したEUの苦境に対する危機意識が反映されていると言えよう(4)。

(2) リンクの批判「統合的均衡と共同指導。欧州システムとドイツ」（二〇一二年）

『メルクーア』に掲載されたシェーンベルガーの論考に対し、同誌上で批判を試みたのがケルン大学教授の歴史家・国際政治学者で、ドイツで数少ないリアリスト理論の提唱者としても知られるヴェルナー・リンクであった。リンクは以下の二つの論点を挙げ、シェーンベルガーの覇権国論を批判した。

第一の論点は、ドイツがその経済的強さとヨーロッパ大陸の中央に位置するというその地政学的状況により、欧州の覇権的大国になったのかについてである。具体的には、第二次世界大戦後に反覇権のプロジェクト、すなわち、一方では米ソ二超大国に対する均衡勢力として、もう一方ではドイツの覇権的立場の追求を牽制する独仏協調を中核とする「統合的均衡」システムとして出発した欧州統合に組み込まれてきたドイツが、冷戦の終焉とドイツの再統一、EUの北方・東方拡大という外的環境の変容によって再び覇権国になりつつあるのかという問いである。欧州理事会での票数の拡大や強い経済力をその根拠として挙げるシェーンベルガーに対し、リンクは前者についてはニース条約をはじめとするEUの諸条約に基づきドイツの覇権の可能性は排除されているとし、後者についても確かにドイツの経済力の強さは欧州内の相互依存を緊密化させているものの、それは欧州の近隣諸国からのドイツの相対的自立を生み出しているわけではないとする。なぜなら輸出大国であるドイツは、EUを介してEU域外との貿易政策や通貨政策を実施しているからである。さらに軍事力についていえば、二〇一一年のリビア内戦への対応においても明らかなように、逆にドイツはフランスとイギリスに完全に後れを取っている。したがって、ドイツとの経済力の格差は、必ずしもフランスがドイツに対して優位をもちえないことを意味するものではないと批判する（Link 2012: 1027–28）。

第二の論点は、ドイツが今後EUの覇権的大国になる可能性とその必要性についてである。リンクはシェーンベルガー自身が、ドイツが覇権的政策を追求する際のいくつかの心理的・制度的障壁に言及していることを挙げ、ドイツはそもそも「覇権の重荷」を担うことに対しての覚悟ができていないと論じる。さらに、仮にドイツ国内の障壁が克服できたとしても、他の欧州諸国、とりわけ英仏などの主要大国による抵抗は避けられず、これを克服することはできないであろうとリンクは指摘する。すなわち、EU諸国の側におけるドイツの覇権の受容の欠如こそが、ドイツが覇権国になる可能性に対する決定的な反論であると断じる。たとえドイツがその潜在的な覇権的パワーを、シェーンベルガーが述べるようなEUの連邦的枠組みに埋め込む形で慎重に運用したとしても、ビスマルクやその後継者たちの試み、すなわちドイツの覇権を欧州諸国において平和的に受容してもらうという試みの失敗という歴史的経験を鑑みても、その成功の見通しを支持するのは困難であるとする（Link 2012: 1029-30）。

それでは、ドイツは現在EUが直面している危機に対してどのようなヨーロッパ政策を採るべきであるか。シェーンベルガーの唱えるドイツの覇権と覇権政策に対する現実主義的な代替策として、リンクは従来の独仏協調を中核とし、場合によってはイギリスを加えた共同指導を提唱する。これならば、大国間の利益の一致や調整が図りやすく、かつドイツの単独覇権と比べて十分な数の中小国の同意も得やすいであろう。すなわち、欧州におけるドイツの覇権問題（＝「ドイツ問題」）は、再三再四統合的均衡の確認と再編により解決されてきたのであり、それはドイツと他の欧州諸国双方にとって都合がよかったし、今もそうである。かくしてリンクは「ドイツ問題」を解決するメカニズムとしての統合的均衡の有効性を強調する。またそれを裏づけるかのように、「共同指導（「集団的覇権」）は単独覇権と連邦の間に位置づけられる」というトリーペルの示唆は有益かもしれないと指摘する。つまり、ドイツとEUをめぐる中長期的な展望として、連邦でもなく、ドイツの単独覇権でもなく、独仏の「集団的覇権」が有効であり、望ましいとリンクは考えているのである。続けてリンクは、独仏の共同指導は、とりわけそれがイギリスにより最低限容認されている場合、他の加盟国から十分に受け入れられる見通しが高まるとする。確かにそれは政治的に困難な任務だが、これより他に欧州が危機から雄々しく脱出する手段があろうかと反問する。「いずれにせよ、ドイツの覇権によってではない！」というのがリンクの答えである（Link 2012: 1030-34）。興味深いのは同じトリーペルの「覇権」概念に依拠しながら、シェーンベルガーがドイツの覇権的政策を慫慂しているのに対し、リンクはドイツの単独覇権を批判しつつ、独仏による「集団的覇権」の有効性を説いている点である。両者の判断を分かつのは、欧州統合における独仏協調の有効性をめぐる評価であり、これがドイツ＝「覇権国」論争の対立軸の一つを成している。

(3) シェーンベルガーの再反論「再び、ドイツの覇権について」（二〇一三年）

二〇一三年一月号の『メルクーア』誌上で、シェーンベルガーは、これまで受けたリンクなどからの批判に対し反論を展開した[6]。全部で七つの批判点が挙げられているが、紙幅の都合上、主にリンクから批判された三点についての反論に絞って紹介する。

シェーンベルガーが受けた第一の批判は、ＥＵ第二の大国としてのフランスの重要性はドイツのヘゲモニーを排除するというものである。しかし、かかる議論は、再統一以降の独仏間の力関係が大きく変容したという現実を見落としているとシェーンベルガーは反論する。それは特にここ一〇年の経済の動向において自明であり、フランスは根本的構造改革の欠如により、ますますドイツの後塵を拝すようになった。なるほどフランスの政治はドイツとは全く異なり、繰り返し外交政策を積極的に構築しようという意志を示してみせる。しかしイギリス同様、過去の大国像へのノスタルジーを少なからず原動力としているため、自らの可能性についての現実主義的な評価が曇らされることになった。かくしてフランスはその経済力の無さからＥＵにおいて、ドイツに対抗して独自の政策を形成する意思を展開することがほとんどできなくなった。初期の段階では機能していた独仏協調も、今日では加盟国数の増大によりほとんど不可能になったとシェーンベルガーは手厳しく断じる（Schönberger 2013: 27–28）。

第二の批判は、覇権は（他の諸国の）受容を前提とするが、ドイツの場合、このような受容が欠如しているというものである。これに対し、シェーンベルガーは、次のように反論する。よく誤解されているように、覇権については、加盟国に覇権的大国が課す従属要求や権威主義的指導が問題なのではなく、その前提として指導大国がそのパートナー国と緊密に法－制度的に結合していることが重要である。したがって、覇権的影響力は繰り返し更新されるパートナー国の同意に依拠することになるとする。それでは、EUにおけるドイツの指導役割に対してかかる同意は欠如しているのか。この問いに対し、シェーンベルガーは、ユーロ危機は初めて完全なまでにドイツの指導役割の不可避性を明白にしたと述べる。なるほどドイツによって強制された緊縮策は南欧諸国で不人気であった。しかしそのことをもって、欧州のパートナー国がドイツの指導役割に対して根本的に問題視していると拙速に解釈するべきではないと論じる。なぜなら同意は愛や好意を意味するわけではなく、覇権的大国はほとんど愛されることがない。換言すれば、覇権的大国はパートナー国からせいぜい用心と尊敬を期待はできるが、心からの忠誠心は無理である。むしろ相互尊重が覇権的大国の指導役割を最も確実に支えるのかもしれないと述べる（Schönberger 2013: 29–30）。

第三の批判は、現在においてはドイツの覇権ではなく、ヨーロッパのヨーロッパ化が必要とされているというものである。これに対し、シェーンベルガーはドイツは自ら望んで覇権国となったのでははなく、それはドイツを取り巻く現在の布置状況の結果であるとする。いわば「意に反した覇権国」である。かかる覇権の問題を徹底的な「ヨーロッパのヨーロッパ化」、すなわち、強力かつ加盟国から自立したEU権力が確立すれば解決できるという見方がある。そうした解決策は制度的観点において、とりわけ理事会構造の克服を必要とするであろう。しかし今日の観点から見ると、かかる展開は全く的外れであり、まさに政治的ユートピアの領域に属するものである。すなわち、「ヨーロッパのヨーロッパ化」を求める議論は、次の二つの意味で政治的ユートピアであると批判する。一つはユーロ危機で露呈したEUにおける政府間主義の強さを無視しているという意味である。もう一つはさらにEUが今後も政府間主義的であり続けるという展望が、ドイツを「意に反した覇権国」にしてしまっているということを理解していないという意味である。そのような状況を踏まえたうえで、「ドイツはかかる役割を追求してこなかったし、それに向けてほとんど覚悟や備えもしてこなかったが、いまやまがりなりにもそれを実行しなければならないのである」と主張する(Schönberger 2013: 33)。ここには一方で二〇〇五年のEU憲法条約の頓挫による連邦国家化の挫折に対する厳しい認識と、他方でユーロ危機により露呈したEUのなかの格差の増大とそれによる解体の危機に際して、政府間主義的なEUにおいていやでも抜きんでてしまうドイツが、敢えて覇権的立場を担わなければならないことへの覚悟をうかがうことができよう。

2 ゲッペルト：「半覇権国」のディレンマとしての「ドイツ問題」の再来

二〇一三年にボン大学教授（二〇一八年よりポツダム大学教授）で近現代史、とりわけ独英関係を専門とする歴史学者ドミニク・ゲッペルトが公刊した『存在しない欧州――ユーロの致命的な爆破力』は、その挑発的な内容ゆえに大きな反響を呼んだ。いわく、欧州通貨同盟（ＥＭＵ）によりユーロを導入したことは、コール元首相をはじめとした多くの政治家やエリートたちが主張したように、欧州に平和と繁栄を保証し、「ドイツ問題」を解決したのではない。かえって加盟国間の対立と分断（債務危機・ユーロ危機を通じて顕在化した債務国対債権国、南欧対北欧諸国の対立）を生み、一九四五年以降の欧州統合のプロセスを通じて解決済みとされていた「ドイツ問題」を再来させた、というのがその趣旨であった。本章では、同書と同書の第七章を基にした別稿「半覇権国：ドイツのディレンマ」を中心に、ゲッペルトの「ドイツ問題」およびドイツ「覇権国」論についての見解を見ていく。

まず「覇権国」の議論の背景について、ゲッペルトもまた二〇一〇年以降の債務危機・ユーロ危機を重要な契機と見る。すなわち、これにより欧州政治の重要課題としての「ドイツ問題」が返り咲いたからである。それはある意味において新しい形をとっているものの、多くの点で過去の「ドイツ問題」と共通しているとする。具体的には、一八七一年から一九四五年までのドイツについて、次の二点が問題とされた。第一に欧州の中央の位置にあるドイツ国民国家が、欧州大陸の静力学（平衡状態）と動力学（活力）の中に自らをどのように組み込むのかという問題、第二に他の欧州諸国の安全と繁栄を脅かすことなしに、どのように自らの政治的安定と経済的繁栄を維持するのかという問題である。このようにデヒーオがかつて第二帝政のビスマルク帝国を評して述べた「半覇権国的（halbhegemonial）」立場に、多くの点で現在の統一ドイツは類似しているとゲッペルトは述べる（Geppert 2013a: 123–124）。

当時のドイツ帝国はその急速な国力の増大により、イギリスをはじめとする周辺諸国から懸念を抱かれ、最終的に対抗同盟を形成された。いわゆる対ドイツ包囲網の形成である。これに対し、ドイツでは敵対的な大国による鉄の包囲網によって孤立させられるという不安が広がった（Geppert 2013a: 126–127）。ここでゲッペルトは、当時のドイツ帝国の「半覇権国的」立場が「ドイツ問題」とヨーロッパにおけるドイツの孤立を招くという危険性を指摘する。かかる二つのリスクは、二度の世界大戦の勃発という悲劇を経たのち、第二次世界大戦後に超国家的統合により西ドイツを強力な欧州共同体の中に組み込み、その中核として独仏協調を構築するという解答でもって応じられた。さらに一九八九年から九〇年にかけての冷戦の終結とドイツ統一という国際政治の変動により、再びドイツ「覇権国」論が台頭するものの、それを懸念したフランスの求めに応じ、ドイツの孤立を恐れたコール首相がEMUに同意してマルクを放棄したことにより対応した（Geppert 2013a: 127–133）。

それでは、二〇一〇年の債務危機とユーロ危機を契機として再来した現在の「ドイツ問題」とはどのようなものであったか。ゲッペルトは以下のように述べる。

ドイツはユーロ圏において再び、ヨーロッパにおけるビスマルク帝国の状況がすでに明らかにしたところのあの「半覇権国的」立場を占めている。一方では、EMUの諸制度に組み込まれるには強すぎ、さらにそこで一メンバーとして同等に振る舞うには強力でありすぎる。他方で、これはますます明らかになりつつあるが、ユーロ圏の他の諸国にドイツの政策を実施させるには弱すぎる。とりわけ他国に持続的な緊縮策を引き続き押し付けるのに失敗するであろう。なぜなら、それはこれらの諸国の政治的・経済的伝統やメンタリティーに反するからである（Geppert 2013a: 137–138）。

緊縮策を押し付けるドイツの姿勢は、他の加盟国の反発を招いた。なぜなら、それらの国は自らの政治的な核心的権限をドイツからだまし取られ、自らの経済・社会政策における民主的な自己決定が奪われたと感じているからである。したがって、ドイツは欧州大陸の覇権的大国になりあがった、あるいは少なくともなろうとしているという声がますます強まった。しかしながら、ドイツに対するこのような反発や非難の一方で、二〇一一年一一月シコルスキ（Radosław Sikorski）・ポーランド外相（当時）による発言に象徴されるように、ドイツが欧州における自らの指導任務を十分に果たしていないという批判も挙がった（Geppert 2013a: 135–136）。

これに加えて、もう一つの過去の不快な遺産である欧州におけるドイツの孤立もまた顕著となったとゲッペルトは指摘する。例えば、ユーロ圏内における債務の限定による危機克服というドイツの戦略は、フランス、イタリア、ギリシャあるいはスペインといったパートナー国から全く受け入れられず、ブリュッセルの欧州委員会もますますあからさまにドイツの立場から距離を置くようになった

(Geppert 2013a: 138–139)。かくして、ドイツは、九〇年代初めにはＥＭＵによって恒久的に脱却できると考えた半覇権と孤立のディレンマの問題に、今日より先鋭化された形で直面させられるに至ったと、ゲッペルトは断じる（Geppert 2013a: 140）。

それでは、現在のドイツは覇権国と呼びえるのだろうか。覇権国の定義について明示していないものの、ゲッペルトは明確に否定する。先述したように、ドイツはデヒーオが論じたように「半覇権国的」立場にある。さらに、それはヨーロッパ大陸を支配する覇権国としての力のみならず正当性も欠いているからである。ここで、ゲッペルトは先述したドイツ国内における「覇権国」論争に言及する。まずドイツを、「意に反した覇権国」とし、それを批判して「覇権国」としての自覚と責任を要請するシェーンベルガーに対し、ドイツは欧州の覇権的大国でもなければ、「意に反した覇権国」でもない。なぜなら、欧州諸条約だけでなく、フランスとイギリスの抵抗に遭ってドイツの覇権は失敗するであろうとし、リンクの批判に同意する。しかし他方で、ＥＵの統合的均衡の枠内でのフランスとドイツの共同リーダーシップを強調するリンクの提案については、現在のユーロ危機下ではほとんど実現不可能であるとし、従来の独仏の緊密な協調の継続の可能性についてはリンクより懐疑的である。なぜなら、そのためには、協調自体にＥＵを支える力があるだけでなく、他の加盟国の大半から認められなければならないからであるとする（Geppert 2013a: 136–137; Geppert 2013b: 14. Anm.13）。すなわち、独仏協調という「共同リーダーシップ」もしくは「共同覇権」には、その条件としての力も正当性も不足していると断じる。この点では、先ほど批判したシェーンベルガーと軌を一にしているのが、世代間の違いを想起させて興味深い。

最後に、現在のドイツがおかれた状況、すなわち、「半覇権国的」立場と孤立という問題にどのように対処すればよいのか。また今後解体の危機にあるとされるEUをどのように再生させればよいのか。ゲッペルトは実効性があるとされる三つのオプションを挙げる。第一は欧州合衆国に向けての遅ればせの打開、すなわち、「欧州合衆国」や「政治同盟」、さらに「欧州共和国」に象徴される連邦的解決である。第二は従来の政府間主義的協力による財政移転・債務履行同盟への更なる発展である。第三は分権化と競争による統合であり、そこでは加盟国は各々が置かれたさまざまな布置状況に応じて関与の程度は異なるものの、欧州統合の部分的プロジェクトへの協力を行うとされる。本章では、紙幅の都合上、ゲッペルトが慫慂する第三の解決策に的を絞る。

それは分権的で柔軟、かつ世界に開かれた欧州統合を目指す構想である。具体的には、共通の制度をもち、共存のための共通の基本ルールを尊重するが、加盟国とその諸制度のよりいっそう緊密な結合という目標に対しては、可能な限り一線を画すような全てのEU加盟国の柔軟な協力に基づく統合である。かかる構想のモデルとしてゲッペルトが推奨するのが、イギリスのドイツ史研究者T・G・アッシュ（Timothy Garton Ash）によって一九九九年に発表された欧州にとっての「リベラル秩序」論である（Ash, 1999）。アッシュは欧州の近代史の大半が不幸な形で揺れ動いてきたところの両極、すなわち流血の無秩序と各国のナショナルかつ民主的な努力を抑圧する覇権的秩序を回避するための秩序として、欧州の「リベラル秩序」を掲げる。それは柔軟で世界に開かれており、欧州の構成的秩序要素としての国民国家を重視し、統合それ自体を目的とするのではなく、あくまで自由と平和というより高次な二つの目的のための手段にすぎないと論じる。かかるアッシュのEU構想は、今日においてもなお、イギリスにおけるほぼ全ての穏健な親欧州的諸勢力が大筋において一致している構想を特徴づけている。それはその後もイギリスのヨーロッパ政策における一貫した立場を代表し、キャメロン首相（当時）が二〇一三年一月の欧州演説で説明した提案もこの路線に則っているとゲッペルトは述べる（Geppert 2013a: 173-176）。

このようなイギリス的なEU構想を望ましいと考えるより全体的かつ長期的な理由としてゲッペルトが挙げるのが、危機後の欧州についての展望である。彼によれば、危機後の欧州は、もし存続すればの話だが、祖国からなる欧州であり続けるからである。各国民国家はその中で民主主義、法と社会福祉の担い手として引き続き中心的な役割を果たすであろう。また加盟国間においては貿易、共通の利益および多面的な社会的・文化的・法的結合によってより相互緊密化するであろう。加盟国はEUにおいて自らの目的を追求し、それらは部分的には相互に両立可能であるが一致するわけではない。かくしてドゴール流の「祖国からなる欧州」への回帰をEU存続のほぼ唯一の道と見なすゲッペルトは、「われわれが一方的に欧州の連帯を唱道し、各国の伝統、思考様式および利益を否定するなら、われわれは存在しない欧州に縛られていることになる」と述べて自らの議論を結ぶ（Geppert 2013a:184）。

国民国家を重視し、「祖国からなる欧州」を擁護するゲッペルトの主張は、連邦志向の強いドイツの親ヨーロッパ主義的な知的空間においてはやや異端であり、じじつ挑発的な議論として大きな反響を呼んだ。さらにゲッペルトに特徴的なのは、イギリスのEUヴィジョンを推奨していることからもうかがえるように、その親英的なスタンスである。これはゲッペルトの師である現代史家アルヌルフ・バーリング（Arnulf Baring）にも特徴的であるが、外交においては対米関係を重視し、国際政治の主体としては国民国家を重視する戦後西ドイツにすでにあった知識人の系譜でもある。しかし、二〇一六年のイギリスのEU離脱を決定した国民投票、二〇一七年の「アメリカ第一主義」を標榜するトランプ政権の成立は、かれらの欧州統合やドイツのヨーロッパ政策についての見方にどのような影響を及ぼすのか。今後注目に値する点であろう。

3　クンドナニ「ドイツのパワーの逆説」：地経学的半覇権国としてのドイツ[7]

イギリス出身のドイツ専門家ハンス・クンドナニが二〇一四年に刊行した『ドイツのパワーの逆説』[8]は、欧米各国のみならずドイツ国内でも反響を呼んだ。その理由は、ユーロ危機以来クローズアップされた大国ドイツの対応、すなわち一方ではギリシャをはじめとする債務国に対する支援については消極的でありながら、他方で構造改革や緊縮策についてはその実施を厳しく求める姿勢について、一八七一年から一九四五年までの「ドイツ問題」の復活、ひいては「歴史の回帰」という視点から歴史的に考察し、かつ明晰に分析した点にある。

こうしたクンドナニの問題意識の下敷きにあるのが、ドイツの近代史家ハインリヒ・アウグスト・ヴィンクラー（Heinrich August Winkler）が著書『西方への長い道』（二〇〇〇年）[9]で示した「成功史」としての戦後（西）ドイツ史観である。すなわち、第二次世界大戦後の西ドイツの西側統合路線は、一九九〇年にドイツが統一し、九二年に共通通貨の導入など更なる統合を謳ったマーストリヒト条約の締結により、ＥＵにしっかり結びつけられた「ヨーロッパのドイツ」、および「ポスト古典的国民国家としての西側の普通の国」に到達したことで、戦前ドイツを破滅に導いた「ドイツ問題」の解決に成功したという議論である。クンドナニによれば、それはいわば冷戦の終焉当時に発表されたフランシス・フクヤマ（Francis Fukuyama）の「歴史の終わり」論のドイツ版ともいうべき議論である（Kundnani 2014: 1-5）。クンドナニの「歴史の回帰」という視点は、ヴィンクラーに代表されるドイツの知識人たちによる「成功史」としての戦後（西）ドイツ史観に対する異議申し立てを意味する。

ここでは、クンドナニの著書『ドイツのパワーの逆説』（二〇一四年）と「ドイツ問題」を中心にまとめた論考「ドイツのヨーロッパ——あるいは混沌としたヨーロッパ？」（二〇一五年）を手がかりとして、「ドイツ問題」の復活という視点からドイツの「覇権国」論争に対するクンドナニの立場と、ヨーロッパにおけるドイツの役割についての彼の現状分析を見ていく。その後、今後のドイツの外交安全保障政策について彼がどのように展望しているのか、さらに二〇一五年の難民危機におけるドイツの対応についての彼の評価を概観する。

まず背景については、二〇一〇年のユーロ危機以降の「覇権国」ドイツもしくは「ドイツのヨーロッパ」をめぐる論争がある。それは一方では、ＥＵにおいて圧倒的な大国となったドイツへの警戒の現われであったが、他方で二〇一一年のシコルスキ・ポーランド外相（当時）の「不可欠な国」としてのドイツという発言に見られるように、ドイツのさらなるリーダーシップを期待する声の反映でもあった。これについて、クンドナニは「ある意味で正しい」と述べる。というのは、ドイツのパワーの増大とフランスの相対的弱さにより、ドイツがユーロ圏の他の加盟国に対して自らの選好を引き続き課すことが可能になったからである。その代表例が二〇一一年に成立した加盟国に財政規律についてのルールを憲法に明記することを要請する財政協定である。しかし、クンドナニによれば、ユーロ危機以降のヨーロッパは「ドイツのヨーロッパ」でなく、「混沌としたヨーロッパ」である(Kundnani 2015: 12)。ドイツは「覇権国」としてはあまりにも小さくかつ脆弱すぎるため、未だかつて潜在的な「覇権国」ですらなかったとして、ドイツ「覇権国」論を否定する(Kundnani 2015: 13)。

それでは、なぜ「不本意な」など括弧付きとは言え、ドイツ「覇権国」論が台頭しているのか。クンドナニはそうした議論の一つであるドイツのリーダーシップへの期待の前提として、アメリカの経済史家チャールズ・キンドルバーガー(Charles Kindleberger)の議論に基づく「覇権安定論」があると指摘する。覇権安定論によれば、世界経済は安定性を担保する覇権が存在する場合のみうまく機能するとし、第二次世界大戦後のアメリカのマーシャル・プランに代表される、長期的利益のために短期的譲歩を行なうことを辞さない覇権国としてのアメリカを評価する。これに対し、ユーロ危機のドイツは魅力ではなく圧力を行使し、長期的目標ではなく短期的自己利益を追求したとクンドナニは論じる。具体的には、戦後のアメリカとは異なり、ユーロの維持のために貿易黒字の削減、インフレの容認、最後の消費者としての役割などのケインズ的政策をとれずに緊縮策に固執したことが、南欧諸国などのユーロ圏の周辺部を成す国々が自らの経済を回復させるのを困難にし、かつ危機を悪化させたと説明する。かくして「ドイツ〔のパワー〕」は、欧州において覇権安定論が覇権国の中心的機能としているところの安定性でなく、不安定性をもたらしている」(Kundnani 2015: 14)。

これに加えて、欧州の「覇権国」の役割を担うことにドイツが失敗したのは、緊縮策や輸出志向を旨とする戦後ドイツの国民経済的理念（オルド自由主義）の失敗によるものだけでなく、ドイツの経済リソースの限界によるものでもあった。結論として、クンドナニはドイツがキンドルバーガーの覇権安定論的な意味での欧州の「覇権国」になるには、意志だけでなく経済的能力、さらに他の加盟国の同意も欠如しているとする（Kundnani 2015: 14）。

このような覇権安定論を基に展開されるドイツの「覇権国」論に対して、クンドナニが問題視するのが、それが「ドイツ問題」の歴史やドイツの覇権的要求についての歴史的経験とほとんど結び付けられていない点である。ユーロ危機のドイツの政策やヨーロッパにおける役割を考える際に有益なのは、覇権安定論が想定しているような第二次世界大戦後のアメリカの役割との比較ではなく、戦前ドイツ（一八七一～一九四五年）とのそれであるとし、ユーロ危機以降の現在のドイツとの類似性を指摘する。一八七一年のドイツ帝国の成立以来、ドイツはヨーロッパにおける勢力均衡を維持するには大きすぎ、自らが覇権国になるには小さすぎた。このような大陸ヨーロッパにおけるドイツ帝国の立場を「半覇権国的」と定義したのが、前出したドイツの歴史家デヒーオである（Kundnani 2014: 8–9）。「半覇権国」としてのドイツのパワーが他の諸国をドイツに対する包囲網形成へと動かし、それによってドイツは孤立への不安を掻き立て、結果として軍備増強や同盟の強化に走ったというディレンマを指摘したデヒーオの議論に、シェーンベルガーやゲッペルト同様、クンドナニもまた準拠する。

これはユーロ危機の文脈とも類似する。すなわち、他の加盟国（とりわけいわゆる周縁部のそれ）がユーロ危機の開始以来、ドイツに対する共同戦線をつくるという圧力の下にあったという意味においてである。なぜならドイツに単独で対抗できる国がないため、ユーロ圏の各国には、ドイツへの対抗同盟を形成する以外の選択肢がほとんどなかったからである。具体的には、ユーロ危機の対応をめぐって、緊縮策を債務国のみならず他の加盟国に強く要請したドイツがＥＣＢ（欧州中央銀行）や欧州理事会において孤立したことを意味する。もちろん戦前のドイツのように、ドイツの軍事的パワーがヨーロッパ内の大国間戦争を惹き起こすという地政学的な「半覇権国」としてのリスクは現在存在しない。しかし、ドイツの経済的パワーが他の加盟国による対抗同盟を惹き起こし、それによってドイツが孤立の不安に駆られ、結果としてヨーロッパ内の経済的対立を引き起こすという地経学的な（geo-economic）「半覇権国」的立場に由来するリスクは認められると述べる。したがって、ドイツのパワーは「半覇権的」なものであり、それは覇権安定論が想定してるような安定ではなく、不安定をヨーロッパにもたらすのであると述べ、クンドナニは現在のドイツが「覇権国」であることを否定する（Kundnani 2015: 16; Kundnani 2014: 110–113）。

ここで興味深いのは、クンドナニが二〇一五年の難民危機においても、このようなドイツの新たな「半覇権国」的立場が顕在化したと指摘している点である。「ひょっとしたら、それはユーロ危機以来出現しつつある、どちらかと言えば「混沌としたヨーロッパ」の最良の説明かもしれない」。クンドナニによれば、シリアなどからヨーロッパを目指してやってくる難民がとりわけドイツでの受け入れを望んでいるという事実は、新しいヨーロッパの現実を露呈している。すなわち、ヨーロッパが繁栄している中核と貧困化する周辺から成り立っているという現実である。ギリシャのような国々が難民の殺到により過重な負担を負い、それゆえに難民がさらにドイツへ向かうのを阻止できないという実態は、最終的に以下の事実の帰結である。すなわち、ドイツによって課せられた緊縮策によりギリシャが弱体化しているという事実である。こうして難民危機はドイツのパワーの裏面を露呈したとクンドナニは論じる。それはドイツのパワーによって弱体化した周辺部の状況が、いまやドイツにとって深刻な脅威となっていることを意味する。

それに加えて、ドイツは他の加盟国に難民の公平な受け入れの分担を求めたが拒否され、逆に難民の受け入れに消極的なハンガリーから「道徳的帝国主義」と非難された。とりわけ注目すべきは、ドイツ政府と欧州委員会によって要求された割り当てに対して最も激しく反対した加盟国、例えばスロヴァキアなどが自らの経済がドイツと最も緊密に統合されており、かつほんの数週間前にはギリシャの債務をめぐる議論でドイツを支持していたという事実である。ドイツが数百人の難民の受け入れを他の加盟国に説得することができなかったことは、次のことを示唆する。すなわち、ドイツには諸問題を結びつけて一括的処方箋を提示するのに必要であり、かつそれを土台にして欧州統合がこれまで常に機能してきたところの正当性もリソースも欠けているということである。結論として、難民危機は〔ユーロ危機に続いて〕、再びヨーロッパがドイツによって指導されえないことを明らかにしたとクンドナニは論じる（Kundnani 2015: 15–16）。

それでは、危機にあるヨーロッパを指導する力と正当性に欠ける「地経学的半覇権国」ドイツは、今後どのような外交安全保障政策をとるのか。これまで論じてきたドイツ人の論者たちと異なり、イギリス人のクンドナニはEUを解体の危機から救済することよりも、彼が重視している米欧関係を軸とする西側の戦略的利益の視点から議論を進めている（Kundnani 2014: 6, 113–114）。

クンドナニによれば、ヨーロッパがますます混沌となっていく状況にあるがゆえに、ドイツ国内から、状況を打開するためにドイツが覇権国的役割を担い、より積極的に行動することを求める声が出てきた。そうしたドイツ「覇権国」論に対し、クンドナニは次のように反論する。「しかし問題は、ドイツがそのような指導的役割のための正当性を獲得するために追求しなければならない政策が、ドイツ国内におけるユーロ懐疑主義を激化させるであろうということ」であり、例えばユーロ圏の債務の共同体化、すなわち、ユーロ共同債はドイツ人から見れば国益に反する恐れるべき「財政移転同盟」に他ならない。つまり、他の加盟国とドイツ国内の世論の間で板挟みになるドイツのヨーロッパ政策のアポリアをクンドナニは指摘する。かくして「ドイツが欧州を「指導」できるという見方は、依然として危険な幻想である」（Kundnani 2015: 17）。

クンドナニはさらに続けて、ドイツのパワーがかえってヨーロッパの不安定化を招くという逆説をもたらすだけでなく、さらに西側同盟（米欧関係）にもマイナスの影響を及ぼすと論じる。そうしたクンドナニの懸念が看取できるのは、彼が今後のドイツ外交安全保障政策が西側離れする可能性を指摘している点にある。[10] 先述したように、戦後のＮＡＴＯやＥＣへの（西）ドイツの統合が「ドイツ問題」に対する米欧の西側諸国の一つの解答であったなら、冷戦の終結と統一以降徐々に自己主張を強め、ユーロの導入以降経済的に独り勝ち状態にあるドイツが今後西側離れ、クンドナニの言葉によれば「ポスト西側外交政策」を展開する可能性は看過できない問題であることは理解できよう。

4　ミュンクラー「中央に位置する大国」：地政学の復活？

ヘルフリート・ミュンクラーはドイツを代表する政治学者（政治思想、政治理論）であり、とりわけ近年は戦争論に関する一連の研究で知られる。また現代の政治・外交問題についても積極的に発言を行っており、二〇一五年に刊行した『中央に位置する大国――欧州におけるドイツの新しい使命』では、ドイツを事実上「覇権国」と明言したうえで、その外交政策・ヨーロッパ政策を論じて大きな注目を集めた。

本節では、上記の著作を中心に、①EUの現状に対するミュンクラーの危機意識と、ドイツがいわゆる「覇権国」としてその役割が注目されたとミュンクラーが考える背景を明らかにしたうえで、②彼のドイツ「覇権国」論の内容とその根拠、③ドイツのヨーロッパ政策に対する彼の処方箋、④さらにその後の「難民危機」に対する彼の議論を見ていく。

まずミュンクラーの議論の出発点にあるのは、EUの現状とその行方に対する彼の深刻な危機意識である。それはユーロ危機以来顕在化しているEU内の緊張関係およびその分裂の危機（＝遠心力）に対して向けられており、彼によればこれまで欧州統合が直面してきた危機とは異なる性格のものである。すなわち、かつてのような統合の進展を促進する触媒としての機能を果たすのではなく、不可逆的に解体に至るかもしれない危機である（Münkler 2015: 15–20）。ミュンクラーによれば、EUの分裂の危機はユーロ危機以前からすでに表面化していた。すなわち、冷戦後の欧州統合のさらなる深化と拡大という形での強化が、かえってその分裂をもたらしたという欧州プロジェクトのはらむ逆説である。例えば、二〇〇五年の欧州憲法条約の頓挫による欧州統合の連邦主義化（「欧州合衆国」）の挫折はその証左である。これにより国民国家の強靭性が明らかになったと同時に、国家連合としてのE

Uの存続が確実になった。また二〇〇八年のリーマン・ショック以降のギリシャ債務危機、イギリスにおけるEU残留をめぐる国民投票への動き、さらに反EUを唱える左右ポピュリスト政党の台頭などに見られる、欧州統合の停滞や遠心力の増大といった傾向もこうしたEUの再国民化を強めた。かくして超国家的連邦としての欧州合衆国の成立の見通しが期待できない以上、欧州統合におけるこのような遠心力的動きを抑制するためには、その求心力となる「中央に位置する大国」としてのドイツが必要となったとミュンクラーは論じる。いわば欧州統合の深化の挫折が「中央に位置する大国」としてのドイツをクローズアップしたのであり、これが覇権的大国としてのドイツが注目された第一の背景である（Münkler 2015: 12–22）。

これに加えて、一九九〇年に東西冷戦の二つの最前線国家からEU圏の中央に位置する大国へと変化した統一ドイツの存在がクローズアップされた第二の背景として、ここ二〇年の統一ドイツを取り巻く地政学的環境の変化が挙げられる。すなわちEUの東方拡大によるドイツの位置の変容の他に、構造改革の実施によりグローバル化への対応に成功したドイツと他の加盟国、とりわけこれまで欧州政策の動力源として機能してきた独仏枢軸のパートナーであるフランスとの経済的格差が開いたことである。それは冷戦後の政治的パワーにおける軍事力の比重の低下と相まって、ドイツへのパワーシフトを一層推し進める結果となり、ドイツの意図したことではなかったものの、もはやドイツの大国化は隠しようがない事実となった。かくして欧州には欧州の政治的秩序の中心の回帰、すなわち「中央に位置する大国」としてのドイツの回帰という新しい地政学的状況が成立した。

さらに第三の背景としてミュンクラーが挙げるのが、大西洋関係（米欧関係）に基づく西側安全保障共同体の弱体化である。それは冷戦後に欧州の安定は欧州に任せるという期待の下に、徐々にアメリカが欧州から戦略的に後退したことに端を発する。もちろん、それは第二次世界大戦後に冷戦の本格化とともに築かれてきたアメリカと西欧諸国から成る「西側」という政治的インフラストラクチャーの制度的解体を示唆するわけではないが、アメリカの欧州離れと欧州諸国の役割分担の増大を意味するものであった。それが象徴的に表れたのが、二〇一四年のクリミア併合とその後のウクライナ危機であった。ロシアへの対峙において顕著な存在感を示したのはアメリカではなく、リーダーシップを発揮したドイツであった。注目すべきは当事国がドイツの過去に言及することなく、ドイツの指導的立場を受け入れたことであり、ドイツもまた紛争の局地化に一定の成果を収めたことである。かくして、ヴィンクラーの『西方への道』を引照しつつ、かつてＮＡＴＯという形で欧州の安全を保障し、理念政治においても重要であった「西側」はもはや存在しないとミュンクラーは述べる。欧州は問題を自身で解決しなければならず、アメリカの指導を当てにすることはもはやできないのである。

これまでの議論をまとめると、ＥＵの分裂を回避し、欧州統合プロジェクトを存続させ、さらにヨーロッパ自身の安全保障を確保するためにも、「中央に位置する大国」としてのドイツは不可欠であるというのがミュンクラーの主張である。「ヨーロッパ大陸の未来は、ドイツが今回は過去に比べてより賢明に、かつ責任感を持って「中核大国（Zentralmacht）」の役割と向き合うすべを心得ることができるか否かにかかっている」のであり、それは欧州委員会や欧州議会といったＥＵの制度の強化だけでは無理であるとミュンクラーは述べる（Münkler 2015: 10–12, 45–55）。

次にミュンクラーの述べる「中央に位置する大国」とは、「覇権国」と同義であろうか。同書の中では明言しないものの、分裂の危機にあるEUの求心力になりうるアクターとしての代替不可能性を再三強調している点から、[11]ドイツを事実上の「覇権国」と見なしていると言ってよいであろう。じじつ、同書はドイツの「覇権国」論として国内外で受け止められ（Hellmann 2016a: 6-7; Kundnani 2015: 16）、またミュンクラー本人も翌年の二〇一六年の『フランクフルター・アルゲマイネ』紙上の「欧州の将来をめぐる論争」というテーマについての招待論考のタイトルを、「われわれは覇権国である」としていることから、それは明らかである。[12]

それでは、ミュンクラーによる覇権国（ここでは「中央に位置する大国」）の定義はどのようなものか。ミュンクラーは「中央に位置する大国」の役割を次のように説明する。それは「EU内の増大する遠心力を抑え、南北／東西の加盟国の様々な利益を取りまとめ、かつ共通の方向性を模索し、最終的にEUの一方の周辺部の挑戦がEUの他方の側にも何らかの形で波及することを留意しなければならない」（Münkler 2015b; Münkler 2015a: 12-14）。このような避けられない義務を果たすために不断の努力を必要とする「中央に位置する大国」というミュンクラーの定義は、およそEUにおける「ドイツの独り勝ち」状態に由来する圧倒的なパワーを債務危機に苦しむ南欧諸国に対してふるうドイツという、わが国で流布されている「ドイツ覇権国」論や「ドイツ帝国」論とは全く趣が異なるものである。むしろ再三再四他にその役割を担える国がいないことや、現在のEUの直面する危機がもはやEUの制度改革（例えば外交安保政策の欧州化など統合のさらなる深化を目指す諸改革）では対応できないと強調されることで、悲壮感すら漂うものとなっている。

かかるミュンクラーの定義はどのような議論に由来しているのであろうか。直接的には本人が述べているように、九〇年代初めに統一ドイツが「中核大国（Zentralmacht）」として、歴史上再びヨーロッパの地政学的中央としての役割を担うことになるであろうと論じた、戦後（西）ドイツを代表する現代史家・政治学者のハンス・ペーター・シュヴァルツ（Hans-Peter Schwarz）の議論[13]にインスパイアされたと思われる。ミュンクラーによれば、シュヴァルツやこれに類似した議論は、当時は一部のリアリストの突出した議論という受け止めであったが、二〇年を経て今や公然の現実となった（Münkler 2015a: 43）。しかし、シュヴァルツが鋭く指摘した欧州における「中央の位置（Mittellage）」の問題は、前述したように一九世紀後半以来「ドイツ問題」として論じられてきた。とりわけ本章で通観してきたように、現在それについて論じる際に頻繁に準拠されているのがデヒーオの「半覇権国的」立場という概念である。

同書の中でミュンクラーがデヒーオに言及しているのは、わずか一カ所のみである。それは近代ヨーロッパ国際政治史を、ドイツを中心とするヨーロッパ大陸の「中央」とヨーロッパ大陸外の大国である「翼強国（Flügelmacht）」との関係から読み解く第三章「欧州の中のドイツの位置：中央から周辺へ、再び中央への復帰」において、一八七一年のドイツ帝国の成立によってドイツがヨーロッパ大陸の「半覇権国的」立場になったと指摘した箇所である（Münkler 2015a: 123）。ミュンクラーによれば、三〇年戦争以来「弱い中央」の状態が続き、それがヨーロッパ政治秩序の前提となってきた。しかしこの秩序に綻びが生じたのが、一八七一年のドイツ帝国の成立により「強い中央」が出現し、ドイツがヨーロッパ大陸における「半覇権国的」立場にまで興隆したときであった。「弱い中央」こそがヨーロッパの勢力均衡を可能にしたのであり、そこでは西の翼強国のイギリスがバランサーとしての役割を果たしていた。それは、西欧および中欧で覇権を主張する大国はいずれも遅かれ早かれ、イギリスと戦争をするというリスクを冒すことを意味した（Münkler 2015a: 123–131）。

かかる第一次世界大戦前のドイツをめぐる欧州の状況について、ミュンクラーが注意を喚起するのは、最強のEU加盟国としてのドイツが欧州の中央へ復帰したことにより生じた今日の政治的課題をより明確に認識できるかもしれないからである。なぜなら、ドイツが一八九〇年から一九四五年まで欧州政治において果たした役割は、今日のドイツの政策上のフリーハンドを縛る負い目となっているからである（Münkler 2015a: 124）。そして、ミュンクラーは一八九〇年から一九一四年のドイツの政治の失敗（覇権の追求）を、不手際と回避できた失敗だらけであると述べ、かかる中央の位置の課題は克服可能であると評価し、これを不可避な運命とは見なさない（Münkler 2015a: 132）。

ユーロ危機以降EUが解体の危機に瀕している現在、「強い中央」の必要性が明らかとなった。ドイツは今後どのようなヨーロッパ政策をとるべきか。ほとんどの他の論者とミュンクラーを分かつのはこの点である。すなわち、ミュンクラーはドイツが事実上の「覇権国」としての「中央に位置する大国」の役割を果たすべきであると主張する。なぜドイツがそのような役割を果たさなければならないのか。その前提にあるのは、前述した通り、ユーロ危機によって明らかになったEUにおける求心力となり得る「強い中央」の必要性である。そして、これを担いうる候補国が他にないがゆえにドイツが果たさなければならないとミュンクラーは主張する。その際ドイツの圧倒的な経済力、中央の位置という地政学的理由、欧州統合の最大の受益国であることが理由として挙げられる（Münkler 2015a: 137–146）。

おそらくこうした議論自体に同調する論者はドイツにおいても少なくはないであろう。しかし、ここで問題になるのがなぜ「覇権国」と敢えて使う必要があるのかという点であろう。それは何よりも周辺諸国の警戒心を高め、ひいては過去同様ドイツの欧州における孤立を招かないだろうか。このような想定される批判に対して、ミュンクラーが用意した回答の一つが、覇権の追求に失敗したドイツの過去に由来する歴史的脆弱性が、逆説的にドイツの欧州における指導的役割の受容の前提条件となりうるというロジックである。通常このような否定的な過去に由来する歴史的脆弱性は、彼も認めるとおり、ドイツが欧州においてより積極的なリーダーシップを果たす際の障害と見なされてきた。それはユーロ危機以降ドイツのヨーロッパ政策について論じる際、先述したように大半の論者が、ドイツがEUにおいて一定のリーダーシップを担うべきであるという点ではほぼ一致しつつも、ドイツが単独で覇権国ないしはそれに準ずる立場でそれを果たすべきであるという主張に反対する最大の理由であろう。ミュンクラーももちろんその危険性を承知している。しかし、彼の議論がユニークなのは、歴史に由来する脆弱性自体がそうした危険性に対する処方箋になりうると主張している点である。

ミュンクラーによれば、歴史的脆弱性はドイツに特有のものであり、とりわけ他のヨーロッパの大国とドイツを分かつのは一九三三年から四五年までの歴史、すなわちナチ・ドイツの過去である。これにより、ドイツはヨーロッパにおける他のどの国とも比較できないほど〔自国の過去への国内外からの批判に対して〕傷つきやすい国である。政治的に傷ついたことのない国がヨーロッパの中核大国であった場合、他の加盟国はおそらくその国とはそれほど関わろうとはしなかったであろう。しかし、自己認識においても実際においても傷ついた大国に対してこそ、ヨーロッパにおける中央に位置する大国の任務を委託することが可能となる。しかも、それはヨーロッパの歴史において見られるような、直ちに自身に対する反ヘゲモニー的な対抗連合を形成されることなしに行われるのである、とミュンクラーは述べる。ヨーロッパの歴史という観点からも、かつまさしくそれゆえに、EU加盟国は脆弱な覇権国（ここで初めてミュンクラーはドイツに対して「覇権国（Hegemon）」という言葉を用いている）、すなわち、いざとなればブレーキをかけることができると信じられる国のみを受け入れようとするのである。

もう一つ、彼が敢えて「覇権国」という表現を用いた理由として考えられるのが、国内世論の啓蒙という目的である。それは彼が再三再四、ドイツ国内の世論がドイツの繁栄と安定という国益にとっての欧州統合の重要性と正当性を理解する必要性を説いている点から看取することができる。すなわち、ミュンクラーによる「覇権国」としてのドイツ宣言は国外というより国内世論に対して向けられている。換言すれば、「覇権国」という表現を用いることで、世論にドイツの欧州における立場についての認識と覚悟を求めようとしている。「覇権国」という用語は、ドイツの現状認識に基づくというよりは、そうあるべしというマニフェスト的な意図で用いられていると言えよう。

それでは、「中央に位置する大国」としてのドイツはどのようなリーダーシップを発揮すべきか。またその具体的分野は何か。ミュンクラーはまず「中央に位置する大国」の役割について、もはやEUの会計担当者や調停者に止まらず、断固とした政治的・経済的指導もそのなかに含まれると述べる。すなわち、それは会計担当者であると同時に、EUの諸条約の遵守を監視し、かつEUが現状に甘んじて、世界経済のダイナミックな発展とのアクセスを失なわないように気を配る教師たる意思と能力を有していなければならない。具体的な政策領域として、ミュンクラーは次の二点を挙げる。第一は、世界経済におけるEUの立場を維持することである。第二にドイツが指導力を発揮せねばならず、かつもはやかつての心地よい「背後からの指導」に安住すべきでない領域として、外交・安全保障政策を挙げる。ここで興味深いのは、ミュンクラーが再び「傷つきやすい覇権国」について言及している点である。いわく、「「傷つきやすい覇権国」という自己理解は、ドイツの政策がかかるリスクと向き合う際に助けになるかもしれない。自らの脆弱性に対する意識は、見通しのきかないリスクを冒す意欲を制御する。しかしリスクを冒すこと自体をドイツの政治はもはや回避することはないであろう」（Münkler 2015a: 178–185）。安易な決断を戒めつつも、ミュンクラーがここで強調したいのがリスクを冒すこと自体を回避してはならないという点であることは一目瞭然であろう。

最後に、ミュンクラーによればユーロ危機、ウクライナ危機に次ぐEUにとっての第三の、かつ最大の危機とされる難民問題へのドイツの対応について、彼はどのように評価したのであろうか。以下に見ていく。「中央と難民危機：〔難民〕受け入れ決定がもたらした人道的、地政学的および国内政治的諸影響」（二〇一六年）という論文のなかで、ミュンクラーは二〇一五年九月のドイツ政府による上限なしの難民受け入れの決定は、ヨーロッパの「中央に位置する大国」としての責任を果たそうとしたものであったと評価する。本来、難民に関するダブリン規約では、難民はEU圏内で最初に到着した国で難民申請をしなければならないということになっている。しかし、二〇一五年夏に難民の流入ルートが地中海からバルカン半島に移ったとき、難民の数は劇的に増えた。同年八月末にはドイツ政府は以下の選択肢に直面した。いわく、ダブリン規約の遵守に固執し、場合によってはドイツ国境を閉ざすのか。あるいは難民を受け入れ、その結果としてドイツが難民の最終目的国となるのを認めるのか。結果としてドイツ政府は後者を選択したが、その際に「中央に位置する大国」としての任務が中心的役割を果たしたとミュンクラーは論じる。それは第一にシェンゲン圏の崩壊の阻止、第二にドイツの国境封鎖による難民のバルカン地域への逆流による同地域の不安定化の回避を目的としていた。すなわち、EUの崩壊の危機を回避するために、メルケル首相は「中央に位置する大国」としてのドイツの責任を果たすことを望み、そこでは単に人道的な議論だけでなく、地政学的な議論もまた決定的であったとミュンクラーは論じる。

この決定に対しては、直ちに主として二つの点から批判がなされた。一つはメルケル首相はヨーロッパのパートナー国と協議せずにこの決定を下したというもの、もう一つは首相およびドイツ政府は長期的に考えられた難民危機の解決案をもっていなかったという批判であった。かかる批判に対して、ミュンクラーは前者については後から振り返ってみれば失敗であったと言えるかもしれないとし、ドイツ側の責任をある程度認める。後者については、それは以下のような計画を実現するための時間稼ぎがねらいであったとする。すなわち、ドイツはEUをつなぎとめる大国としての自らの立場に応じて、EU加盟国の難民受け入れの公平な分担の実施という全ヨーロッパ的解決が見つかるまでバッファーとして貢献すべきであるという計画である。しかし、このような計画が俎上に上がることはなかった。EU加盟国の大半は難民危機解決のための有効な貢献を拒み、とりわけ中欧のヴィシェグラード諸国は、難民をヨーロッパの問題でなく純粋にドイツの問題と見なしさえした。かくしてミュンクラーはドイツ側の不備を認めつつも、EUの他の加盟国、とりわけドイツ側の難民受け入れの分担の提案を拒んだ中東欧諸国の政治エリートたちに対する批判を隠さない（Münkler 2016: 6–7; Münkler/Münkler 2016: 220–222）[14]。

他方で、当初ミュンクラーが、ドイツがリーダーシップを担う際の長所とみなしていた点（過去に由来する右派ポピュリズムへの抵抗力、および過去に由来する傷つきやすさゆえに、ドイツのパワーに対する他国の警戒心が緩和する可能性）が、難民危機を経た現在、むしろ裏目に出ている。前者については、二〇一七年連邦議会選挙での極右政党「ドイツのための選択肢（ＡｆＤ）」の躍進であり、後者については、ユーロ危機や難民危機において散見されたナチの過去に絡めた他の加盟国の批判であり、それに対するドイツ側の反発やいらだちである。それはまたＥＵ内でのドイツの孤立への不安にもつながっていくことになった。

おわりに

以上にわたって、ドイツ＝「覇権国」論をめぐる四人の識者による議論を概観してきた。ここでは、まずそこから得られた知見を比較整理しておきたい。

四人の議論に共通する特徴として、次の二つが挙げられる。第一は、戦後の成功モデルと見なされてきたドイツの欧州政策の形骸化への認識である。それが顕在化したのが二〇一〇年の債務危機・ユーロ危機であったが、ドイツ国内外の環境の変容がすでにそれを促進していたことが各論者によって指摘されている。具体的には、グローバル化に伴うドイツの独り勝ち状態とＥＵ内の格差の拡大、ドイツのパワーの突出による欧州統合の推進力としての独仏協調の低落、ドイツ国内、とりわけ世論における欧州統合への懐疑主義の拡大などである。

第二は、戦前ドイツの知的伝統への言及である。ドイツ＝「覇権国」論についての賛否を問わず、四人ともこの点では一致している。ドイツを「意に反した覇権国」と呼び、ドイツ国内における「覇権国」論争の口火を切ったシェーンベルガーは、トリーペルの覇権論とデヒーオの「半覇権国的立場」に準拠する。前者については、覇権が支配を意味するものではなく、それが連邦制的構造を前提とした法的概念であることを強調するために用いられている。トリーペルが挙げる覇権国の歴史的事例の一つが二〇世紀ドイツ帝国におけるプロイセンである。そこでは形式的には対等とされているが、実際には国力の格差がある各加盟国と連邦をつなげる役割を果たすのが加盟国の中で有力な覇権国である。シェーンベルガーによれば、かつてのドイツ帝国同様、政府間主義的な組織としての特徴が強い連邦的構造をもつＥＵにおいても、覇権的大国の役割が必要とされる。それは一方的に自国の利益を主張するのはなく、他の加盟国の利益についても知悉し、それらを調整してコンセンサスを形成することが求められる。そして好むと好まざるとにかかわらず、まさにその役割を果たさなければならないのがドイツであると主張する。もっともシェーンベルガーは、ドイツが欧州を支配するのではないかという他の加盟国の警戒心についても承知している。それゆえ、後者のデヒーオの「半覇権国的立場」の議論を援用し、ドイツはそのような支配を行うには弱い存在であることを強調するのである。

ゲッペルトもまたデヒーオの「半覇権国的立場」に言及するが、ドイツが覇権国としての役割を果たすことが欧州の支配につながらないとするシェーンベルガーと違って、ドイツが覇権国たりえないことを示すために、それに準拠する。すなわち、デヒーオが「半覇権国的立場」と評した当時のドイツ帝国が抱えていた「ドイツ問題」と欧州におけるドイツの孤立という二つのリスクに直面したのが、二〇一〇年のユーロ危機のドイツであり、危機の解決のために南欧諸国に対して緊縮策の受け入れを求めたドイツは、ECBや欧州委員会で孤立したとする。まさに戦後の欧州統合が一貫して克服しようとしてきた「ドイツ問題」が、ユーロ導入に端を発する欧州統合の深化により逆説的に再来したというのがゲッペルトの主張の核であり、それを言わんがために彼はデヒーオの「半覇権国的立場」を援用したのである。

ゲッペルト同様、クンドナニもまたデヒーオの「半覇権国的立場」に依拠する。その理由の一つが、ユーロ危機においてドイツが迅速かつ積極的にリーダーシップを発揮しなかったことをアメリカで批判する際に依拠された「覇権安定論」では、ドイツのそうした行動が理解できないからである。なぜならドイツには「覇権安定論」で想定されているような力も他国からの同意という正当性も欠如しているからであり、クンドナニはその理由を、戦前ドイツの「半覇権国的立場」に遡って歴史的に考察する必要を訴えたのである。もっともドイツのパワーが欧州を不安定化するという点では、一九世紀後半から二〇世紀前半までの過去の「ドイツ問題」と共通するが、現在は当時と違ってドイツの突出した軍事力ではなく経済力によって欧州内の経済的対立が激化するとし、現在のドイツを「地経学的半覇権国」と呼ぶ。

シェーンベルガー同様、ドイツが覇権国としての役割を果たすべきとするミュンクラーもまた、デヒーオの「半覇権国的立場」に言及している。一八七一年ドイツ帝国の成立により欧州に「強い中央」が出現したことが欧州の勢力均衡を崩し、ひいては戦争を惹き起こしたという点には同調しつつも、クンドナニとは異なる結論を導き出している。すなわち、最強のEU加盟国としてドイツは欧州の中央に復帰したが、現在のドイツは破滅的な過去（一八九〇年から一九四五年まで）の教訓から政策上のフリーハンドが縛られている。したがって、中央の位置への復帰は一九世紀末から二〇世紀前半のドイツと同じ失敗を繰り返すことを意味するわけではなく、その克服は可能であるとする。このような過去の歴史から学習し、自制的に振る舞うようになったドイツを、ミュンクラーは「傷つきやすい覇権国」と呼び、これにより他の加盟国はドイツの指導を受け入れやすいのではないかという、二〇一五年の難民危機を経た今から考えれば些か楽観的な見通しを語っていた。

こうして見ると、概ねドイツの欧州政策の問題点、すなわち、「半覇権国」であるがゆえに「ドイツ問題」というディレンマを抱えている点、それゆえにアメリカで主流の「覇権安定論」で想定されているようなパワーと正当性がドイツに欠けている点については、四人の間でコンセンサスがあると言ってよいであろう。

それでは、今後のドイツの欧州政策ならびに外交政策に対する処方箋について、四人はどのように考えているのか。ドイツ＝「覇権国」論に肯定的であるシェーンベルガーとミュンクラーは当然のことながら、その点において共通点が多い。両者とも、EUの解体の危機に際して、ドイツは好むと好まざるとにかかわらず、覇権国としての役割を果たさなければならないとし、それはドイツにとって不可避であると高唱する。その役割を果たすだけの能力を持っているからというより、あくまで義務として語られる。この主張が向けられているのは国内の政治エリートや世論、とりわけ世論であり、自らが欧州統合の最大の受益者であることを自覚する必要があるとする。さらに両者とも欧州統合の深化について懐疑的である。シェーンベルガーは、危機への対応策としてドイツの覇権ではなく「ヨーロッパのヨーロッパ化」を唱えて彼を批判する議論に対し、ユーロ危機において露呈したEUにおける政府間主義の強さを無視している点で政治的ユートピアであると批判する。ミュンクラーもまた、EUの将来はドイツが賢明に、かつ責任感を持って大国としての役割を果たすことが不可欠であり、それはEUの制度の強化だけでは無理であると述べ、制度化の限界について認める。またミュンクラーのほうが、シェーンベルガーと比較して、ドイツが覇権国としてのリーダーシップを発揮することに対して楽観的である。それは例えば、ウクライナ危機におけるドイツの調整役としての存在感や、先述したナチ・ドイツの過去がドイツを「傷つきやすい覇権国」として、かえって他の加盟国の警戒心を緩和し、その指導を受容させる要因となりうるであろうという議論を根拠としている。

他方、同様にデヒーオに依拠しながらも、ドイツは覇権国ではないとして、覇権論者を厳しく批判したゲッペルトとクンドナニはどうであろうか。まずゲッペルトは欧州統合の深化による解決を批判し、ユーロの導入によるそれはかえって欧州を解体することになるとする。それに対する処方箋として、イギリスのドイツ史研究者アッシュによる欧州構想をモデルとする国民国家を重視した、分権的で柔軟、かつ世界に開かれた欧州統合を目指す構想を擁護する。その背景には、EUが今後も引き続きドゴール流の「祖国からなる欧州」であり続けるという彼の見通しがある。かかる国民国家を重視したヨーロッパ構想を掲げるのは親ヨーロッパ主義が強いドイツでは非常に珍しいのであるが、ドイツ＝「覇権国」論を擁護するシェーンベルガーやミュンクラーが、欧州統合の連邦化の見通しに対して厳しい見方をしていることを踏まえれば、実は三者の間では欧州統合をめぐる現状認識自体にそれほど差がないと言える。むしろドイツが今後ＥＵにおける更なるリーダーシップを発揮すべきであるという点では同調しつつも、ドイツの覇権ではなくあくまで独仏協調を基軸としたＥＵの制度の枠内でそれを行うべきであると論じる識者たち（Link 2012; Ischinger 2015; Hellmann 2016）のほうがシェーンベルガーやミュンクラーとの距離があると言える。

しかしながら、イギリス人のクンドナニにとってはＥＵの解体の危機よりも米欧関係を軸とする西側の戦略的利益がより重要である。その観点から言えば、ドイツが覇権国として振る舞おうとすることは、そのヨーロッパ政策を、一方での強大化するドイツに対する反発と期待を強める他の加盟国と、他方でのますます欧州懐疑主義に傾斜するドイツ国内世論の間の板挟みに陥らせることになる。それは欧州を安定化させるどころか、かえって不安定化させることになろう。さらにそれは西側同盟にもマイナスの影響を及ぼすリスクがあるとし、今後のドイツの外交安全保障政策が西側離れする可能性、クンドナニの言葉では「ポスト西側外交政策」（これもまた戦前までのドイツの外交に見られた東西間でのブランコ政策や、ドイツの単独行というもう一つの「歴史の回帰」に他ならない）を展開する可能性を指摘する。

その後ドイツ＝「覇権国」論をめぐる対外的環境はさらに激変した。二〇一六年のイギリスの国民投票によるＥＵ離脱（ブレグジット）派の勝利、「アメリカ第一主義」を唱え、これまでアメリカが主導してきた「西側世界」もしくは「リベラル国際秩序」の柱となってきた同盟関係や自由貿易原則を真っ向から否定するドナルド・トランプのアメリカ大統領選での当選は、「西側世界」もしくは「リベラル国際秩序」の「最後の砦」（『ニューヨーク・タイムズ』紙）としてドイツ、とりわけメルケル首相への期待をアメリカのリベラル知識人の間で高める結果となった[15]。

こうした期待は、当然のことながらドイツ＝「覇権国」論を後押しするものとなる。なるほど、ドイツ国内では純粋に力不足という点から、かかる期待の大きさに対する戸惑いや牽制が見られたが、少なくともヨーロッパ・レベルでは、これまで以上に大きな役割を果たしていくことについては官民問わず一定のコンセンサスが見受けられる。じじつ、ドイツ政府はヨーロッパの安全保障政策の強化へのコミットメントに前向きに対応している。第一に長年アメリカから批判されてきたＮＡＴＯ加盟国の国防費基準（対ＧＤＰ＝国内総生産比二％）をクリアーするために国防支出を増やしていくことに合意、二〇一七年には前年比で八％増額している（Fröhlich 2017）。第二にＥＵの安全保障・防衛部門での協力の強化を推進し、二〇一七年末にはフランスと共に主導し、加盟国間の軍事分野での連携を深めることを目的とする「常設軍事協力枠組み」（ＰＥＳＣＯ）を発足させた（『日本経済新聞』二〇一七年一二月一五日）。

また識者においても、トランプ政権の成立がもたらすであろう米欧関係ないしは西側世界への否定的影響を受け、ドイツがアメリカに代わって「西側世界」ないしは「リベラル国際秩序」を主導し、これを維持することは不可能としつつも、ヨーロッパの安全保障政策の強化については、ドイツがより大きな役割を果たせるし、そうすべきであるという議論が目立つ（Fröhlich 2017; Benner 2016 など）。

他方でＥＵ域内やドイツ国内の状況について言えば、むしろドイツ＝「覇権国」論を論じるにはよりハードルが高くなっている。前者について言えば、債務危機・ユーロ危機に始まり、ブレグジットに至るまで相次ぐ危機のなか、ＥＵ内の格差の拡大を背景として、難民政策やユーロ圏の再建などについて依然として根深い加盟国間の対立がある。また各国における反グローバリズム・反ＥＵを唱える右派ポピュリズムの台頭は欧州統合の推進にとって逆風となっている。ドイツについても、二〇一五年の難民危機とメルケル政権がとった難民政策を機として国内の分断が進み、それが二〇一七年の連邦議会選挙における右派ポピュリスト政党「ドイツのための選択肢（ＡｆＤ）」の躍進とそれに伴うメルケル首相の指導力の後退をもたらした結果、ドイツが欧州政策においてイニシアティブを発揮しづらい状況となっている。

ドイツ＝「覇権国」論を唱えていたミュンクラーも、ＥＵ危機に関するスイスの高級紙『ノイエ・チュルヒャー』紙のインタビューにおいて、「覇権国」ドイツの行方について問われて、「極右政党のＡｆＤが一二・六％の得票率で議会に参入するようになったドイツでは、これまでよりもずっと親欧州的な政策を行うことは少なくなる」と答え、ドイツ国内の状況が、ドイツが「覇権国」としてリーダーシップを発揮することの足かせになっていくことを認めている（*Neue Zürcher Zeitung*（15. 03. 2018））。

他方で、ドイツ国内でも他のＥＵ加盟国でも多数の人々はドイツのＥＵにおける指導的役割の発揮を望んでいないとし、ミュンクラーに代表されるドイツ＝「覇権国」論を現実に基づかない「空中楼閣」と呼んで批判する論考が、ドイツの国際政治経済学者ヘリベルト・ディーター（Heribert Dieter）によって発表された。「欧州の指導大国ドイツ――ある空中楼閣」と題する論考の中で、ディーターは上述のようにドイツ国内外の世論の多数が否定的であるにもかかわらず、なぜドイツの外交エリートの大半（おそらくこの中にはドイツ＝「覇権国」論者も含まれていると思われる）がEUにおける指導的役割の発揮に固執し続けるのかと問う。その理由として彼が強調するのが、ヴェトナム戦争時のアメリカ同様、彼らが「力の傲り」（ヴェトナム戦争時のアメリカの対ヴェトナム政策を批判した上院議員J・ウィリアム・フルブライト（James William Fulbright）の著書名に由来）である。つまり、かつてのアメリカが力を美徳と混同して道を誤ったように、ドイツもまた以下のような考え方にとりつかれた。いわく、強い国には他国に対する特別な責任があり、他国がより豊かにかつ幸福になるためには、他国は指導大国のモデルに沿って変革されなければならないと。かかる思考は一方で自己の正しさへの過信を、他方で他国の意向や事情についての軽視を生む。そのような思考から生まれたドイツの政策の失敗の一つが、二〇一五年難民危機をめぐるドイツのメルケル政権の誤った決断と単独行動であり、それはドイツと欧州にとって未だ続く否定的な影響をもたらした。結論として、ディーターは、このような自国の政策に対する独善的なこだわりを持つ一方で、他国への影響を軽視し、他の選択肢を考慮しようとしないドイツの欧州構想は、疑いもなく欧州の明白な弱体化をまねくであろうと警鐘を鳴らす。とりわけドイツ＝「覇権国」論者についてディーターが批判の槍玉にあげているのが、①彼らの議論がドイツ国内外の世論の意向という現実に立脚しておらず、また消極的なドイツ国内の世論を説得するためにこれも実体のあやふやなパートナー国の期待を持ち出すこと、②ディーター本人は明示しないものの、「覇権国」論者は難民危機においてメルケルの決断を支持し[16]、内外からの批判に対してその道徳的優越性を主張したが、それが欧州統合と欧州におけるドイツの立場にもたらす影響については軽視したことである。

要はドイツ＝「覇権国」論が、ドイツがＥＵにおいてどのような役割として自らを位置づけ、そのための政策をいかに実行していくかという外交戦略論としての実効性がないこと、すなわち「空中楼閣」にすぎないというのがディーターの痛烈な批判の核心である。

なるほどドイツ＝「覇権国」論を外交戦略論という観点から見た場合、ディーターの議論は至極妥当である。ドイツが欧州の中核的大国でありながら、歴史的過去に由来する躊躇や国内政治的制約かられリーダーシップを発揮しない、できない事情（Paterson 2011; Hellmann 2016. 板橋 二〇一八）、それに関連してドイツのリーダーシップやパワーがかえって欧州の不安定化や弱体化を招くという議論（Kundnani 2014）、またドイツ＝「覇権国」論の独善性や難民政策に象徴されるドイツの単独行動の問題性に対してもすでに多くの論者によって指摘されている（三好 二〇一八など）。つまりドイツは覇権国ではなく、せいぜいがデヒーオのいう「半覇権国」であり、「意に反した覇権国」なのである。

しかし、問題はそれでもなお、以下の問いが残ることである。すなわち、これだけ多くの批判を浴び、かつ浴びることが事前に予想されていたであろうにもかかわらず、ユーロ危機以降、なぜドイツ国内からかかる「覇権国」論が登場してきたのかという問いである。またドイツの外交政策エリートのＥＵにおけるドイツの指導的役割に対する固執とその独善性は、ヴェトナム戦争時のアメリカのように「力の傲り」だけで説明できるのであろうか。本章で取り上げたドイツ＝「覇権国」論者のシェーンベルガーやミュンクラーについて、確かにその議論は聊《いささ》か独善的であり、かつ「〔覇権国として振る舞う〕べき論」が先行していたことは疑いないが、それは単なる大国ドイツの圧倒的な力に対する自信

（もしくは過信）だけに由来するのだろうか。むしろそこから看取されるのは、ドイツが覇権国であることを自覚して行動しなければ、ＥＵは解体し、結果として戦後の欧州統合の最大受益国であるドイツにとって悲惨な結果がもたらされかねないという恐怖であり不安ではないだろうか。

ここで浮上してくるのが、外交戦略論というよりは、世界情勢の地殻変動および分断と対立を深めるＥＵの危機を前にして揺らぐドイツのアイデンティティを物語る現象としてのドイツ＝「覇権国」論という視点である。[17] すなわち、シェーンベルガーやミュンクラーがドイツ＝「覇権国」について語るとき、それが現実認識というよりはＥＵを救済するという道義的要請であるかのような論調（例えば、ドイツが覇権国としての役割を果たすことの不可避性の強調など）になりがちなのも、また、メルケル首相に象徴されるように、難民危機において内外からの批判に対してその決断の「選択の余地のなさ」を強調して反論するのも、[18] ドイツが戦後自らが深く結合してきた西側のリベラルな価値観や多国間制度に対してコミットしなければならないという切迫感、あるいは言葉は悪いが、ある種の脅迫観念がそこに働いているからではないだろうか。いわば己の正しさについての独善的確信は、己に対する不安と紙一重なのである。それに加えて、そこには世界大戦やナチの過去というドイツ特有の歴史問題が作用していることについては論を俟たない。ミュンクラーの言う通り、ドイツはその過去ゆえに「傷つきやすい覇権国」なのである。ただし、それは彼の望んだように、ドイツのリーダーシップを他の加盟国が受け入れやすい方向に働いたのではなく、むしろその逆であった。それを端的に物語っているのが、債務危機・ユーロ危機の際、緊縮策の受け入れを迫るドイツに対するギリシャ国内の反発の表現としてのナチの表象や戦争賠償請求の動きであり、かつ難民危機において難民の一定数の受け入れの分担を求めたドイツに対する中東欧諸国における戦争賠償請求をはじめとする反発である。

それでは、かかるアイデンティティ論あるいは現象としてのドイツ＝「覇権国」論は、ドイツの外交の行方を考慮する際、検討するに値しない、むしろ欧州の不安定化につながりかねない「パンドラの箱」として封印すべき対象であろうか。そうではあるまい。なぜなら、難民危機で露呈したように、このようなある種のアイデンティティ不安に根差したドイツの単独行動は欧州全体、さらには周辺諸国にまで波及する影響力を持つ。また現在も引き続き経済が好調なドイツのパワーがEU内で圧倒していること、イギリスの離脱を控え、かつ同盟国であり世界の主導国でもあるアメリカの今後の外交安全保障政策の見通しが不透明であることも相まって、EUの中核大国であるドイツの外交政策がますますその重要性を強めることは疑いない。

かかる政策的側面に加えて、外交戦略論の知的側面においても、ドイツの「覇権国」論は重要な意味を持つ。なぜなら、前述した通り、それはトリーペルやデヒーオといった戦前ドイツの知的伝統への回帰といった様相を見せているからである。デヒーオに象徴されるような地政学的要因や力の均衡を重視した議論は、権力政治に明け暮れた戦前のドイツを想起させるものとして、かつての（西）ドイツでは忌避されがちであった。しかも冷戦の終焉と平和裏でのドイツ統一、欧州統合の東方拡大と深化は、「西側統合」政策という戦後（西）ドイツの外交原則に対する確信を強めることとなった。しかし、現在その依拠してきた「西側」の二本柱、アメリカとヨーロッパの双方が揺らぐなか（板橋 二〇一八、一一〇頁）、ドイツ人が単に現在の自己を肯定するために否定する対象としてではなく、今後のドイツの欧州における役割を見出そうとする手がかりとして、そうした伝統に回帰するのは、理解できるプロセスではないだろうか。またデヒーオにしても、トリーペルにしても、彼らの「覇権国」論が欧州のみに限定されることなく、世界史的視野から展開されていることは[19]、戦後アメリカが主導した「リベラル国際秩序」の揺らぎとして語られている現在の世界政治の地殻変動を再検討する上でも有意義ではないだろうか。その意味で、ドイツ＝「覇権国」論はそれ自体が一つの現象として、今後も政治的・知的に見逃せない対象であり続けよう。

註

（1）二〇一〇年代以降EUを相次いで襲った危機について、それらを「複合危機」としてとらえて分析したものとして、遠藤（二〇一六）。

（2）Schönberger 2012; Link 2012. ドイツ国内の「覇権国」をめぐる議論を概観したものとして、Crome（2012）。

（3）デヒーオはこのようなディレンマに直面したビスマルクのドイツ帝国の立ち位置を、「半覇権国的（halbhegemonial）立場」と呼んだ。Dehio 1952: 80.

（4）なおシェーンベルガーの議論のこの他特筆すべき点として、ドイツが覇権的大国としてヨーロッパ政策を展開する際の障壁となる制度について、連邦憲法裁判所の存在を指摘し、EU関連の条約に対して国民国家の利益を優先する立場から、議会の関与の要請などの条件を付けてきた同裁判所の判決を批判していることが挙げられる。「ヨーロッパ・レベルでのドイツの利益の可能な限り実効的な擁護と欧州の覇権的大国としてのドイツの特殊な任務と負担は、ここでは一顧だにされない」（Schönberger 2012: 7）。

（5）リンクによれば、統合的均衡とは戦前までの欧州国際関係のように外部からの統制ではなく、独仏を他の諸国とともに一つの同盟に統合することによって、ドイツの覇権の抑制を可能にするシステムである。その中核を担ったのがドイツとフランスで、欧州共同体の中で両国は対等であり、緊密に相互依存的であり、相互に牽制し合う関係であった。Link 2012: 1026–27.

（6）論考の冒頭でシェーンベルガーは前年の自らの論考がさまざまな反響を惹き起こしたと述べ、そのなかにはヘルムート・シュミット（Helmut Schmidt）元首相の書簡もあったとし、その内容を一部紹介している。シェーンベルガーによれば、シュミットは書簡のなかで「欧州におけるドイツの指導要求には警戒すべきである」とし、「それは我々の国の戦略的利益に適う欧州統合プロセスへのドイツの確実な組み込みを危うくするであろう」と警告を発したという。これに対しシェーンベルガーは、シュミットの指摘は問題の核心を突くと同時に、それを回避しているとする。なぜなら、それはドイツの覇権の問題を、あたかもそれが存在しないかのように振る舞うことで解決することを勧めているからである。しかしながら、欧州におけるドイツの役割の難しさは、それがもはや機能していないことであると反論する（Schönberger 2013: 25）。

（7）本稿におけるクンドナニとミュンクラーの議論については、葛谷（二〇一六）を基に加筆したものである。

（8）Hans Kundnani, *The Paradox of German Power*, Hurst & Company: London, 2014.

（9）Heinrich August Winkler, *Der lange Weg nach Westen. Bd 2. Deutsche Geschichte von Dritte Reich bis zur Wiedervereinigung*, C.H.Beck: München, 2000.（『自由と統一への長い道　Ⅱ――ドイツ近現代史　一九三三－一九九〇年』後藤俊明他訳、昭和堂、二〇〇八年）

（10）今後のドイツ外交政策の展望について、クンドナニは以下のように論じる。ヨーロッパ域内においては地経学的半覇権国として振る舞い、権力政治構造面では、自国の経済的利益を他の加盟国に対しても主張する政策を採り、イデオロギー面では、好調な輸出とアメリカとは一線を画する平和志向を核とするナショナリズムへの傾斜がみられる。他方、ヨーロッパ域外においては、権力政治構造面では、国際安全保障をはじめとするグローバルな諸問題に対する責任を回避し、中国やロシアなどの新興大国との経済的利益の追求に努め、イデオロギー面では、人権や民主主義などの西側の規範を以前に比べて積極的に擁護しなくなるなど、いわゆる「西側」ばなれの可能性を示唆している（Kundnani 2014: 100-102, 113-114）。

（11）ミュンクラーはアメリカの欧州からの後退、フランスの国力と影響力の低下について触れ、ブリュッセルのEUの諸機関ではなく、ドイツのみがその役割を果たしうると論じている（Münkler 2015: 144, 146-149, 174-175）。

（12）葛谷 二〇一六、四二五頁。

（13）Hans-Peter Schwarz（1994）*Die Zentralmacht Europas. Deutschlands Rückkehr auf die Weltbühne*, Siedler Verlag: Berlin.

（14）難民危機に対するドイツの対応について、クンドナニは二〇一五年の「「ドイツのヨーロッパ」それとも混沌としたヨーロッパ？」という論考の中で、それは第一に他国の反発とドイツの孤立という形でドイツのパワーが不安定をもたらすこと、第二にドイツは難民の公平な受け入れの分担を他の加盟国に対して説得することに失敗したことにより、ユーロ危機に続いて再びヨーロッパがドイツによって指導されえないことを明らかにしたとし、ドイツが覇権国たりえないこと、すなわち「地経学的半覇権国」であるとする自説の正しさが証明されたとする（Kundnani 2015）。

（15）代表的なものとして、トランプ政権の成立が戦後アメリカが主導してきた「リベラル国際秩序」に与えかねないダメージを警告し、同秩序の存続はいまや西側の同盟国であるドイツと日本にかかっていると論じた、アメリカを代表するリベラル派の国際政治学者ジョン・アイケンベリー（John G. Ikenberry）による論考がある（Ikenberry 2017）。

（16）この点については、前述した通り、ミュンクラーがまさにこれに該当する。また『ノイエ・チュルヒャー』紙でのインタビューでも、当時のメルケル首相の決断を擁護し、加盟国間での難民の受け入れの分担というドイツ側の提案を拒否した中東欧諸国の対応を批判している。

（17）近年のドイツの外交政策論争が、具体的な展望や戦略を提示するというよりは、ドイツの自己省察を促す傾向が見られることを鋭く指摘したものとして、板橋（二〇一八）。

なお本稿脱稿後に、二〇一〇年のユーロ債務危機以来顕著となった「ドイツ問題」の再来を扱ったドイツの気鋭の歴史学者（近代史）アンドレアス・レダーの以下の著作が刊行された。Rödder, Andreas（2018）*Wer hat Angst vor Deutschland? Geschichte eines europäischen Problems*, S.Fischer: Frankfurt am Main.

同書は「ドイツ問題」の再来を、近代ヨーロッパ史とりわけ一八七一年のビスマルクによるドイツ帝国の成立に遡って歴史的に検証したもので、そこではデヒーオの「半覇権国的立場」に依拠しつつ、一九〇〇年頃（ヴィルヘルム期）と二〇一〇年代（二〇一〇年のユーロ債務危機、二〇一五年の難民危機）との類似性が指摘されている。さらに同書は、以下の二点において興味深い内容となっている。第一に、これまでの「ドイツ問題」再来論（本稿で取り上げたミュンクラーやクンドナニの著作を含む）が構造（欧州の地政学的構造）と行動（ドイツの外交政策）の次元から論じられているのに対し、同書では認識（ドイツの自己認識とドイツについての他国の認識）という新しい視点を加え、とりわけ三つの次元の相互関係に留意しつつ論じている点である。ここで強調されているのは、ドイツと他国の間の相互認識における罠である。すなわち、ドイツ人が思っている以上に、他国はドイツの力を懸念し、ドイツにとって正当な権利もしくは道徳的義務であることが、他国にとってはドイツの覇権への野心に映るという両者の間の認識のずれであり、これは一九世紀後半以来歴史上一貫して継続してきた。さらに近年のそれには、ドイツに対する指導への期待とそれが実際に行われる際のドイツへの批判が加わると指摘する。第二に、認識の次元に関して、自らの著作を含めた「ドイツ問題」の再来について論じた様々な研究書を、現状分析に著者たちの認識が結合したものとし、それ自体をドイツ人の自己認識とドイツに対する他国の認識の現われとして扱っている点である。なおレッダーは地政学的構造、政治的行動、相互認識の三つの次元を関連づける際の手がかりとして、デヒーオ、トリーペル、国際政治学における「覇権安定論」やグラムシに由来するネオマルクス主義的覇権論などの覇権理論に依拠したと述べており、これはアイデンティティーや現象としての「覇権国」論の重要性という本稿の指摘に通ずると言えよう。

(18) 例えば、二〇一五年九月一五日にベルリンで行ったオーストリア首相ファイマンとの共同記者会見での発言「正直言って、緊急事態において親切な顔を見せたことについて謝罪しなければならないとしたら、それはもはや私の国ではない」がその典型である（三好 二〇一八：二八七頁）。

(19) この点については、機会を改めて別稿で論じたい。

参考文献一覧

Ash, Timothy Garton (1999), "The Case for Liberal Order," *History of the Present: Essays, Sketches and Dispatches from Europe in the 1990s*, Random House, 240–253.

Ash, Timothy Garton (2013), " The New German Question," *The New York Review of Books*, Aug.15.

Benner, Thorsten (2016a), " Europas einsamer Hegemon: Selbstverliebtheit ist nicht der Grund für Deutschlands Flüchtlingspolitik,"*Internationale Politik und Gesellschaft*, 08.02.2016. (http://www.ipg-journal.de/regionen/nordamerika/artikel/detail/europas-einsamer-hegemon-1273/)

Benner, Thorsten (2016b), "Germany Can Protect the Liberal Order," *Foreign Affairs* (https://www.foreignaffairs.com/articles/germany/2016-11-16/germany-can-protect-liberal-order) on November 16, 2016 (「ヨーロッパをトランプ外交から守るには――ドイツはリベラルな秩序を擁護できるか」『フォーリン・アフェアーズ・レポート』二〇一七年三月号、八九～九五頁)

Crome, Erhard (2012), "Deutschland in Europa. Eine neue Hegemoniedebatte," *WeltTrends*, 86, 59–68.

Dehio, Ludwig (1996 (1948)), *Gleichgewicht oder Hegemonie: Betrachtungen über ein Grundproblem der neueren Staatengeschichte*, Manesse-Verlag: Zürich.

Dieter, Heribert (2018), "Europäische Führungsmacht Deutschland--ein Luftschloss," *Neue Zürcher Zeitung*, 12.8.2018 (アクセス日：二〇一八年八月九日)

Economist (2013), Germany and Europe: The Reluctant Hegemon. Special Report (2013, June 15).

Fröhlich, Stefan (2017), "Looking to Germany--What Berlin Can and Can't Do for the Liberal Order," *Foreign Affairs*, 2017 Jan 29 (邦訳「ドイツが主導するヨーロッパの防衛強化――ベルリンに何ができるか」『フォーリン・アフェアーズ・レポート』二〇一七年三月号、六四～六八頁)

Geppert, Dominik (2013a), *Ein Europa, das es nicht gibt, Die fatale Sprengkraft des Euro*, Europa Verlag: Berlin.

Geppert, Dominik (2013b), "Halbe Hegemonie: Das deutsche Dilemma,"*Aus Politik und Zeitgeschichte,* 63(6/7), 11-16.

Hellmann, Gunther (2016), Germany's world power and followership in a crisis-ridden Europe, *Global Affairs*, 2:1, 3-20.

Ikenberry, John G. (2017), "The Plot Against American Foreign Policy: Can the Liberal Order Survive?, " *Foreign Affairs*, May/June 2017, 1-7（邦訳「トランプから国際秩序を守るには――リベラルな国際主義と日独の役割」『フォーリン・アフェアーズ・リポート』二〇一七年五月号、二二～三三頁）

Ischinger, Wolfgang (2015), "Dann aber alle Mann nach vorne," *Frankfurter Allgemeine Zeitung*, 01.09.2015.

Kundnani, Hans (2014), *The Paradox of German Power*, Hurst & Company: London.

Kundnani, Hans (2015), „Ein deutsches Europa---oder ein chaotisches?, Hans Kundnani/ Urlike Guerot/ Alister Miskimmon, Deutschland in Europa. Drei Perspektiven, *Aus Politik und Zeitgeschichte*, 65(52), 12-17.

Kundnani, Hans (2018), " Überwachen und strafen," *Internationale Politik*, Mai/Juni 2018, 38-43.

Link, Werner (2012), "Integratives Gleichgewicht der gemeinsame Führung. Das europäische System und Deutschland, "*Merkur*, 762, 1025-1034.

Münkler, Herfried (2015a), *Macht in der Mitte*, edition Körber-Stiftung: Hamburg.

Münkler, Herfried (2015b), "Wir sind der Hegemon," *Frankfurter Allgemeine Zeitung* (12. 08. 2015).

Münkler, Herfried (2016), "Die Mitte und die Flüchtlingskrise: Über Humanität, Geopolitik und innenpolitische Folgen der Aufnahmeentscheidung," *Aus Politik und Zeitgeschichte*, 66(14/15), 3-8.

Münkler, Herfried und Münkler, Marina (2016), *Die neuen Deutschen: Ein Land vor seiner Zukunft*, Rowohlt Berlin: Berlin.

"Interview: Herfried Münkler zur EU-Krise: «Angela Merkel hat europäische Gemeinschaft in der Flüchtlingskrise nicht in Gefahr gebracht, sondern gerettet»" *Neue Zürcher Zeitung* (15. 03. 2018)（アクセス日：二〇一八年八月九日）

Paterson, William (2011), The Reluctant Hegemon? Germany moves centre stage in the European Union, *Journal of Common Market Studies*, 49, 57-75.

Schönberger, Christopf (2012), "Hegemon wider Willen. Zur Stellung Deutschlands in der Europäischen Union," *Merkur*, 752, 1-8.

Schönberger, Christopf (2013), " Nochmals: Die deutsche Hegemonie," *Merkur*, 764, 25-33.

Schwarz, Hans-Peter (1975), "Die Politik der Westbindung oder die Staatsraison der Bundesrepublik," *Zeitschrift für Politik*, 22, 307-337.

Triepel, Heinrich (1961 (1938)), *Die Hegemonie. Ein Buch von führenden Staaten*, Kohlhammer: Stuttgart.

板橋拓己（二〇一八）「「西側結合」の揺らぎ——現代ドイツ外交の苦悩」『アスティオン』第八八号、九七～一一一頁。

遠藤乾（二〇一六）『欧州複合危機——苦悶するＥＵ、揺れる世界』中公新書。

三好範英（二〇一八）『メルケルと右傾化するドイツ』光文社新書。

葛谷彩（二〇一四）「第8章　外交政策」西田慎／近藤正基編『現代ドイツ政治——統一後の20年』ミネルヴァ書房。

葛谷彩（二〇一六）「「不本意な覇権国」？——ドイツ外交政策をめぐる論争」『明治学院大学　法学研究』第一〇〇号、四〇九～四二五頁。

トッド、エマニュエル（二〇一五）『「ドイツ帝国」が世界を破滅させる——日本人への警告』堀茂樹訳、文春新書。

『日本経済新聞』（二〇一七年一二月一五日）「常設の防衛協力枠組み、ＥＵが発足　独仏など二五カ国が参加、ＮＡＴＯ補完、欧州独自の連携深める」https://www.nikkei.com/article/DGXMZO24674340V11C17A2EAF000/（アクセス日：二〇一八年九月六日）

あとがき

本書は、二〇一二年から半年に一度のペースでほぼ定期的に成蹊大学で開催してきたドイツ外交に関する研究会の成果の一部である。本研究会は、編者の一人である板橋を研究代表者として、二〇一二年度から二〇一四年度には「ドイツ政治外交史像の再検討——「伝統」と「革新」の視角から」、二〇一五年度から二〇一七年度には「ドイツ外交とヨーロッパ地域秩序の形成——「政治としての和解」の視角から」という研究課題で、科学研究費補助金（基盤研究（C））の支援を受けており、その研究成果でもある。

研究会は基本的にメンバーによる研究報告を各回に一人ずつ行うという形で進められたが、報告時間は一時間を超えることがほとんどで、各報告者による渉猟した一次史料に基づく充実した報告がなされた後、他のメンバーからの質問やコメントを基に活発な討論が展開された。それぞれ対象とする時代に違いがあったりはするものの、史料や最新の研究動向に目配りしながらの議論は刺激に満ちたものであり、ほぼ毎回予定時間をオーバーし、研究会が終了した後も、吉祥寺のレストランや居酒屋、喫茶店で「延長戦」が繰り広げられることもしばしばであった。そもそも研究会のメンバーは、他の関連する学会や研究会などに加えて、史料調査のために訪れる現地の文書館で偶然に顔をあわせることも少なくなく、そのような場を通じて行われた情報交換や議論も本書の血肉になっている。そして何より、同じドイツ外交を研究対象とする研究者たちとの時間自体が大変贅沢な時間であり、共に過ごした研究仲間たちとの研究成果の一つが本書に結晶化したことで、共同研究の有難さと喜びを改めて噛み締めている。

本書には「はじめに」でも提示された問題意識に基づきつつ、各執筆者がそれぞれのテーマに関して一次史料や最新の研究を利用して自由に論じた研究が並んでいる。同じく「はじめに」でも触れられているように、ナチス時代を直接テーマとする論考がなく、それは今後の研究課題として残されているものの、本書に所収される研究は、続々と発表されているドイツ本国などでの研究や史料に基づく意欲に満ちたものである。歴史の流れのなかでそれぞれの時代からドイツ外交にアプローチする本書が、日本におけるドイツ外交史研究の蓄積に寄与するだけでなく、その面白さを読者の皆様に伝えることができれば望外の喜びである。

最後になったが、吉田書店の吉田真也さんには、本書の完成に向けて根気強くあたたかい励ましをいただき続けてきただけでなく、研究会にも参加いただき、大変有り難いアドバイスも頂戴してきた。とりわけ一次史料等に基づく論文の場合、いかに制限字数内に収めるかに悩まされることが少なくないのだが、本書においてはその点に関して理解を示していただいたことにも感謝したい。研究会や懇親会でもご一緒させていただき交わした会話のなかからも多くを教えていただいた。執筆者を代表してあらためてここに深く御礼申し上げます。

二〇一九年六月

板橋 拓己・妹尾 哲志

【マ行】

【ヤ行】

【ラ行】

【ワ行】

【ナ行】

【ハ行】

【サ行】

【タ行】

事項索引

【ア行】

【カ行】

320, 321, 324-326
ミュンスター，ゲオルク・ツー（Georg Graf zu Münster-Ledenburg）　21, 23, 24, 26, 47, 58
メルケル，アンゲラ（Angela Dorothea Merkel）　1, 310, 317-319, 321, 325
モリアー，ロバート（Sir Robert Morier）　59
モロトフ，ヴァチェスラフ（Vyacheslav Mikhailovich Molotov）　257

【ヤ行】

ヤスパース，カール（Karl Jaspers）　174

【ラ行】

ラウシャー，ウルリヒ（Ulrich Rauscher）　95-98, 101-104, 109, 111, 112, 116
ラローシュ，ジュール（Jules Laroche）　111
リューデリッツ，アドルフ（Adolf Lüderitz）　23
リール，アクセル・T・G（Axel T. G. Riehl）　26
リンク，ヴェルナー（Werner Link）　278, 282-285, 291, 323
レヴィ，ゲルハルト（Gerhard Lewy）　127, 128
レオポルド二世（Leopold Ⅱ）　31
レオン，キモーネス・デ（Quimones de Leon）　108, 109
レダー，アンドレアス（Andreas Rödder）　326
ロールフス，ゲルハルト（Gerhard Rohlfs）　31

ブラント，ヴィリー（Willy Brandt） 2, 7–9, 167, 168, 173, 175–183, 186, 187, 190, 194, 195, 202–208, 210, 218, 219, 226, 228–234, 238, 240–242, 245–248, 250, 251, 254, 255, 260, 261
ブリアン，アリスティード（Aristide Briand） 73, 85–87, 107, 112, 113
フリードリヒ・ヴィルヘルム（Friedrich Wilhelm, 皇帝フリードリヒ三世 Friedrich Ⅲ.） 23–25, 58
ブリュヒャー，フランツ（Franz Blücher） 137, 141
フルシチョフ，ニキータ（Nikita Sergeyevich Khrushchev） 257, 258
フルブライト，J・ウィリアム（James William Fulbright） 319
ブルーンス，カール・ゲオルク（Carl Georg Bruns） 90
ブレジネフ，レオニード（Leonid Iljitsch Breschnew） 221, 227, 234, 236–240, 244, 245, 248, 251
ブレンターノ，ハインリヒ・フォン（Heinrich von Brentano） 145
フローヴァイン，アーブラハム（Abraham Frowein） 135, 137
ヘーシュ，レーオポルト・フォン（Leopold von Hoesch） 107
ペータース，カール（Carl Peters） 31, 48
ベッソン，ヴァルデマール（Waldemar Besson） 12
ベーム，フランツ（Franz Böhm） 133, 135–141, 143, 155
ベルトゥロ，フィリップ・ジョセフ・ルイ（Philippe Joseph Louis Berthelot） 107, 111
ベルヒェム，マクシミリアン・フォン（Maximilian Graf von Berchem） 28, 37, 38, 60
ヘルメス，アンドレアス（Andreas Hermes） 110
ベン・グリオン，ダヴィド（David Ben Gurion） 130–132
ホイス，テオドール（Theodor Heuss） 126, 127
ホーネッカー，エーリヒ（Erich Honecker） 9, 220–222, 224, 226, 227, 229, 231, 233, 235–237, 239–241, 243–247, 249, 251–254, 256, 260, 264
ホルシュタイン，フリードリヒ・フォン（Friedrich von Holstein） 4, 17, 19, 21, 37, 38, 43, 49, 53, 54, 56, 60, 62
ホロヴィッツ，ダヴィド（David Horowitz） 128

【マ行】

マジド・ビン・サイード（Majid bin Said） 30
マーシャル・フォン・ビーバーシュタイン，アドルフ（Adolf Freiherr Marschall von Bieberstein） 4, 16, 21, 36, 38–42, 44, 52–54, 60, 61
マックロイ，ジョン・J（John J. McCloy） 126, 137, 140, 142, 147, 152
マルクス，カール（Karl Marx） 126
マレット，エドワード（Sir Edward Malet） 36, 37, 44, 45, 48, 50, 57, 59, 60
マン，ゴーロ（Golo Mann） 174
ミュンクラー，ヘルフリート（Herfried Münkler） 10, 277, 300–311, 313–316, 318,

ドゥマルジュリ，ジャカン（Jacquin de Margerie） 112
ドゴール，シャルル（Charles de Gaulle） 293, 315
トランプ，ドナルド（Donald Trump） 1, 277, 294, 317, 325
トリーペル，ハインリヒ（Heinrich Triepel） 11, 279, 284, 285, 312, 322, 323, 326

【ナ行】

中山治一 19
ニクソン，リチャード（Richard Nixon） 182, 183

【ハ行】

ハイネマン，グスタフ（Gustav Heinemann） 228
ハイネマン，ダニー（Dannie N. Heineman） 148, 149
ハッツフェルト，パウル・フォン（Paul Graf von Hatzfeldt-Wildenburg） 25, 27, 38-44, 61
バッテンウィーザー，ベンジャミン（Benjamin J. Buttenwieser） 152
ハーティントン（Spencer Cavendish, Marquess of Hartington, のちの第八代デヴォンシャー公爵 8th Duke of Devonshire） 27
ハリーファ・ビン・サイード（Khalifah bin Said） 33
バーリング，アルヌルフ（Arnulf Baring） 294
バール，エゴン（Egon Bahr） 173, 175, 176, 180, 182, 185-187, 208-210, 228, 230, 238, 242, 243, 245-249, 251, 256, 262, 263
バルガッシュ・ビン・サイード（Barghash bin Said） 30
ハルシュタイン，ヴァルター（Walter Hallstein） 133, 137, 141, 153, 258
バルツェル，ライナー（Rainer Barzel） 248
バルテル，カジミエシュ（Kazimierz Bartel） 97, 98, 104
ハルトマン，アルフレート（Alfred Hartmann） 134, 137
バロウ，ノア（Noah Barou） 127, 128, 134
ピウスツキ，ユゼフ（Jósef Piłsudski） 97, 100, 104, 111
ヒース，エドワード（Edward Heath） 207
ビスマルク，オットー・フォン（Otto Fürst von Bismarck） 1-5, 15-32, 34-37, 40, 43, 45, 48-59, 62, 64, 284, 289, 323, 326
ビスマルク，ヘルベルト・フォン（Herbert Graf von Bismarck） 22, 27, 28, 36
ヒトラー，アドルフ（Adolf Hitler） 126, 169
ピュンダー，ヘルマン（Hermann Pünder） 127
ファイマン，ヴェルナー（Werner Faymann） 326
ファーリン，ヴァレンティン（Valentin Michailowitsch Falin） 239, 241, 244
フィッシャー，フリッツ（Fritz Fischer） 73
フクヤマ，フランシス（Francis Fukuyama） 295
ブランケンホルン，ヘルベルト（Herbert Blankenhorn） 127-129, 132, 137, 151

シェファー，フリッツ（Fritz Schäffer） 134, 138–142
シェール，ヴァルター（Walter Scheel） 181, 185, 193, 195–199, 202, 210, 226
シェーンベルガー，クリストフ（Christopf Schönberger） 10, 276–286, 291, 297, 312–316, 320, 321, 323, 324
シコルスキ，ラドスワフ（Radosław Sikorski） 290, 295
シナール，フェーリクス（Felix E. Shinnar） 136, 141
シャレット，モシェ（Moshe Sharett） 142, 143
シュヴァルツ，ハンス＝ペーター（Hans-Peter Schwarz） 305
シュッツ，クラウス（Klaus Schütz） 177
シュトーフ，ヴィリー（Willi Stoph） 228, 229, 231, 233, 234, 242, 260
シュトラウス，フランツ・ヨーゼフ（Franz Josef Strauß） 142, 145, 248
シュトルヒ，アントーン（Anton Storch） 142
シュトレーゼマン，グスタフ（Gustav Stresemann） 2, 5, 6, 71–75, 84–96, 99–108, 110, 112–116, 119
シューベルト，コンラート・フォン（Carl Theodor Conrad von Schubert） 97, 98, 110
シューマッハー，クルト（Kurt Schumacher） 127, 139, 140, 148
シュミット，カール＝ハインツ（Karl-Heinz Schmidt） 257
シュミット，ヘルムート（Helmut Schmidt） 158, 261, 324
シュミート，カルロ（Carlo Schmid） 140, 172, 211
シュレーダー，ゲルハルト（Gerhard Schröder） 173, 259
ジール，エルンスト（Ernst Siehr） 92, 93
スターリン，ヨシフ（Joseph Stalin） 169
ソールズベリ（Robert Gascoyne-Cecil, 3rd Marquess of Salisbury） 18, 27, 28, 32, 35–38, 40, 41, 44, 45, 51, 52, 61–63

【タ行】

ダービ（Edward Henry Stanley, 15th Earl of Derby） 25
ダーレンドルフ，ラルフ（Ralf Dahrendorf） 186
チェンバレン，オースティン（Joseph Austen Chamberlain） 86, 107–109
チェンバレン，ジョゼフ（Joseph Chamberlain） 27, 51
チトー，ヨシップ・ブロズ（Josip Broz Tito） 258
チランケヴィッチ，ユゼフ（Józef Cyrankiewicz） 180, 182, 194
ディーター，ヘリベルト（Heribert Dieter） 318–320
デヒーオ，ルートヴィヒ（Ludwig Dehio） 11, 281, 289, 291, 297, 305, 312, 313, 315, 320, 322, 323, 326
デュクヴィッツ，ゲオルク（Georg Duckwitz） 179–185, 187, 189–191, 209
デュークス，ジャック・リチャード，(Jack Richard Dukes) 19
デーラー，トーマス（Thomas Dehler） 138

ヴォルフゾーン，ミヒャエル（Michael Wolffsohn）　147
ウルブリヒト，ヴァルター（Walter Ulbricht）　9, 172, 220-222, 226, 227, 229, 230, 233, 235-238, 240, 241, 243, 244, 249, 253, 254, 257, 260, 262
エアハルト，ルートヴィヒ（Ludwig Erhard）　137, 173-176, 224, 259
江口朴郎　19

【カ行】

カイザー，モーニカ（Kaiser, Monika）　221
カーク，ジョン（Sir John Kirk）　30
カッケンベーク，ジョルジュ（Georges Kaeckenbeeck）　84
カプリーヴィ，レオ・フォン（Georg Leo von Caprivi）　4, 16, 19, 21, 36, 37, 39, 42, 48-50, 52-55, 60-62, 64
キージンガー，クルト・ゲオルク（Kurt Georg Kiesinger）　175, 177, 225, 227
キッシンジャー，ヘンリー（Henry Kissinger）　209
キャメロン，デイヴィッド（David Cameron）　293
キュスター，オットー（Otto Küster）　133, 135-140, 143
キンドルバーガー，チャールズ（Charles Kindleberger）　296, 297
クラウエル，リヒャルト（Richard Krauel）　39, 50
グラッドストン，ウィリアム（William Ewart Gladstone）　32, 51, 52
グラムシ，アントニオ（Antonio Gramsci）　279, 326
グランヴィル（Granville George Leveson-Gower, 2nd Earl Granville）　22, 25, 58
グランディ，ディーノ（Dino Grandi）　108
クルティウス，ユーリウス（Julius Curtius）　111
グロムイコ，アンドレイ（Andrei Gromyko）　185, 228, 230, 238
クンドナニ，ハンス（Hans Kundnani）　10, 277, 294-300, 313-316, 324-326
ゲッペルト，ドミニク（Dominik Geppert）　10, 276, 288-293, 297, 312, 313, 315
ケプケ，ゲルハルト（Gerhard Köpke）　112
ケーラー，ヘニング（Henning Köhler）　150
ゴムウカ，ヴワディスワフ（Władysław Gomułka）　172, 177, 178, 184, 187, 203, 204, 209
コール，ヘルムート（Helmut Kohl）　158, 275, 288, 289
コール，ミヒャエル（Michael Kohl）　242-245, 247-249, 251, 252
ゴルトマン〔ゴールドマン〕，ナフム（Nahum Goldmann）　130-132, 134, 140-142, 155

【サ行】

サルマ・ビント・サイード（Salama bint Said, Emily Ruete）　31
ザレスキ，アウグスト（August Zaleski）　100-102, 104, 106, 109-112
サロッテ，マリー（Mary Elise Sarotte）　220, 229, 231, 242, 248, 249

人名索引

【ア行】

アイク，エーリヒ（Erich Eyck）　25
アイケンベリー，ジョン（John G. Ikenberry）　325
アクセン，ヘルマン（Hermann Axen）　235
安達峰一郎　108, 109, 119
アチソン，ディーン（Dean Acheson）　137
アッシュ，ティモシー・ガートン（Timothy Garton Ash）　219, 238, 259, 292, 315
アデナウアー，コンラート（Konrad Adenauer）　6, 7, 123–149, 152, 154, 155, 158, 171–173, 186, 219, 223, 255, 258
アプス，ヘルマン・ヨーゼフ（Hermann Josef Abs）　134, 137, 139, 140, 145
アルトマイアー，ヤーコプ（Jakob Altmeier）　128
アルバート・エドワード（Albert　Edward, のちのエドワード七世　Edward Ⅶ）　58
アルフダ（Tawfik Abu al-Huda）　143
アレクサンダル〔ブルガリア侯〕（Alexander von Battenberg）　24, 58
アンダーソン，パーシー（Sir Percy Anderson）　38, 39, 50
イェーナ、カイ・フォン（Kai von Jena）　147
イェンドリホフスキー，ステファン（Stefan Jędrychowski）　196, 199
ヴァイツゼッカー，カール・フリードリヒ・フォン（Carl Friedrich von Weizsäcker）　174
ヴァイツマン，ハイム（Chaim Weizmann）　150
ヴァーグナー，ヴィルヘルム・リヒャルト（Wilhelm Richard Wagner）　125
ヴァルダーゼー，アルフレート・フォン（Alfred Graf von Waldersee）　64
ヴァルロート，エーリヒ（Wilhelm Theodor Erich Wallroth）　96
ヴィクトリア〔フリードリヒ・ヴィルヘルムの次女〕（Viktoria）　24, 58
ヴィクトリア女王〔イギリス女王〕（Victoria）　24, 45, 63
ヴィスマン，ヘルマン（Hermann Wißmann）　33
ヴィニエヴィチュ，ユゼフ（Józef Winiewicz）　179, 184, 187, 190, 193
ヴィルヘルム一世（Wilhelm I.）　25, 36
ヴィルヘルム二世（Wilhelm II.）　4, 16, 21, 27–29, 36, 37, 42–45, 48, 51–53, 58–61
ヴィンクラー，ハインリヒ・アウグスト（Heinrich August Winkler）　294, 295, 303
ヴェーナー，ヘルベルト（Herbert Wehner）　172, 173, 175, 252, 256, 264
ヴェントカー，ヘルマン（Hermann Wentker）　218, 219
ヴォルフ，ベルンハルト（Bernhard Rudolf Wolff）　135, 137
ヴォルフ，マルクス（Markus Wolf）　233, 235

北村 厚（きたむら・あつし）　［第2章執筆］
神戸学院大学人文学部准教授
1975年生まれ。九州大学大学院法学研究院博士後期課程単位取得済退学。博士（法学）
〔主要業績〕
『ヴァイマル共和国のヨーロッパ統合構想――中欧から拡大する道』（ミネルヴァ書房、2014年）
『教養のグローバル・ヒストリー――大人のための世界史入門』（ミネルヴァ書房、2018年）

河合 信晴（かわい・のぶはる）　［第5章執筆］
広島大学大学院総合科学研究科講師
1976年生まれ。ロストック大学哲学部歴史学研究所博士課程修了。Dr. Phil（Zeitgeschichte）［博士（現代史）］
〔主要業績〕
『政治がつむぎだす日常――東ドイツの余暇と「ふつうの人びと」』（現代書館、2015年）
Konflikte um die Verteilung von Urlaubsplätzen. Zur „Erholungspolitik" der SED im Bezirk Rostock, *Zeitgeschichte regional*, 21（2017）2, S. 43-50.

葛谷 彩（くずや・あや）　［第6章執筆］
明治学院大学法学部准教授
1970年生まれ。京都大学大学院法学研究科博士後期課程研究指導認定退学。博士（法学）
〔主要業績〕
『20世紀ドイツの国際政治思想――文明論・リアリズム・グローバリゼーション』（南窓社、2005年）
『歴史のなかの国際秩序観――「アメリカの社会科学」を超えて』（共編著、晃洋書房、2017年）

編者・執筆者紹介

板橋 拓己（いたばし・たくみ）　［編者　第3章執筆］
成蹊大学法学部教授
1978年生まれ。北海道大学大学院法学研究科博士後期課程修了。博士（法学）
〔主要業績〕
『中欧の模索――ドイツ・ナショナリズムの一系譜』（創文社、2010年）
『黒いヨーロッパ――ドイツにおけるキリスト教保守派の「西洋（アーベントラント）」主義、1925～1965年』（吉田書店、2016年）

妹尾 哲志（せのお・てつじ）　［編者　第4章執筆］
専修大学法学部教授
1976年生まれ。ボン大学哲学部政治学科博士課程修了。Dr. phil.（Politische Wissenschaft）
〔主要業績〕
『戦後西ドイツ外交の分水嶺――東方政策と分断克服の戦略、1963～1975年』（晃洋書房、2011年）
「在欧米軍削減問題と西ドイツ外交―― 1960年代末から70年代初頭のオフセット交渉と負担分担問題に着目して」（『国際政治』第196号、2019年）

飯田 洋介（いいだ・ようすけ）　［第1章執筆］
岡山大学大学院教育学研究科准教授
1977年生まれ。早稲田大学大学院文学研究科博士後期課程修了。博士（文学）
〔主要業績〕
『ビスマルクと大英帝国――伝統的外交手法の可能性と限界』（勁草書房、2010年）
『ビスマルク――ドイツ帝国を築いた政治外交術』（中公新書、2015年）

歴史のなかのドイツ外交

2019年8月5日　初版第1刷発行

編著者　板橋拓己
　　　　妹尾哲志
発行者　吉田真也
発行所　合同会社 吉田書店
102-0072　東京都千代田区飯田橋2-9-6 東西館ビル本館32
TEL：03-6272-9172　FAX：03-6272-9173
http://www.yoshidapublishing.com/

装幀　野田和浩
DTP　閏月社
印刷・製本　中央精版印刷株式会社

定価はカバーに表示してあります。

ISBN978-4-905497-76-9